Arno Pötzsch – Im Licht der Ewigkeit

Meinem geliebten Mann Joachim
in Memoriam

Bibliografische Informationen Der Deutschen Bibliothek
Die Deutsche Bibliothek verzeichnet diese Publikation in der Deutschen Nationalbibliografie: detaillierte bibliografische Daten sind im Internet über http://dnb.ddb.de abrufbar.

1. Auflage
Umschlag, Typografie und Herstellung:
Dieter Kani, Stuttgart
Druck und Bindearbeiten:
Fuldaer Verlagsanstalt GmbH & Co. KG, Fulda

ISBN 978-3-7797-0592-5

Marion Heide-Münnich

Arno Pötzsch

Im Licht der Ewigkeit

Geistliche Lieder und Gedichte

– GESAMTAUSGABE –

VERLAG JUNGE GEMEINDE

Inhalt

Zur Schreibweise in den Gedichten:

Die Wiedergabe der Gedichte orientiert sich an der Fassung der Originaldrucke und erfolgt deshalb nach den Regeln der alten Rechtschreibung. Einige Unterschiede in der Groß- und Kleinschreibung in den Gedichten sind vereinheitlicht, z.B. »Heiliger Geist«. Insbesondere werden auch die Pronomen in der Anrede Gottes einheitlich großgeschrieben. Die Interpunktion ist leicht den Rechtschreibregeln angepasst.

Zum Teil haben einige Gedichte im Original keinen Titel. Für diese Ausgabe wurden Titel ergänzt (meist aus der ersten Gedichtzeile gebildet), soweit nicht bereits aus späteren Veröffentlichungen Titelformulierungen vorlagen.

Vorwort

Anlässlich des 50. Todesjahres von Arno Pötzsch habe ich im Jahre 2006 eine breite Palette der geistlichen Lieder und Gedichte zusammengestellt, die er bereits während seines Theologiestudiums und später als Marineoberpfarrer im und als Gemeindepfarrer nach dem Zweiten Weltkrieg verfasst hat und die nicht nur seinen Zeitgenossen, sondern unzähligen angefochtenen Menschen bis in die Gegenwart Trost und Zuversicht vermittelt haben.

So habe ich unter dem thematischen Schwerpunkt »Leben im Licht der Ewigkeit« die geistliche Lyrik von Arno Pötzsch unter einem innovativen Aspekt – der unterschiedlichen Ausrichtung und einer daraus resultierenden geistlichen Haltung eines von Gott und seiner Botschaft ergriffenen Menschen – gesichtet und sie einem bestimmten Psalmwort als Leitgedanken zugeordnet.

Zwar sind in den zurückliegenden Jahrzehnten die meisten Gedichte von Arno Pötzsch von verschiedenen Autoren vor seinem biographischen Hintergrund publiziert worden – das letzte größere Werk erschien im Jahr 2000 unter dem Titel »Sagt, dass die Liebe allen Jammer heilt« zu seinem 100. Geburtstag – doch könnte dieses Buch, eine Lücke schließen, indem es unter Berücksichtigung aller verfügbaren Gedichte den unmittelbaren Bezug zwischen dem zeitlichen und dem ewigen Leben herstellt. Der Leser begegnet in diesem Werk den Grenzsituationen des Menschen, der trotz seines inneren und äußeren Angefochtenseins seines Weges und seiner Berufung gewiss war.

Arno Pötzsch hat in den Kriegs- und Folgejahren sein seelsorgerliches Amt hingebungsvoll wahrgenommen. Zugleich hat er aus tiefer Not heraus ein umfangreiches Werk geistlicher Lyrik hinterlassen, ein Werk, das eng verknüpft ist mit den grundsätzlichen Fragen des Menschen und seinem Weg zu Gott. In gewisser Weise dürfte er die Apostelgeschichte fortgeschrieben haben im

Blick auf das Wort: »In keinem andern ist das Heil, auch ist kein andrer Name unter dem Himmel den Menschen gegeben, durch den wir sollen selig werden.« (Apostelgeschichte 4.12)

Möge das Buch dazu beitragen, dass der heute weitgehend Welt zugewandte Mensch von dem Wort, das »durch die Zeiten geht« angesprochen und getröstet wird und sich an einem großen Beispiel tapferer Unverzagtheit »im Licht der Ewigkeit« orientieren kann.

Steinfeld, im Februar 2008 *Marion Heide-Münnich*

Einführung

Wer war Arno Pötzsch?

Lebensstationen des Seelsorgers und Dichters

Arno Pötzsch wurde am 23. November 1900 in Leipzig geboren und wurde nach eigener Aussage einen »seltsamen und schwierigen Lebensweg« geführt. Seine Kindheit und Jugend waren geprägt von Armut und Entbehrungen. Der frühe Tod des Vaters hatte zur Folge, dass Arno auf den Besuch einer höheren Schule verzichten musste. Seinen Wunsch, Zeichenlehrer zu werden, konnte er aus gesundheitlichen Gründen nicht verwirklichen. Einen Versorgungsanspruch gab es für die Familie nicht. So verdiente die Mutter als Krankenschwester den Lebensunterhalt im Lazarett, versorgte nach dem Ende des Ersten Weltkrieges heimkehrende Soldaten in der Bahnhofsmission und verrichtete später Nachtwachen im Krankenhaus. 1936 starb die Mutter in Chemnitz und fand ihre letzte Ruhestätte auf dem Johannesfriedhof in Leipzig an der Seite ihres Mannes. Zehn Jahre später verlor er seine einzige Schwester Maria Magdalene im Alter von 47 Jahren.

Um selbst Geld zu verdienen, arbeitete Arno an der Geschossdrehbank in einer Granatenfabrik. Der Gedanke, durch Ausübung einer solchen Tätigkeit bei der Herstellung von Tötungswaffen mitzuwirken, belastete den empfindsamen jungen Mann aufs Äußerste. 1917 ging er als Kriegsfreiwilliger zur Marine, doch, nachdem ein Jahr später die Revolution ausgebrochen war, endete dieser Weg bereits 1919. Den Besuch des Religionslehrerseminars in Leipzig musste er nach einem Jahr infolge weltanschaulicher und religiöser Konflikte abbrechen. In dieser Zeit einer schweren Lebenskrise kam er mit der Herrnhuter Brüdergemeine in Berührung. Darüber berichtet er: »Jemand brachte mich nach Herrnhut, zu Geschwister Winter, wo ich in der Setzerei arbeitete. Noch lange, lange fand ich mich nicht zurecht, aber ich hatte eine Heimat gefunden«, und er erinnert sich, dass er »mit Staunen und

Dank vor den wunderlichen Führungen und Fügungen stehe, die sich unbegreiflich in seinem Leben begeben haben«. Herrnhut bot ihm die Möglichkeit, in einem ihrer Schulheime zu arbeiten, und auch zur Weiterbildung. Sein Ziel war, im sozialen Bereich als Fürsorger zu arbeiten. Nach dem Erwerb der Mittleren Reife besuchte Arno Pötzsch von 1925 bis 1927 das Missionsseminar in Herrnhut, das er erfolgreich abschloss. Die Ausbildung und den Abschluss als Fürsorger erreichte er nach der Ausbildung für kirchliche Gemeindearbeit in Herrnhut und nach erneuter Tätigkeit im Knabenschulheim in Kleinwelka.

Nach Jahren des Zweifels, der Anfechtung, des Fragens und Suchens entschloss er sich im Alter von fast 30 Jahren, Theologie zu studieren und Pfarrer zu werden, denn er fühlte sich ins Pfarramt berufen. In der Rückschau berichtet er: »Freilich, erst im dreißigsten Lebensjahr gingen mir die Augen dafür auf, dass man heute, im zwanzigsten Jahrhundert, als ganz moderner, weltoffener Mensch in Wahrheit ein Christ sein und mit gutem Gewissen auf dem Boden der Kirche stehen kann.« Zur Erreichung seines Zieles mussten zunächst die Voraussetzungen geschaffen werden: Hochschulreife, Latinum, Graecum und Hebraicum, Studium der Theologie und Examina. In jener Zeit schrieb er seine ersten Lieder und Gedichte, die schnell unter Menschen aller Sozialschichten Verbreitung fanden. Über diese literarischen Versuche berichtet er später: »Ich musste schreiben von Gott und von Menschen, von Not und Verheißung, von Gottes Kampf um die Welt. Es waren aus der Zeit geborene Notlieder der Kirche.«

1930 heiratete Arno Pötzsch die Fürsorgerin Helene Bosse aus Danzig. Aus der Ehe gingen vier Töchter hervor: Kathrin, Christiane, Sabine und Renate.

1935 übernahm Arno Pötzsch sein erstes Pfarramt in der sächsischen Dorfgemeinde Wiederau bei Rochlitz. Im Jahr 1938 wurde er als Marinepfarrer nach Cuxhaven gerufen. Nach der militärischen Besetzung Hollands durch die deutsche Wehrmacht führte ihn sein Weg als Marineoberpfarrer nach Holland und Belgien, wo er die dort stationierten Soldaten seelsorgerlich betreute. Ebenso wirkte er als Seelsorger in den Lazaretten, in den

Gefängnissen und auf den Soldatenfriedhöfen. Eine besondere Herausforderung war für ihn die seelsorgerliche Betreuung der zum Tode verurteilten Soldaten und ihrer Angehörigen. Aus solchen Erfahrungen heraus sind viele seiner Verse entstanden, die den Familien der Gefallenen und Hingerichteten Trost spenden konnten. Auf dem Hintergrund seines eigenen vom Tode bedrohten Lebens vermochte Arno Pötzsch den Trost suchenden Menschen das Wort Gottes so zu vermitteln, dass sie im Licht der Ewigkeit ihren Weg weitergehen konnten.

Nach Kriegsende war Arno Pötzsch für die Betreuung der Menschen in den Internierungslagern und der Besatzungen der Minenräumboote zuständig. Ab 1948 war er Gemeindepfarrer an der Garnisonkirche, die 1950 den Namen Petri-Kirche erhielt. Neben dem Pfarramt leitete er das Evangelische Hilfswerk Cuxhaven, kümmerte sich um die Flüchtlinge und bemühte sich in besonderer Weise um die Errichtung der Kriegsgräber-Gedenkstätte auf dem Friedhof Cuxhaven-Brockeswalde. Auch wurde er beim Ausbau des Soldatenfriedhofes tätig. Am 19. April 1956 verstarb er mit 55 Jahren nach kurzer Krankheit. Seine letzte Ruhestätte fand er auf dem Friedhof Cuxhaven-Brockeswalde – unmittelbar neben der Kriegsgräber-Gedenkstätte.

Die Verbreitung der geistlichen Dichtung

Nach dem Zweiten Weltkrieg fanden die geistlichen Gedichte und Lieder von Arno Pötzsch zunächst in der eigenen Gemeinde der ehemaligen Garnisonkirche in Cuxhaven, dann aber auf unterschiedliche Weise Verbreitung. Einige seiner Lieder wurden in deutsche und schweizerische Gesangbücher aufgenommen.

Zunächst erschien die Liedheftfolge »Singende Kirche« (Heft 1,2,3, Privatdruck, Den Haag 1940/1941/1942) und »Singende Kirche« mit Begleitheft in einem Band (Den Haag 1942), die Sonette »Die Madonna von Stalingrad« (Brüssel 1944, Verlag H.H. Nölke, Hamburg 1946) und »Brot ist Gnade - Tischgebete und Tischgesänge« (Verlag H.H. Nölke, Hamburg 1946). Im Evangelischen Verlag Herbert Reich, Hamburg-Bergstedt folgten die Gedichtbände »Von Gottes Zeit und Ewigkeit – Worte und Lieder einer Wegfahrt« (1947, 1952, 1955, 4. Auflage 1958), »Gottes Gabe täglich Brot – Tischgebete und Tischgesänge« (1948, 1954, 1956, 4. Auflage 1962), »Mensch in Gottes Fährte – Geistliche Gedichte und Lieder« (1952, 2. Auflage 1954, 3. Auflage 1956, 4. Auflage 1961), »Das Cuxhavener Christgeburtspiel« (Erstspiel 1950, Bärenreiter-Spiele 1952, 1955). »Der Tag hat sich geneiget. Vom getrosten Alter« (Verlag Johannes Kiefel, Wuppertal-Barmen, 1955).

Posthum folgte »Gnade und Wagnis – Geistliche Gedichte und Lieder« (1956, 2. Auflage 1960). Im Verlag »Junge Gemeinde«, Stuttgart, erschienen nacheinander »Was Leben ist, weiß Gott allein – Geistliche Lieder zum Kirchenjahr« (1962), »Dennoch in Gott geborgen – Geistliche Gedichte« (1962) und »Wer kann's ergründen? – Gedichte zum Tageslauf und Jahreskreis« (1963). Diese drei Bände wurden auch als Sammelband unter dem Titel »Sein Wort geht durch die Zeiten« angeboten (1963).

1979 publizierte der Verlag Junge Gemeinde unter dem Titel »Sein Wort geht durch die Zeiten« (3., erweiterter Auflage 1982) nochmals eine erweiterte Sammlung nachgelassener Gedichte von Arno Pötzsch. Hier wurde auch die Sonette »Die Madonna von Stalingrad« aufgenommen.

Eine weitere Form der Verbreitung ausgewählter Verse von Arno Pötzsch waren Andachtsbücher und Sammelwerke. Hier sind besonders die Herrnhuter Losungen zu nennen, in denen bis in die Gegenwart einzelne ausgewählte Verse als Dritttexte nach Losung und Lehrtext veröffentlicht werden.

Auch finden sich seine Gedichte in Anthologien wie: »Lob aus der Tiefe – Junge geistliche Dichtung« (Göttingen 1947). Darin unter der Rubrik »Anfechtung und Anbetung«: »Was tust Du, Gott, daß Du den Nachtgewalten ...« , S. 44, und unter der Rubrik »Ende und Wende«: »Nun schlägt die Stunde Mitternacht«, S. 124. – »Das zerreißbare Netz – Beispiele christlicher Lyrik heute« (Hamburg 1968), »Fülle der Weihnacht« (Konstanz 1979), »Reichtum der Jahresringe« (Konstanz 1982), »Im Gitter grüner Zweige – Christliche Gedichte aus fünf Jahreszeiten« (Konstanz 1986) und eine Sammlung mit Kindergebeten unter dem Titel seines bekannten Liedes »Meinem Gott gehört die Welt« (Konstanz 1992).

Lieder und Gedichte finden sich in den Sammlungen »Das Lied vom Troste«, »Christliche Lyrik von den Anfängen bis zur Gegenwart«, »Kleine Anthologie christlicher Lyrik der Gegenwart«, in den Liederbüchern »Das junge Lied«, »Ein neues Lied«, »Wachet auf!«, »Mein Lied« (Schweiz), »Gottes Lob«, »Im Ring des Jahres ist nun Advent«, im Stuttgarter »Liederbuch für die Jugend« (1969, neu gestaltet 1995).

Schließlich finden sich Lieder von Arno Pötzsch in verschiedenen Regionalausgaben des Evangelischen Gesangbuchs. Waren im früheren Evangelischen Kirchengesangbuch von 1950 Lieder von Arno Pötzsch in den Regionalanhängen aufgenommen, so haben drei seiner Lieder im Stammteil des 1994 eingeführten Evangelischen Gesangbuches Eingang gefunden: Das Abendmahlslied »Du hast zu Deinem Abendmahl als Gäste uns geladen (224), das Kinderlied »Meinem Gott gehört die Welt« (408) und das Trostlied »Du kannst nicht tiefer fallen als nur in Gottes Hand« (533). Ein weiteres Lied von Arno Pötzsch findet sich in der Ausgabe für die Evangelisch-Lutherischen Kirchen in Niedersachsen und für die Bremische Evangelische Kirche unter Nr. 633: »Herr Gott, gib uns das täglich Brot«.

Einklang von Wort und Tat

In der Vita von Arno Pötzsch wurde erwähnt, dass er erst mit nahezu dreißig Jahren den Entschluss fasste, Theologie zu studieren, um das Amt des Pfarrers auszuüben und damit der Gemeinde zu dienen. Während seines Theologiestudiums entstanden seine ersten Gedichte, die seinen gefestigten Glauben widerspiegeln. Was nun das Leben eines zum Glauben gelangten Christenmenschen auszeichnet, ist die Einheit von Wort und Tat, damit Worte nicht tatenlos und Taten nicht wortlos bleiben. Eine solche Übereinstimmung dürfte den pastoralen Weg von Arno Pötzsch auszeichnen.

Als Pfarrer hat er der Gemeinde gedient. Er hat das Pfarramt mit all seinen Aufgaben und Herausforderungen als Dienst an den ihm anvertrauten Menschen verstanden und er hat, soweit es die Verhältnisse bei den pastoralen Einsätzen im In- und Ausland im Zweiten Weltkrieg zuließen, geistliche Lyrik verfasst, die bis heute unzähligen Menschen Trost gegeben hat. Denn das Wort, das er auf diese Weise dem Nächsten zuspricht, ist ein Wort der Liebe Gottes, die den anderen segnend erreicht und ihm zum bleibenden Gewinn wird. – Und der Dienst am Wort von Arno Pötzsch wird zur Tat, die von der Nächstenliebe im Sinne des Bekenntnisses Jesu Christi bestimmt ist: »Was ihr getan habt einem unter diesen meinen geringsten Brüdern, das habt ihr mir getan« (Matthäus 25,40). Und unter diesem Vorzeichen weist die Tat über sich hinaus auf das Bleibende; in ihr wächst die Frucht der Ewigkeit. In der Vergänglichkeit des Lebens offenbart menschliches Handeln die Liebe Gottes, die über Zeit und Raum Menschenherzen bewegt.

Die einführenden Worte des damaligen Marineoberpfarrers Arno Pötzsch in seinem kleinen Band »Von Gottes Zeit und Ewigkeit«, den er 1946 in seiner Gemeinde in Cuxhaven verfasste, mögen die Beweggründe und Ziele seiner anfänglichen Gedichte erhellen, ebenso wie die Verflechtung seines Amtes und seiner Dichtung. So schreibt er: »Das Büchlein ›Von Gottes Zeit und Ewigkeit‹ verdankt sein Entstehen noch dem Kriege. Seit Jahren durch einen umfangreichen Dienst an Lebenden und Toten bis an die Grenzen der Kraft beansprucht, habe ich jeglichen außerdienstlichen Briefwechsel, auch den mit den nächsten Freunden, aufgeben müssen. Aus diesem Notstand der unfreiwillig abgerissenen Verbindungen aber erwuchs mir der Wunsch, die Vielen, die meinen Weg gekreuzt oder eine Zeitlang begleitet hatten, wieder zu grüßen. Dieses Lebenszeichen sollte ganz persönlich sein und doch nicht im Zeitbedingten, das uns bewegt, erregt und belastet, stecken bleiben. So entstand Anfang 1945 in meinem Einsatzraum Holland ein kleiner Gedichtband mit dem Titel ›Von meiner Wegfahrt‹. Das kleine Buch ist infolge der großen Schwierigkeiten der letzten Kriegszeit und der hereinbrechenden Katastrophe über einen Manuskriptdruck nicht hinausgekommen.

Unterdessen ist der Krieg zu Ende gegangen. Mannigfaltige Schicksale sind über die Welt und über unser Volk hinweggegangen, und die Völker der Erde ringen um ihre künftige Gestalt. In allem aber und durch alles hindurch meldet sich immer neu das Ewige zum Wort, ringt Gott mit der Welt und um den Menschen. Das ist die Lage, in der ich das Gespräch mit den Freunden wieder aufnehmen und die Vielen grüßen möchte: die Weggefährten von einst und heute, die Gemeinden, denen ich im Pfarramt dienen durfte, meine Kameraden, die Angehörigen der vielen, vielen Toten, die ich in der Heimat und auf den fernen Gottesäckern des Krieges zur letzten Ruhe gebettet habe, alle meine Freunde diesseits und jenseits der Grenzen und vielleicht auch manchen Unbekannten, dem das kleine Buch in die Hände kommt. Die Verse und Lieder sind ein sehr persönlicher Ausdruck meines Lebens, so dass ich mich wohl scheue, einem großen Kreise Einblick zu gewähren. Ich tue es dennoch, weil ich meine, es gehe auch im Allereigensten um die allen gemeinsamen und zu allen Zeiten gleichen Dinge des Menschendaseins und der Mensch dürfe nicht karg sein im Vertrauen zum Menschen, der als bekannter oder unbekannter Mitwanderer an seiner Seite geht.«

Im Folgenden geht Pötzsch auf den Inhalt und die Verbreitung seines Gedichtbandes »Von Gottes Zeit und Ewigkeit« ein: »Der vorliegende kleine Band enthält den größeren Teil der Gedichte des Büchleins ›Von meiner Wegfahrt‹. Einige Lieder aus dem während des Krieges in Holland gedruckten Büchlein geistlicher Gesänge ›Singende Kirche‹, das vergriffen ist und nach dem ich oft gefragt werde, und einige Gedichte und Notlieder, die die inneren Kämpfe des letzten Jahrzehnts spiegeln, wurden mit aufgenommen, Verse aus älterer und aus jüngerer Zeit hinzugefügt. Manches von dem hier Zusammengefassten hat unterdessen, oft auf die einfachste Weise vervielfältigt, weitergesagt und weiter gesungen, Aufnahme in der Gemeinde gefunden. Einige Lieder sind in das Gesangbuch und in andere Sammlungen geistlicher Dichtung aufgenommen worden. Manchen Vers habe ich zu meiner Freude in den Losungen der Brüdergemeine, diesem hilfreichen Lebensbuch einer großen Gemeinde, wieder gefunden.«

Den Trost mit Blick auf das Ziel der »Wegfahrt« im Lichte der Ewigkeit äußert Arno Pötzsch, wenn er zum Schluss seines Vorwortes sagt: »Nun gehen die ›Worte und Lieder einer Wegfahrt‹ als ein einfaches Zeugnis menschlichen Daseins und christlicher Daseinssicht hinaus. Anfang 1945 musste ich im Vorwort noch schreiben: ›Wir sind im Kriege und wissen heute nicht, ob wir uns morgen noch grüßen können, und nicht, ob wir uns wieder sehen. Mancher Soldat trägt einen längst geschriebenen Abschiedsbrief und Abschiedsgruß bei sich – für alle Fälle. Das ist so Brauch im Kriege.‹ Wir wissen aber, und wir haben es in diesen Zeiten gefährlichen Lebens an den Abgründen wieder gelernt, dass wir nicht nur im Kriege, sondern immer und auf aller Wegfahrt media in vita in morte sumus (Mitten wir im Leben sind von dem Tod umfangen) und dass wir sub specie aeternitatis (Im Lichte der Ewigkeit) unsere Straße wandern. Das gibt unserer Wegfahrt die Tiefe, unserm Scheiden und unserm Wiederbegegnen und auch diesem schlichten Gruß seinen heimlichen Ernst.«

Zum Inhalt des Büchleins »Von Gottes Zeit und Ewigkeit« sei festgestellt, dass es zwei Teile umfasst: Der erste Teil enthält Sonette, die Ausdruck seines persönlichen Erlebens, seiner Erfahrungen und Erkenntnisse sind. So richtet er im ersten Sonett von seiner Wegfahrt ein Wort an die »Gefährten aus den Wandertagen«, die alle im Strom der Zeit getragen, sich dem Unbekannten stellen müssen. Er lässt keinen Zweifel darüber offen, dass Herz und Sinne bei aller Bruchstückhaftigkeit um die letzten Fragen kreisen, und schließt mit den trostreichen Worten: »Wohin wir uns auch wenden, wir sind umfangen von den ew'gen Händen!«.

Von meiner Wegfahrt grüßt euch nun ein Wort,
euch, die Gefährten aus den Wandertagen.
Der Strom der Zeit hat uns hinweg getragen,
steht keiner mehr wie einst am gleichen Ort.

Und weiter trägt der Strom uns fort und fort,
von Tag zu Tag, von Frage auch zu Fragen.
Ins Unbekannte müssen wir uns wagen,
der eine hier und der Gefährte dort.

Um Tod und Leben kreist des Herzens Sinnen,
um Mensch und Welt, um Gott und Sein und Zeit,
doch was wir sinnen, bleibt ein arm Beginnen,

ein Vogelflug in der Unendlichkeit.
Verstehn wir's recht: Wohin wir uns auch wenden,
wir sind umfangen von den ew'gen Händen!

Im 2. Sonett äußert sich Arno Pötzsch in aller Bescheidenheit über sein Dichteramt. Gott selbst hat ihn in dieses Amt gerufen. Seine Verse und Lieder sollen lediglich ein schwacher Widerschein vom Lichte Gottes sein, ohne dass Pötzsch für sich den Anspruch auf den Status »Dichter« oder gar »Künstler« erhebt, möchte er das Wort als Verkündigung an die Brüder weitergeben.

Ich bin kein Dichter, will kein Dichter sein,
und schreib ich dennoch meine Verse nieder,
so sind's der Einfalt und der Armut Lieder,
und dem ich schreibe, ist nur Gott allein.

Gott spricht sein Wort nicht anders in mich ein
als in die andern, in die Schar der Brüder.
Weil Gott das Licht ist, spiegelt es sich wider
nun auch in mir – ein kleiner, schwacher Schein!

Ich bin ein Mensch nur, den sich Gott ergriff,
mit dem er rang um Seele, Leib und Leben,
der ihm entlief und den er wieder rief

in Schuld und Schicksal, Kampf und Not und Tod.
Nicht Künstler bin ich, nur ein Mensch vor Gott,
der stammelnd kündet, was ihm Gott gegeben.

Was die Kraft des Wortes in den Kriegsjahren zu bewirken vermochte, führt der Herausgeber des Sammelbandes »Lob aus der Tiefe« aus, wenn er in seinem Vorwort schreibt:

»In den hinter uns liegenden Jahren haben Viele von uns die Macht des Wortes in neuer Weise erfahren. Wir wissen nun deutlicher als zuvor, dass wir es nötig haben: das tätige, wirkende Wort; das Wort, das Kräfte weckt und Entscheidungen auslöst; das Wort, das die innersten Herzenssaiten zum Klingen bringt und unseren oft so quälend leeren Tagen einen stillen Glanz verleiht. Wir sind der eitlen Worte so überdrüssig, all des Wortgeklingels und der Phrasen, von denen die Welt so voll ist. Wir suchen nach Worten, die es wert sind, dass wir sie behalten und bewegen in unserem Herzen.

Wirklich wert sind das eigentlich nur die Worte des kleinen Testaments, mit dem wir durch viele Wüsten und Einsamkeiten gehen mussten und wohl auch noch gehen müssen. Aber auch die helfenden Worte der Menschenbrüder verachten wir nicht, der Dichter, Deuter und Zeugen. Dankbar nehmen wir die Früchte ihrer einsamen Nachtwachen an, sinnen ihnen nach und prüfen, ob sie hieb- und stichfest sind und uns den Weg weisen können. Haben wir es dort draußen nicht erlebt, dass es Augenblicke gab, da das Wort wichtiger war als das Brot? Das können wir nun nicht wieder vergessen. Die Anfechtung lehrte uns ›aufs Wort merken‹.

Was uns aber Geschenk und Hilfe war, konnten wir nicht für uns behalten. Und so gingen viele Gedichte aus dem Felde in die Heimat und von dort wieder an die Front. In Kalendern, Rundbriefen und kleinen Sammlungen gaben wir weiter, was aus dem Kreis der Freunde zu uns kam. Immer wieder abgeschrieben und vervielfältigt, hat manch ein schlichtes Versgebilde in diesen

Zeiten eine Trostkraft entfaltet, wie wir es in friedlicheren Jahren nicht für möglich gehalten hätten.«

Welche Trostkraft solche Verse in den Kriegs- und Nachkriegsjahren entfaltet haben, zeigen die Lieder, die Arno Pötzsch in der Zeit seiner Lebenskrise zu schreiben begann, die er in den Folgejahren in zunehmendem Maße verfasst hat und die Zeugnis geben von seiner ständigen Auseinandersetzung mit den jeweils zu bewältigenden Lebenssituationen.

Es wurde bereits erwähnt, dass im Leben des jungen Arno Pötzsch die Jahre in der Brüdergemeine Herrnhut, die von ihm im Rückblick als »gnädige Führung« betrachtet werden, nachhaltige Spuren hinterlassen haben. So ist es nur folgerichtig, dass die Losungen der Brüdergemeine eine tragende Rolle in seinem Leben gespielt haben und dass er sich über die Aufnahme mancher seiner Verse in die Herrnhuter Losungen freute. Auch nach seinem Tod sind seine Verse in den Losungen veröffentlicht worden und Teil ihrer Tradition geworden – bis in die Gegenwart hinein, und sie werden wohl auch weiterhin in den Traditionsstrom der Herrnhuter Losungen eingebunden werden. Über diesen Traditionsstrom soll im folgenden Kapitel berichtet werden.

Der Traditionsstrom der Losungen der Herrnhuter Brüdergemeine

Ungeachtet einer zunehmenden Säkularisierung in den letzten zwanzig Jahren hat sich der Traditionsstrom der Losungen der Herrnhuter Brüdergemeine fortgesetzt. So finden sich Verse von Arno Pötzsch jeweils als dritter Text nach der Tageslosung und dem Lehrtext in den Losungen in unterschiedlicher Anzahl und aus verschiedenen Quellen seiner Dichtung. Verfolgt man die Losungen der Jahre 1987 bis 2006, so begegnet man seinen Versen in den Ausgaben dieser Jahre mit folgender Gewichtung:

Jahr	Anzahl der Verse
1987	13
1988	5
1989	3
1990	2
1991	6
1992	2
1993	4
1994	4
1995	5
1996	7
1997	9
1998	7
1999	4
2000	8
2001	6
2002	5
2003	5
2004	5
2005	5
2006	6

Wie die Auflistung zeigt, ist die Zahl der von Arno Pötzsch in die Losungen der ersten sechs Jahre dieses Jahrhunderts aufgenommenen Verse nahezu konstant geblieben und bewegt sich zwischen 5 und 6 Versen.

Häufig ist es das Gesangbuch der Evangelischen Brüdergemeine von 1967 (»Bg«), dem der zitierte Vers von Arno Pötzsch entstammt. Andere Quellen sind Lieder aus dem Evangelischen Gesangbuch oder aus den zahlreichen Gedichten von Arno Pötzsch. Einen genaueren Überblick mögen die Texte geben, die in den Jahren 2000 – dem Jahr des 100. Geburtstages von Arno Pötzsch – bis 2006 – dem Jahr seines 50. Todestages – in den Herrnhuter Losungen veröffentlicht wurden.

30.1.2000:
Du bist der große Treue,
der unser nie vergißt,
der täglich uns aufs Neue
ein lieber Vater ist.
Hab Dank für Dein Geleite,
Dank für das täglich Brot!
Hab Dank, daß Du bis heute
uns hilfst in soviel Not! (Bg 932,1)

6.3.2000:
Dem Herren will ich singen,
solang mein Mund sich regt,
solang, ihm Lob zu bringen,
in mir mein Herz noch schlägt.
Und sind's nur arme Weisen,
ach, zu gering für Gott,
ich will ihn dennoch preisen
im Leben und im Tod. (Verlag Junge Gemeinde)

11.4.2000:
Das weiß ich wohl zu sagen
von meines Lebens Fahrt:
Wie hat an allen Tagen
mich Gottes Hand bewahrt!
Trotz Ängsten, Last und Sorgen
und wo ich's nicht gedacht,
fand ich mich doch geborgen
in Gottes Hut und Wacht.

28.5.2000:
Ohn Dich wir hätten keinen,
der uns hier trägt und hält.
Wir aber sind die Deinen
vom Anbeginn der Welt.
Du bist der große Treue
im Leben und im Tod.
Wir bergen uns aufs Neue
in Dir, Du unser Gott! (Bg 932,2)

14.6.2000:
Lauf, Wort, mit allen Winden
durch jedes Volk und Land,
daß sich die Völker finden,
so wie das Wort sie fand!
Lauf, Wort, durch alle Straßen,
in hoch und niedrig Haus,
und ruf in allen Gassen
ein hörend Volk heraus! (Bg 439, 5-6)

17.7.2000:
Herr, unsre Not ist Deine Zeit;
und mag uns immer grauen:
Du bist der Herr und bist nicht weit
und hilfst, wenn wir vertrauen. (Bg 258,5)

7.8.2000:
Meinem Gott gehört die Welt,
meinem Gott das Himmelszelt,
ihm gehört der Raum, die Zeit,
sein ist auch die Ewigkeit.
Und sein eigen bin auch ich.
Gottes Hände halten mich
gleich dem Sternlein in der Bahn;
keins fällt je aus Gottes Plan. (EG 408, 1-2)

3.10.2000:

Es münden alle Pfade
durch Schicksal, Schuld und Tod
doch ein in Gottes Gnade
trotz aller unsrer Not.
Wir sind von Gott umgeben
auch hier in Raum und Zeit
und werden in ihm leben
und sein in Ewigkeit. (EG 533, 2-3)

18.2.2001:

Ohn Dich wir hätten keinen,
der uns hier trägt und hält.
Wir aber sind die Deinen
vom Anbeginn der Welt.
Du bist der große Treue
im Leben und im Tod.
Wir bergen uns aufs Neue
in Dir, Du unser Gott! (Bg 932,2) (s. 28.5.2000)

26.3.2001:

Wir sind von Gott umgeben
auch hier in Raum und Zeit
und werden in ihm leben
und sein in Ewigkeit. (EG 533,3) (s. 3.10.2000)

6.4.2001:

Wir beten tief im Staube
Dich, Gott und Vater, an!
Dir danken Lieb und Glaube,
was Du der Welt getan.
Herr, sind wir Dein mit Freude,
Dir Eigen in der Zeit,
sind wir, wie hier und heute,
auch Dein in Ewigkeit! (Verlag Junge Gemeinde)

17.7.2001:

Du kannst nicht tiefer fallen
als nur in Gottes Hand,
die er zum Heil uns allen
barmherzig ausgespannt.
Es münden alle Pfade
durch Schicksal, Schuld und Tod
doch ein in Gottes Gnade
trotz aller unsrer Not. (EG 533, 1-2) (s. 3.10.2000)

8.8.2001:

Es ist ein Wort ergangen,
das geht nun fort und fort,
das stillt der Welt Verlangen
wie sonst kein ander Wort.
Erhalt das Wort in Gnaden,
gib, Gott, ihm freien Lauf!
Du Wort, von Gott geladen,
spreng Tür und Riegel auf! (Bg. 439, 1.7)

3.12.2001:

Du bist der große Treue,
der unser nie vergißt,
der täglich uns aufs Neue
ein lieber Vater ist.
Hab Dank für Dein Geleite,
Dank für das täglich Brot!
Hab Dank, daß Du bis heute
uns hilfst in soviel Not! (Bg. 932,1) (s. 30.1.2000)

23.1.2002:

Du Wort, ob allen Worten,
Du Wort aus Gottes Mund,
lauf und an allen Orten
mach Gottes Namen kund!
Künd auf der ganzen Erde,
daß Gott ihr Herre sei,
daß sie auch Gottes werde
und andrer Herren frei! (Bg 439, 3-4)

2.2.2002:
Doch kann kein irdisch Brot
allein uns hier auf Erden nähren.
Du mußt, Herr Christ, das Brot uns sein,
das Leben kann gewähren. (Bg 931,2)

30.4.2002:
Ich will dem Herren singen,
solang ich leb und bin,
ihm Lob in Liedern bringen
mit dankbar frohem Sinn.
Hab ich gleich nichts zu geben,
weil Gott allein nur gibt,
ich bring im Lied mein Leben
dem Schöpfer, der mich liebt.
(Evang.-ref. Gesangbuch der deutschsprachigen Schweiz, Nr. 731,1)

8.6.2002:
Herr, unsre Not ist Deine Zeit;
und mag uns immer grauen:
Du bist der Herr und bist nicht weit
und hilfst, wenn wir vertrauen. (Bg 258,5) (s. 17.7.2000)

23.6.2002:
Ohn Dich wir hätten keinen,
der uns hier trägt und hält.
Wir aber sind die Deinen
vom Anbeginn der Welt.
Du bist der große Treue
im Leben und im Tod.
Wir bergen uns aufs Neue
in Dir, Du unser Gott! (Bg 932,2) (s. 28.5.2000)

20.2.2003:
Wo ich bin, hält Gott die Wacht,
führt und schirmt mich Tag und Nacht;
über Bitten und Verstehn
muß sein Wille mir geschehn. (EG 408,3)

23.7.2003:
Du speistest einst mit Brot und Fisch
die hungernde Gemeinde
und decktest ihr gar oft den Tisch
im Angesicht der Feinde.
So tust Du Wunder immerzu,
mag's oft auch anders scheinen.
Hilf uns auch nun! Die Kraft hast Du,
Du starker Herr der Deinen! (Bg 930, 1.2)

13.8.2003:
Ach Herr, vor Dir ist keiner reich
und keiner los und ledig;
spricht einer hier dem andern gleich:
Gott sei mir Sünder gnädig!
Du aber ludest uns zu Dir,
den Hunger uns zu stillen,
willst uns aus lauter Liebe hier
die leeren Hände füllen. (EG, 224,2)

5.10.2003:
Du bist der große Treue,
der unser nie vergißt.
Der täglich uns aufs Neue
ein lieber Vater ist.
Hab Dank für Dein Geleite,
Dank für das täglich Brot!
Hab Dank, daß Du bis heute
uns hilfst in soviel Not! (Bg 932,1) (s. 30.01.2000, 03.12.2001)

30.12.2003:
Dein ist das Jahr, Dein ist die Zeit.
Dein Gott, ist alle Ewigkeit.
Dein ist die Welt, auch wir sind Dein;
kann keins hier eines andern sein.
Dein ist der Tag und Dein die Nacht,
Dein, was versäumt, Dein, was vollbracht ...
So gehn wir, Gott, aus dem, was war,
getrost hinein ins neue Jahr. (Verlag Junge Gemeinde)

7.1.2004:
Du Wort ob allen Worten,
Du Wort aus Gottes Mund,
lauf und an allen Orten
mach Gottes Namen kund!
Künd auf der ganzen Erde,
daß Gott ihr Herre sei,
daß sie auch Gottes werde
und andrer Herren frei! (Bg 439, 3-4) (s. 23.01.2002)

22.4.2004:
Herr Gott, gib uns das täglich Brot,
wie Du bisher gegeben,
und hilf, daß wir nach Dein'm Gebot
durch Brotes Kraft Dir leben!
Hilf, Heiliger Geist, und laß uns nun
auch selbst zum Brote werden,
was uns im Brot geschah, auch tun
den Menschen hier auf Erden! (Bg 931, 1.3)

9.5.2004:
Ohn Dich wir hätten keinen,
der uns hier trägt und hält.
Wir aber sind die Deinen
vom Anbeginn der Welt.
Du bist der große Treue
im Leben und im Tod.
Wir bergen uns aufs Neue
in Dir, Du unser Gott! (Bg 932,2) (s. 28.5.2000, 18.2.2001, 23.06.2002)

20.7.2004:
Du reicher Schöpfer aller Ding
erquickst uns stets aufs Neue.
Wir aber sind viel zu gering
der großen Güt und Treue.
So tust Du Wunder immerzu,
mag's oft auch anders scheinen.
Hilf uns auch nun! Die Kraft hast Du,
Du starker Herr der Deinen. (Bg 930, 3.2)

7.8.2004:
Du kannst nicht tiefer fallen
als nur in Gottes Hand,
die er zum Heil uns allen
barmherzig ausgespannt.
Wir sind von Gott umgeben
auch hier in Raum und Zeit
und werden in ihm leben
und sein in Ewigkeit. (EG 533,1.3) (s. 3.10.2000, 26.3.2001)

1.1.2005:
Dein ist das Jahr, Dein ist die Zeit.
Dein Gott, ist alle Ewigkeit.
Dein ist die Welt, auch wir sind Dein;
kann keins hier eines andern sein.
Dein ist der Tag und Dein die Nacht,
Dein, was versäumt, Dein, was vollbracht.
So gehn wir, Gott, aus dem, was war,
getrost hinein ins neue Jahr. (Verlag Junge Gemeinde, s. 30.12.2003)

12.3.2005:
Du bist der große Treue,
der unser nie vergißt.
Der täglich uns aufs Neue
ein lieber Vater ist.
Hab Dank für Dein Geleite,
Dank für das täglich Brot!
Hab Dank, daß Du bis heute
uns hilfst in soviel Not! (Bg 932, 1) (s. 30.1.2000, 3.12.2001, 5.10.2003)

4.11.2005:
Du Wort ob allen Worten,
Du Wort aus Gottes Mund,
lauf und an allen Orten
mach Gottes Namen kund! (Bg 439,3) (s. 23.1.2002, 7.1.2004)

19.11.2005:

Komm, Gott, im Geist! Schütt aus Dein Wort,
durchglüh das Herz, beweg den Ort,
entreiß aus Schlaf, Tod, Trug und Haft,
schaff Leben, Gott, gib Mut und Kraft!
Du, Herr, bist Halt und Hort! (Verlag Junge Gemeinde)

21.12.2005:

Wo ich bin, hält Gott die Wacht,
führt und schirmt mich Tag und Nacht;
über Bitten und Verstehn
muß sein Wille mir geschehn. (EG 408,3) (s. 20.2.2003)

16.3.2006:

Laß uns tiefer Dir vertraun
und getroster gehen!
Kann kein Auge, Gott, Dich schaun,
kann's doch Spuren sehen,
Spur von Schritten, die zur Nacht
still vorübergingen,
Strahlen, die mit Übermacht
durch das Dunkle dringen. (Verlag Junge Gemeinde)

24.3.2006:

Herr, unsre Not ist Deine Zeit;
und mag uns immer grauen:
Du bist der Herr und bist nicht weit
und hilfst, wenn wir vertrauen. (Bg 258,5) (s. 17.7.2000, 8.6.2002)

13.4.2006:

Ach Herr, vor Dir ist keiner reich
und keiner los und ledig;
spricht einer hier dem andern gleich:
Gott sei mir Sünder gnädig!
Du aber ludest uns zu Dir,
den Hunger uns zu stillen,
willst uns aus lauter Liebe hier
die leeren Hände füllen. EG 224,2) (s. 13.8.2003)

5.6.2006:
Die Kirche baut nicht Menschengunst,
nicht Menschentrotz sie fällt.
Gott hat sie ohne Menschenkunst
sich in die Welt gestellt.
Drum schaffe deine Kirche neu,
der Du ihr Ursprung bist,
daß sie ein Licht der Erde sei,
dein Leib, Herr Jesu Christ. (Verlag Junge Gemeinde)

11.8.2006:
Es ist ein Wort ergangen,
das geht nun fort und fort,
das stillt der Welt Verlangen
wie sonst kein ander Wort.
Erhalt das Wort in Gnaden,
gib, Gott, ihm freien Lauf!
Du Wort, von Gott geladen,
spreng Tür und Riegel auf. (Bg 439, 1.7) (s. 8.8.2001)

27.11.2006:
Du speistest einst mit Brot und Fisch
die hungernde Gemeinde
und decktest ihr gar oft den Tisch
im Angesicht der Feinde.
So tust Du Wunder immerzu,
mag's oft auch anders scheinen.
Hilf uns auch nun! Die Kraft hast Du,
Du starker Herr der Deinen! (Bg 930, 1.2) (s. 23.7.2003)

»Du bist der große Treue ...« – diese Verse gehören, wie die Auflistung der Jahre 1987 bis 2006 zeigt, in den letzten sechs Jahren zu den in den Herrnhuter Losungen am meisten zitierten Verse von Arno Pötzsch. Mit ihrem Trostcharakter weisen sie darauf hin, dass Gottes Treue alle Lebensbereiche umfasst und täglich neu erfahrbar ist. Dafür gebührt Gott Dank, was Arno Pötzsch in diesem Gedicht eindringlich zum Ausdruck bringt und was er – ebenso wie in seinen Gesangbuchliedern – an die Menschen, die nach Gottes Gegenwart fragen, weitergeben möchte.

Tiefer als in Gottes Hand kannst du niemals fallen

Einführung in die Lieder von Arno Pötzsch im Evangelischen Gesangbuch

Für Arno Pötzsch war es eine besondere Freude zu erleben, dass einige seiner Lieder in Gesang- und Andachtsbüchern Eingang fanden; denn aus seiner Praxis als Gemeinde- und Marinepfarrer ebenso wie aus seiner persönlichen Liebe zu geistlicher Dichtung war ihm die Bedeutung des Gesangbuches wohl bewusst. Dies gilt auch besonders in Erinnerung an seinen Vater, dem das Gesangbuch ein ständiger Begleiter war.

In seiner Einführung zu den Liederheften der deutschen Gemeinde Rotterdam, die in drei Folgen 1941 – 1942 unter dem Titel »Singende Gemeinde« erschienen, schrieb der Autor: »Wir standen schon im Kriege, als mir ein neues Gesangbuch einer evangelischen Kirche des Auslandes (gemeint ist die evangelische Kirche in der deutschsprachigen Schweiz) zugesandt wurde, das drei meiner Lieder mit neuen Weisen einheimischer Kirchenmusiker jenes Landes enthielt. Dieses neue Gesangbuch wurde die unmittelbare Veranlassung zu den Liedheften ›Singende Kirche‹ im Raum der Niederlande; denn es veranlasste Hans Fischer, den Pfarrer der deutschen evangelischen Gemeinde in Rotterdam, zu der Frage, ob ich etwa noch mehr solcher Lieder hätte. Da gab ich ihm zusammen mit einem Taufliede für seinen Sohn Hans Michael, zugleich als schlichten Dank für ihn und seine Gemeinde, eine Anzahl neuer Lieder, die fast alle im Krieg, zumeist in jüngster Zeit, und unter dem Kriegserlebnis entstanden waren.«

Dass gerade die deutsche evangelische Gemeinde in Rotterdam, die in besonderer Weise unter den Schrecken des Krieges zu leiden hatte, für die neuen Trostlieder empfänglich war, darin sieht Arno Pötzsch eine gute Fügung. Die Liedhefte sollten eine dankbare Erwiderung für die freundliche Aufnahme sein, die er und andere deutsche Soldaten in den Niederlanden gefunden hatten. Die neuen geistlichen Lieder wurden besonders von der Deutschen Evangelischen Gemeinde in Rotterdam gefördert und fanden bald eine grenzüberschreitende Verbreitung.

Wie tröstlich sich die Lieder von Arno Pötzsch in bedrohlichen Situationen der Kriegsereignisse, aber auch anlässlich von Beerdigungen erwiesen, haben seine Mitmenschen ebenso verspürt wie es mancher Leser 50 Jahre nach seinem Tode empfinden dürfte. Beeindruckend war und ist die Bescheidenheit des Liederdichters, was in späteren Stellungnahmen zu seinen Liedtexten immer wieder zum Ausdruck kommt: »Diese Gesänge, von denen ihr Verfasser nur zu gut weiß, dass sie ›Stückwerk‹ sind, wollen in aller Schlichtheit in unserer Sprache und für unsere Zeit die Wirklichkeit des uns in Christus offenbarten Gottes bezeugen, so wie vergangene Geschlechter es in ihrer Zeit und auf ihre Weise getan haben; wenn ihnen in der großen singenden Kirche im Himmel und auf Erden das bescheidenste Räumlein angewiesen und vergönnt würde, dann wäre ihnen genug getan.«

Anlässlich des 50. Geburtstages von Arno Pötzsch äußerte sich die Cuxhavener Presse zum Wesen seiner Dichtung und betonte das »eindrucksvoll Bildhafte wie bei den geistlichen Liederdichtern alter Zeiten in ihrer volkstümlichen Sprache«. Daraus erkläre sich die Sangbarkeit mancher Gedichte.

Die Wertschätzung Arno Pötzschs im Blick auf die Aufnahme und Auswahl seiner im Gesangbuch veröffentlichten Lieder lässt seine Äußerung erkennen: »Das Schönste für mich war, dass meine Lieder in Gesangbücher aufgenommen worden sind. Das Gesangbuch ist ein kostbares Buch. Alle Menschennot kommt in ihm zu Worte, aber auch alle Lebenshilfe ist in ihm enthalten, und seine Segensfracht kommt so schlicht daher, dass noch das einfältigste Herz sich an ihr sättigen und trösten kann.« Solche Kriterien dürften die in das neue Evangelische Gesangbuch aufgenommenen Lieder erfüllen.

Zwar bedürfen die Gedichte und Lieder von Arno Pötzsch aufgrund ihrer schlichten und klaren Aussage keiner literarischen Interpretation, doch soll im Folgenden versucht werden, den drei im Stammteil und dem einen im Regionalteil des Evangelischen Gesangbuchs Niedersachsen und Bremen (1994) aufgenommenen Pötzsch-Liedern jeweils eine entsprechende Bibelstelle zuzuordnen und ihren Inhalt vertiefend zu erläutern. Bei den Liedern handelt es sich im Stammteil um das Abendmahlslied Nr. 224 »Du hast zu Deinem Abendmahl als Gäste uns geladen«, das Kinderlied Nr. 408 »Meinem Gott gehört die Welt« und das unter der Rubrik »Sterben und ewiges Leben« aufgezeichnete Trostlied Nr.

533 »Du kannst nicht tiefer fallen als nur in Gottes Hand«. Im Regionalteil findet sich als Brotbitte das Lied Nr. 633 »Herr Gott, gib uns das täglich Brot«.

Anklang an das Wort Christi in der Offenbarung des Johannes »Siehe, ich stehe vor der Tür und klopfe an. Wenn jemand meine Stimme hören wird und die Tür auftun, zu dem werde ich hineingehen und das Abendmahl mit ihm halten und er mit mir.« (Offenbarung 3, 20) hat das Abendmahlslied:

Du hast zu Deinem Abendmahl
als Gäste uns geladen.
Nun stehn wir, Herr, in Deinem Saal
mühselig und beladen.
Wir tragen unsrer Wege Leid,
viel Sorgen, Schuld und Schmerzen.
Ob reich, ob arm, Dich irrt kein Kleid,
Du weißt die Not der Herzen.

Ach, Herr, vor Dir ist keiner reich
und keiner los und ledig;
spricht einer hier dem andern gleich:
Gott sei mir Sünder gnädig!
Du aber ludest uns zu Dir,
den Hunger uns zu stillen,
willst uns aus lauter Liebe hier
die leeren Hände füllen.

Nun segne, Herr, uns Brot und Wein,
Deines Tisches edle Gaben!
Du selbst willst gegenwärtig sein
und wunderbar uns laben.
Gib über Bitten und Verstehn,
wie Du versprachst zu geben!
In dem, was unsre Augen sehn,
gib Dich uns selbst zum Leben!

Das Lied entstand im Jahre 1941 und wurde 1947 in das Gesangbuch aufgenommen. Die Melodie stammt von Gotthold Veigel

1951/1988. Es ist Gebet und Bekenntnis zugleich. Ihm liegen die Erfahrungen im einsamen Ringen um die Verbreitung des Evangeliums inmitten der Kriegsereignisse mit der ständigen Bedrohung von Leib und Leben zugrunde. Das Lied hat die Merkmale eines Gemeindeliedes, denn es ist in der Wir-Form geschrieben. In der ersten Strophe folgen die Abendmahlsgäste als Mühselige und mit Sorgen, Schuld und Schmerzen Beladene der Einladung Jesu: »Kommt her zu mir, alle, die ihr mühselig und beladen seid; ich will euch erquicken« (Matthäus 11.28). In der zweiten Strophe dominiert der Bekenntnis-Charakter. Der Beter ist sich seiner Sünde und Schuld bewusst, aber auch der Tatsache, dass die Liebe Jesu Hunger stillen und leere Hände füllen wird. Im Zentrum dieser Strophe steht die Bitte des Zöllners im Gleichnis vom Pharisäer und Zöllner: »Gott, sei mir Sünder gnädig!« (Lukas 18.13). Die dritte Strophe wendet sich unmittelbar an den Gastgeber mit der Bitte, Brot und Wein zu segnen und seiner Zusage entsprechend durch seine Gegenwart über Bitten und Verstehen in den Gaben sich selbst zum Leben zu geben.

Das Bekenntnis »Über Bitten und Verstehn / muß sein Wille mir geschehn« bildet etwa die Achse des 1934 entstandenen und 1949 in das Gesangbuch unter der Nr. 408 aufgenommenen geistlichen Kinderliedes »Meinem Gott gehört die Welt«, das der Rubrik »Geborgen in Gottes Liebe« zugeordnet und 1948 von Christian Lahusen vertont wurde. Den beiden Verszeilen könnte das Wort Epheser 3.20 zugrunde liegen: »Dem aber, der überschwänglich tun kann über alles hinaus, was wir bitten oder verstehen, nach der Kraft, die in uns wirkt, dem sei Ehre in der Gemeinde und in Christus Jesus zu aller Zeit, von Ewigkeit zu Ewigkeit«:

Meinem Gott gehört die Welt,
meinem Gott das Himmelszelt,
ihm gehört der Raum, die Zeit,
sein ist auch die Ewigkeit.

Und sein eigen bin auch ich.
Gottes Hände halten mich
gleich dem Sternlein in der Bahn;
keins fällt je aus Gottes Plan.

Wo ich bin, hält Gott die Wacht,
führt und schirmt mich Tag und Nacht;
über Bitten und Verstehn
muß sein Wille mir geschehn.

Täglich gibt er mir das Brot,
täglich hilft er in der Not,
täglich schenkt er seine Huld
und vergibt mir meine Schuld.

Lieber Gott, Du bist so groß,
und ich lieg in Deinem Schoß,
wie im Mutterschoß ein Kind;
Liebe deckt und birgt mich lind.

Leb ich, Gott, bist Du bei mir,
sterb ich, bleib ich auch bei Dir,
und im Leben und im Tod
bin ich Dein, Du lieber Gott!

Dieses Lied spricht von einer tiefen Geborgenheit bei Gott, der Herr ist über die sichtbare und unsichtbare Welt, über das zeitliche und ewige Leben, bei Gott, der für das tägliche Brot im umfassenden Sinne sorgt und die Schuld vergibt.

In den ersten vier Strophen stellt der Beter Gottes Fürsorge für das Universum und für das Individuum fest. In den beiden letzten Strophen wendet sich der Beter in der persönlichen Anrede, der Du-Form, unmittelbar an Gott mit der Bekundung seines unverbrüchlichen Vertrauens in Gottes Gegenwart im Leben und im Sterben, wobei die letzte Strophe die Glaubensgewissheit des Apostels Paulus zum Ausdruck bringt, wenn er im Römerbrief sagt: »Leben wir, so leben wir dem Herrn; sterben wir, so sterben wir dem Herrn. Darum: wir leben oder sterben, so sind wir des Herrn.« (Römer 14.8).

Das Trostlied »Du kannst nicht tiefer fallen als nur in Gottes Hand« entstand 1941 und wurde 1947 zuerst in dem Gedichtband »Von Gottes Zeit und Ewigkeit« unter dem Titel »Unverloren« veröffentlicht (Textfassung hier nach diesem Original, a.a.O. S. 74).

Im Evangelischen Gesangbuch (Nr. 533) ist es dem Themenbereich »Sterben und ewiges Leben« zugeordnet. Sein Komponist ist Hans Georg Bertram (1986):

Du kannst nicht tiefer fallen
als nur in Gottes Hand,
die er zum Heil uns allen
barmherzig ausgespannt.

Es münden alle Pfade
durch Schicksal, Schuld und Tod
doch ein in Gottes Gnade
trotz aller unsrer Not.

Wir sind von Gott umgeben
auch hier in Raum und Zeit
und werden sein und leben
in Gott in Ewigkeit.

Diesem Lied könnten Worte aus Psalm 95 zugrunde liegen, wenn es in Vers 4 heißt: »Denn in seiner Hand sind die Tiefen der Erde, und die Höhen der Berge sind auch sein« oder in Vers 7: »Denn er ist unser Gott, und wir das Volk seiner Weide und Schafe seiner Hand«. Für Arno Pötzsch ist die Geborgenheit in Gottes Hand zur unumstößlichen Gewissheit geworden, die er in vielen seiner Gedichte und Lieder bekundet und die auch Grundlage dieses Liedes mit seiner schlichten, eingängigen Sprache ist. So ist das Lied mit seinem Bekenntnis-Charakter zum Trostlied vieler Generationen geworden.

Schließlich findet sich im Regionalteil Niedersachsen und Bremen unter der Rubrik »Mittag und das tägliche Brot« das Lied Nr. 633 »Herr Gott, gib uns das täglich Brot« (Text nach dem Original des Dichters in: »Gottes Gabe täglich Brot«, a.a.O. S. 44).

Herr Gott, gib uns das täglich Brot,
wie Du bisher gegeben,
und hilf, daß wir nach Dein'm Gebot
durch Brotes Kraft Dir leben!

Doch kann kein irdisch Brot allein
uns hier auf Erden nähren;
Du mußt, Herr Christ, das Brot uns sein
und Leben uns gewähren!

Hilf, Heiliger Geist, und laß uns nun
auch selbst zum Brote werden,
was uns im Brot geschah, auch tun
den Brüdern hier auf Erden!
(Rechte: Carus-Verlag, Stuttgart)

Dieses Gemeindelied (Wir-Lied) stammt aus dem Jahr 1948. Johannes Petzold schrieb 1951 Melodie und Satz. Das Lied basiert auf der Bitte aus dem Vaterunser »Unser tägliches Brot gib uns heute« (Matthäus 6.11). Es ist trinitarisch aufgebaut und wendet sich in der ersten Strophe im Vertrauen an Gott mit der Bitte um das tägliche Brot, das mit Gottes Hilfe der singenden Gemeinde Kraft verleihen möge, nach Gottes Gebot zu leben. Um die begrenzte Kraft irdischen Brotes wissend, bekundet die Gemeinde, dass Christus selbst ihr zum Brot des Lebens werden müsse. In der dritten Strophe besingt die Gemeinde die Erfüllung der Brotbitte und wendet sich nun an den Heiligen Geist, der ihr dazu verhelfen möge, die aus dem Brot empfangene Kraft an andere weiter zu geben.

Es geht also in diesem Lied letztlich um die Umkehrung des Gesetzes des Gebens und Nehmens. Das im Glauben an die Dreifaltigkeit empfangene Brot wird an die Bedürftigen weiter gegeben.

Die geistliche Dichtung von Arno Pötzsch aus mehrdimensionaler Sicht

Im Folgenden soll unter einem innovativen Aspekt die geistliche Dichtung von Arno Pötzsch gesichtet und einem bestimmten Leitgedanken mit ausgewähltem Psalmwort zugeordnet werden. Dabei handelt es sich um verschiedene Aus- und Blickrichtungen eines Menschen, der sein Leben bewusst unter Gottes Wort gestellt und Gottes Führung anvertraut hat, eines Menschen, der aus diesem Wort die erforderliche Kraft geschöpft hat, um die Herausforderungen des Lebens zu meistern. Aus diesem Wort hat er nicht nur persönlich Trost und Zuversicht erfahren, sondern er hat das Wort Gottes in seinem Amt als Gemeinde- und Marinepfarrer an andere weitergegeben und konnte auf breiter Ebene missionarisch tätig sein, weil er darüber hinaus eine Vielzahl geistlicher Lieder und Gedichte geschrieben hat, die dank ihrer allgemein verständlichen und eindrücklichen Sprache bis in die Gegenwart den Menschen, die sich auf ihren Inhalt einlassen, Hoffnung zu geben vermögen.

So wird der Leser den geistlichen Gedichten Arno Pötzschs mit ihren Aussagen über Gottes Walten in der sichtbaren und unsichtbaren Welt aus unterschiedlichen geistlichen Blickrichtungen begegnen:

- ▷ Blick auf den Dreieinigen Gott, im Vertrauen auf seine Gnade und Barmherzigkeit – Anbetung, Glaube, Hoffnung, Liebe;
- ▷ Blick auf die sichtbare Ebene in Zeit und Raum in der Begegnung mit Gottes Schöpfung – Lobpreis und Dank;
- ▷ Missionarische Ausrichtung – Freude am Wort Gottes, Bekenntnis und Verkündigung;
- ▷ Rückschau auf Gottes Führung auf dem Weg durch die Zeit – Danksagung und Zeugnis;
- ▷ Rückblick am Abend des Tages, des Jahres, des Lebens – Geborgenheit und Trost;
- ▷ Ausblick auf ein unvergängliches Leben bei Gott im Licht der Ewigkeit – Vertrauen und Zuversicht.

Blick auf den Dreieinigen Gott, im Vertrauen auf seine Gnade und Barmherzigkeit

Anbetung, Glaube, Hoffnung, Liebe

»Ich hebe meine Augen auf zu den Bergen. Woher kommt mir Hilfe?«

(Psalm 121,1)

Psalm 121

Mein Augen heb ich auf zu Dir.
Mein Helfer Gott, bleib Du bei mir,
weiß sonst nicht Halt, Hilf oder Rat.
Birg Du mich, Gott, in Deiner Gnad!

Wie steil Gebirg steht's drohend auf.
Ich weiß nicht Weg und Ziel und Lauf.
Hier drängt das Leben, dort der Tod,
wie wild Geklüft Schuld, Leid und Not.

Ach, Herr, ich weiß: ich hab kein Recht,
bin allweg nur Dein ärmster Knecht –
nein, auch nicht das, komm sonder Lohn,
bin nichts als Dein verlorner Sohn, –

Und ruf Dich doch all Tag und Zeit,
ruf Dich für Zeit und Ewigkeit,
hab Dich, nur Dich, da komm, was mag!
Auf Dich ich all mein Wegfahrt wag.

Mein Ein- und Ausgang jederstund
sind Dir, Gott Vater, offenkund.
Behüt mich, Herr, zu jeder Frist!
Ich bitt im Namen Jesu Christ.
Amen.

Anbetung

Anbetung, Lob, Preis, Ehr und Ruhm
bring Gott die Welt, sein Eigentum,
im Himmel und auf Erden!
Sein ist Reich, Kraft und Herrlichkeit,
drum soll ihm alles allezeit
ein reiner Lobpreis werden.

Wir stimmen, Herr, mit Danken ein
und wolln Dir gern zu Diensten sein
mit Gut, Blut, Leib und Leben.
Und sind wir, Gott, vor Dir gering,
nimm hin! Du hast doch jeglich Ding
zuvor aus Gnad gegeben!

Du hast Dich, Gott, der Welt bezeugt,
zu unsrer Armut Dich gebeugt,
Verlornes hier zu retten.
Du nahmst auf Dich der Erde Not,
die Sünd der Welt, Schuld, Angst und Tod,
damit wir Frieden hätten.

Das glauben wir. Drauf bauen wir.
Wir leben und wir sterben Dir.
Allein in Deinem Namen,
der jetzt und ewig Heil verheißt,
Gott Vater, Sohn und Heiliger Geist,
sind wir geborgen. Amen.

Lobpreis

Preis, Ehr und Königsherrlichkeit
sei Gott in Ewigkeit und Zeit,
im Himmel und auf Erden!
Ihn preist der starken Engel Heer.
All sein Geschöpf soll ihm zur Ehr
ein reiner Lobpreis werden.

Gott Vater, Schöpfer aller Ding,
dem nichts zu groß, nichts zu gering,
was ist, lebt Deiner Gnade
und muß Dir, Herr, zu Diensten sein.
Wir stimmen in den Lobpreis ein,
beugt uns auch Schuld und Schade.

Du Heiliger webst in ewigem Licht
und zeigst barmherzig Dein Gesicht
uns doch in Christ, dem Sohne,
daß mitten in der dunklen Welt
das Licht, das alle Welt erhellt,
zu Fried und Freud uns wohne!

O Herr, wie hast Du wohlgetan
der Welt von allem Anfang an!
Lob, Preis sei Deinem Namen!
Und sind wir Sünder hier zuhauf,
Herr, tu uns alle Sinne auf,
daß wir Dich rühmen! Amen.

Dir gebührt die Ehre

Ehr sei dem allerhöchsten Gott,
auf Erden Fried, den Menschen allen
trotz Sünd und Schuld in Not und Tod
sein Gnad und Huld und Wohlgefallen!
Ehr sei dem König aller Welt,
der alle Dinge trägt und hält.

Lob, Preis und Dank sei Dir gebracht,
Herr, Gott, um Deiner Güte willen!
Wir sehn Dein Herrlichkeit und Macht
ohn End die ganze Welt erfüllen.
Wir beten Dich, Du Ewiger, an.
Dir, Gott, ist alles untertan.

Herr Christ, Erlöser, Gottes Sohn,
Du bist für uns zur Welt gekommen
und hast der Welt Sünd, Last und Lohn
an unsrer Statt auf Dich genommen.
In Dir verleibt und offenbar
ist Gottes Liebe. Das ist wahr!

Gott Vater, Sohn und Heiliger Geist,
wir rufen Deinen heiligen Namen!
Kein andrer ist, der Heil verheißt,
im Himmel und auf Erden. Amen.
Dein, Gott, allein ist allezeit
das Reich, die Kraft und Herrlichkeit.

Credo

Wir glauben *einen* Gott und Herrn,
den Schöpfer Himmels und der Erden,
des Wort und Wink, Sonn, Mond und Stern,
jed' Ding aus Nacht und Nichts ließ werden
und der sein Werk, die ganze Welt,
in seinen Händen trägt und hält.

Wir glauben an des Vaters Sohn,
der zu uns in die Welt gekommen
und Kreuz und Tod, der Sünde Lohn,
an unsrer Statt auf sich genommen,
der alles für uns trug und gab,
vom armen Kripplein bis zum Grab.

Er starb für uns und ist vom Tod
für uns zum Leben auferstanden,
und aufgefahr'n zum Vater Gott
ins Licht aus Nacht und Erdenbanden,
und lebt mit Gott und herrscht zugleich
ohn End in seines Vaters Reich.

Wir glauben an den Heiligen Geist,
der wie einst Schöpfung und Propheten
die Kirche Christi tränkt und speist,
der tröst' und hilft in allen Nöten,
mit Gott zu leben in der Zeit
und ohne Tod in Ewigkeit. Amen.

Dein ist das Reich

Heb an mit Freud, o Christenheit,
o Welt, den Herrn der Herrlichkeit
aus Herzensgrund zu ehren!
All sein Geschöpf und Eigentum
soll froh des Schöpfers Ehr und Ruhm
verkünden und vermehren.

Wir preisen Deine Güt und Macht,
die Gnad, die unser Heil bedacht
und Fried und Freud gegeben;
die alles, Leib und Seel und Geist,
mit Wundern guter Gaben speist,
mit Licht und ewigem Leben.

Wir danken Dir, o Vater Gott,
daß Du zu uns in Not und Tod
bist selbst aus Lieb gekommen
und hast, was uns gefangen hält,
Sünd, Last und Leid der ganzen Welt,
in Christ auf Dich genommen.

Der Welt und uns ist wohlgeschehn
weit über Bitten und Verstehn.
Wir preisen Deinen Namen,
Dreieiniger Gott, Du Herr der Zeit,
Dein ist Reich, Kraft und Herrlichkeit,
Dein alles ewig! Amen.

Allein aus Gnaden

Allein auf Dich, mein Herr und Gott,
stell ich mein Leben samt dem Tod,
leg alles, Los und Leid und Schuld,
allein in Deine Hand und Huld.

Ich kann mit nichts vor Dir bestehn,
muß mit dem Besten noch vergehn,
lauf alle meine Erdenspur
vor Dir als armer Sünder nur.

Ohn' Dich hab ich in Raum und Zeit
nicht Zuflucht, nirgends Sicherheit,
bin elend, arm, irr, taub und blind,
bin nichts als Dein verlornes Kind.

Das bin ich, Gott, bin andres nicht,
und tapp im Finstern ohne Licht,
bin voller Unruh Tag und Stund
und im Gewissen weh und wund.

Doch weil's so ist, so war und bleibt,
bin ich auch, den die Sehnsucht treibt,
bin, der sich täglich von Dir trennt,
der täglich auch von Heimweh brennt.

Doch weiß ich, daß ich's nicht erlauf,
tust Du mir nicht die Türe auf.
Was hülf's, stünd ich vorm Vaterhaus
und Du liefst nicht zu mir heraus?

Das ist's und darauf laß ich nun
mein Leben und mein Sterben ruhn:
Ich weiß die Lieb, die sich erbarmt
und den verlornen Sohn umarmt.

Auf Dich allein, mein Herr und Gott,
stell ich mein Leben, meinen Tod,
mein Los, mein Leid und meine Schuld
leg ich in Deine Hand und Huld. Amen.

Du Herr der Herrlichkeit!

Sei hochgelobt, allmächtiger Gott,
Du Schöpfer Himmels und der Erden!
Aus Nacht und Nichts ließ Dein Gebot
die Welt und alle Dinge werden.
Drum ist Dir auch die ganze Welt
zu Lieb, Lob, Dank und Dienst bestellt.

Wir beten Dich, Du Ewiger, an
um Deiner großen Ehre willen.
Mit Licht hast Du Dich angetan.
Dein Glanz muß alle Welt erfüllen.
Was lebt, das lebt im Schein des Lichts
vom Leuchten Deines Angesichts.

Du Heiliger, den kein Sinn ermißt,
kamst selbst zur Welt durch Dein Erbarmen
und trägst sie, die Dich oft vergißt,
trotz Sünd und Schuld in Vaterarmen.
Herr, Deine Gnade beugt uns tief,
die hilft, noch eh ein Mund Dich rief.

Gott, weil Du das Erschaffne liebst,
wolln Herz und Mund in Christi Namen
Dich, der Du gibst und uns vergibst,
in Fried und Freud nun ehren. Amen.
Nimm an, Du Herr der Herrlichkeit,
den Lobpreis Deiner Christenheit.

Dein Wort schenkt das Leben

Dein Wort, Herr, das die Welt erschuf,
schafft noch und schenkt das Leben.
Noch immer will Dein Wort und Ruf
aus Nacht und Tod erheben.
Du, Gott, bist Herr der Welt allein,
mußt Schöpfer und Erlöser sein
und, was uns not ist, geben.

Wir danken Dir Dein heiliges Wort,
das wir zu Trost empfangen,
dazu Dein Haus, den heiligen Ort,
da wir's stets neu erlangen.
Gib, daß Dein Geist uns mehr und mehr
recht hören und recht reden lehr,
was, Gott, aus Dir ergangen!

Die Welt muß ohne Dich vergehn.
Füll ihr die leeren Hände!
Laß, was erstorben, auferstehn!
Aus Gnad und Güte wende
Du selbst die dunkle Welt zum Licht,
daß, Herr, vor Deinem Angesicht
all unser Elend ende!

Wir beten Dich, Du Ewiger, an
und rufen Deinen Namen.
Wir sind den Deinen zugetan,
die eh schon zu Dir kamen,
und schaun vereint, was Du verheißt,
in Dir, Gott Vater, Sohn und Geist,
den Himmel offen. Amen.

Vater unser

Vater unser im Himmel Du!
Gib Deinen Geist dem Beten zu,
daß nicht allein der Mund nur red;
das Herz in Andacht zu Dir bet.

Und jeder auch bei seinem Flehn
seh nah bei sich den Bruder stehn
und bitt mit ihm, daß hier auf Erd
Dein Nam durch uns geheiligt werd.

Es komm Dein Reich, ach, säum Dich nicht!
Dein Königtum bei uns erricht.
Dein Will gescheh auch heut und hier
gleich wie im Himmel, Gott, bei Dir.

Was Leib und Seel ist täglich not,
in Gnaden gib, das täglich Brot.
Vergib die Schuld. Mach uns bereit,
daß jeder jedem auch verzeiht.

Send in Versuchung Deinen Geist.
Daß wir nicht falln, Dein Hilf uns leist.
Dein Macht in Not und Tod uns tröst,
bis uns zuletzt Dein Lieb erlöst.

Des sind wir froh. Das Reich ist Dein,
Dein Kraft und Herrlichkeit allein.
Dein, Gott, ist alle Welt und Zeit.
Gelobt seist Du in Ewigkeit! Amen.

Bußlied

Herr, ich hab Übels viel getan,
in Schuld verstrickt, gefangen.
Versünd't vom Mutterleibe an
bin ich die Welt durchgangen.
Ich lief von Dir, im Wahn verblend't,
das Herz auf tausend Ding gewend't,
wollt selbst mein Glück erlangen.

Hab mir und manchem Schein vertraut,
doch nirgends Ruh gefunden.
Und was ich hochgemut erbaut,
schwand hin in bittren Stunden.
Schien manches eitel Glück zu sein,
doch stand ich stets zuletzt allein
im Elend, krank, mit Wunden.

So bin ich, Gott, Du kennst mich wohl,
bin immer so geblieben.
Obgleich mein Herz Dir dienen soll,
hat sich's der Welt verschrieben,
wählt immer wieder dies und das
und wird drum ohne Unterlaß
voll Unruh umgetrieben.

O Gott, so tief in Schuld versünd't,
hab ich nur Dein Erbarmen!
Sei gnädig dem verlornen Kind,
dem Sohn, dem elend-armen!
Ich weiß, ich bin der Huld nicht wert,
doch hast Du, Gott, einst Gnad gewährt
dem Sohn in Vaterarmen.

In Leben, Tod und Welt und Zeit
ist das allein mein Glaube!
Du, Gott, Du schenkst Barmherzigkeit
dem Sünder tief im Staube,
willst Gnad, nicht Lohn, Verdienst und Recht.
Ach, gib, daß nichts Dein'n ärmsten Knecht
der Zuversicht beraube!

Wer bin ich, Gott?

Wer bin ich, Gott? Was ist der Mensch vor Dir?
Der Menschheit alte, immer neue Fragen,
seit Anbeginn Geschlechtern aufgetragen,
ich trag sie, ach, von Kind an auch mit mir.

Was ist's um uns, die Deines Gartens Zier,
um Adam, Eva, die dem Tier erlagen,
um Kain, dess' Hand den Bruder frech erschlagen,
um den, der stolz schritt von des Vaters Tür?

Was ist der Mensch, der böse, trotzig-wilde,
der ungestillt erbaut, zerstört sein Reich?
Sich selbst ein Rätsel, das kein Herz enthüllte!

Du aber sprichst: Ich schuf dich mir zum Bilde –
Bild heißt Geschöpf und Bild heißt Ziel zugleich –
und unstet bleibst du, Mensch, bis sich's erfüllte!

Am Tisch des Herrn

Dein Mahl, Herr, ist ein Mahl der Gnaden,
ein Mahl, bei dem die Liebe dient.
Du hast Dir die zu Gast geladen,
die, tief in Not und Schuld und Schaden,
Dir, Gott, zu nahn sich nie erkühnt.

Du rufst Dir von den Zäunen, Hecken
und von den Straßen dieser Welt
die Ärmsten, die im Elend stecken,
und scheust Dich nicht, den Tisch zu decken
für die, die keins für würdig hält.

Den Reichen liegt an eignen Dingen,
die ihrer Hoffart wichtig sind.
Du aber, Gott, suchst die Geringen,
die nichts als ihren Jammer bringen
und liebst noch das verlorne Kind.

So laß mich auch das Mahl verstehen
an Deinem Tisch hier in der Zeit!
In Speis und Trank laß mich Dich sehen,
und laß, Gott, mir Dein Heil geschehen
jetzt hier und dort in Ewigkeit!

Ich will, Gott, Bild um Bild bewahren,
darin Du je der Welt erschienst,
will leben und zum Tod hin fahren,
der Zeichen froh, die offenbaren,
wie Du, Gott, liebst und suchst und dienst.

Komm, Herr, nun auch zu mir in Gnaden
und teil in Brot und Wein Dich aus!
Und komm ich schwer von Schuld und Schaden,
mach mir's gewiß: ich bin geladen
zum Mahl in meines Vaters Haus!

Gnade und Gericht

Schau ich mich, Herr, in Deinem Lichte an,
sinkt mir vor Dir der Blick in Scheu und Scham.
Du bist das Licht, dem niemand nahen kann,
und dem gottflüchtig keiner je entkam.

So bin ich ganz, Gott, in Dein Licht gebannt,
weiß mich Dir nah wie, ach, auch weltenfern,
weiß mich von Dir in meiner Schuld erkannt
und hör, mir nah, Dich meinen Gott und Herrn.

Herr, was Du sprichst, ist Gnade und Gericht.
Gericht und Gnade, immer dies allein.
Du beugst und hebst mein Herz und mein Gesicht,
sprichst im Gericht noch gnädig: Du bist Mein!

Bitte

Laß mich kein Ding betören,
daß mir's den Weg verstellt!
Mit Freuden laß mich hören
Dein Wort, das trägt und hält!
Von Dir beschenkt ohn Maßen,
laß mich die Zeit durchziehn!
Gib, daß auf meinen Straßen
ich Dir, Gott, dank und dien!

Dennoch Gott?

Gott, Du bist groß, Du bist das Größte.
Du, Gott, bist alles. Ich bin nichts.
Gott, ich vergeh. Und dennoch tröste
ich mich im Dunkel Deines Lichts.

Mir schwindelt, Gott, vor Deiner Größe.
Begriffen hat Dich keiner noch.
Und dennoch deckst Du meine Blöße,
und meine Armut birgst Du doch.

Erschrocken seh ich mich verloren,
Dir, Gott, dem Heiligen, nichts als Hohn.
Und dennoch, Gott, seit ich geboren,
bist Du mein Vater, bin ich Sohn.

Du, Gott, vor Dir ist alles Fremde,
nur Irrweg, Abfall, Tand und Tod.
Und dennoch bis zum Totenhemde
hab ich nur Dich zur Heimat, Gott!

Du Schöpfer und Erhalter

Wir nennen Dich den Schöpfer und Erhalter
der großen Welt und ihrer vielen Dinge.
Das Rad der Welt, es ruht in Dir, dem Ringe,
Du Alleswirker, Gott, Du Alldurchwalter.

Wir stammeln nur, Du Ewiger ohne Alter.
Das Wort ist arm und jedes Bild geringe.
Doch wagt mein Herz, daß es das Lob Dir singe,
rühmt gern in Dir den Künstler und Gestalter.

Das bist Du, Gott, bist Künstler ohnemaßen.
Kunst ist Dein Werk, die Welt nach Form und Sinn,
in Stern und Staub, in Keim und Frucht und Blüte.

Und kann mein Geist auch Plan und Maß nicht fassen,
ich schau Dich, Gott, voll Schönheit mitteninn
und ahn' erschüttert Weisheit, Macht und Güte.

Licht

O Licht, Dich muß ich lieben,
wo ich Dein Leuchten seh;
hast mich dazu getrieben,
seit ich die Welt durchgeh,
und wirst mich immer treiben
bis Tod die Augen bricht,
wirst meine Freude bleiben
auf Erden, o Du Licht!

Du schenkst Dich alle Morgen
aufs neue aller Welt,
und ruht sie nachtverborgen,
bleibt sie doch sternerhellt.
Ja noch der Strahl der Kerzen
ist ferner Sonnen Schein
und gießt in Aug' und Herzen
den Trost des Lichts hinein.

O Licht, Du bist das Leben,
Quell, der von Liebe quillt!
In Dir hat Gott gegeben
der Welt sein schönstes Bild!
Könnt' ich Dir ähnlich werden
in Wesen und Gesicht,
trüg' ich Dein Bild auf Erden,
mein Gott, o Du mein Licht!

Gebet

I

So wie der Adler in den Lüften kreist,
scharfäugig spähend sich die Beute sucht,
wach über mir, mein Gott, durch Deinen Geist
mit scharfem Blick und wehre mir die Flucht!

Mach mich zur Beute! Treib mich in die Enge!
Stoß nieder, Gott, reiß mich in Deine Fänge
und laß, bezwungen, mich in Ewigkeiten
Dir nicht entgleiten!

II

Wirf Deine Angel ins Meer
und ruhe nicht, bis ich gefangen,
bis an den Haken, o Herr,
ich als der Fisch Dir gegangen!

Bohre ins Fleisch mir den Stahl
und halt mich, als Beute gefunden,
mein Gott, Dir nach zeitlicher Qual
auf immer, auf ewig verbunden!

O selig, wen Du heimgesucht

Leib, Seel und Geist erfreuen sich,
mein Gott, in Deinen Gnaden.
Du neigst Dich mir, Gott, väterlich
und heilst all meinen Schaden.
Ich irrte, Dir und mir zum Schmerz.
Du zeigst Dein liebeglühend Herz,
birgst den, der schuldbeladen.

Das ist ein wunderlich Geschehn,
mit keinem Sinn zu fassen.
Ich seh Dich mir entgegengehn,
dem Sohn, der Dich verlassen.
Ich seh Dich, Gott, die Straßen ziehn,
drauf vor Dir Deine Kinder fliehn
in Sünden und Dich hassen.

O selig, wen Du heimgesucht
auf irren, wirren Wegen,
und wer nach der verlornen Flucht
an Deiner Brust gelegen!
Lief einer alle Erde aus,
es gibt doch nur *ein* Vaterhaus
und *eines* Vaters Segen!

Ich kann in Ewigkeit und Zeit,
mein Gott, mir nichts erwerben.
Mir bleibt nur Dein' Barmherzigkeit
im Leben und im Sterben.
Du liebst, die arm und hungrig sind;
o lieb mich, Dein verlornes Kind,
und laß mich nicht verderben!

Ich wag's, mein Gott, ich wag's, zu traun.
Du selbst hast mir's verheißen.
Mag alles fall'n, was Menschen baun,
das soll mir nichts entreißen.
Es mag, was will, auf Erden sein,
ich wag's auf Deine Gnad allein
und will Dich, Gott, drum preisen.

Von ferne mich Dein Geist berührt

Attingere aliquantum mente Deum magna beatitudo est;
comprehendere autem, omnino impossibile.

Mit unserem Geiste ein wenig Gott berühren, das ist große Seligkeit;
Gott jedoch begreifen, das ist ganz und gar unmöglich.
Augustinus

Gott, Dich im Geist von fern berühren,
ein wenig nur, am Rand der Zeit,
das Wehen Deines Mantels spüren,
wenn Dich vorbei die Schritte führen,
ist Glück, ist tiefe Seligkeit.

Unmöglich ist's, das Meer zu gießen
in eines Bechers engen Raum,
wie sollte Deine Gottheit fließen
in Menschenwesen, -wahn und -wissen,
in dieser Erde Trug und Traum!

Ich weiß – es gibt kein andres Reifen –,
ich weiß: Dich faßt kein irdischer Sinn,
doch mag Dich nie mein Geist begreifen,
Dich ahnend nur ein wenig streifen,
das schon ist köstlichster Gewinn.

Laß mich verzichten, nicht begehren,
was Du den Deinen hier versagt!
In Demut laß mich Dich verehren!
Wollst nur der Sehnsucht, Gott, nicht wehren,
die aus dem Staub sich zu Dir wagt!

Alles ist Gnade

Längst eh ein Herz Dich glauben,
ein Mund Dich nennen kann,
eh unserm Sinn, dem tauben,
ein Dämmern nur begann,
hast Du uns schon umfangen,
war Deine Hand uns nah,
und Du bist mitgegangen,
warst da, warst für uns da.

Ach, wenn an uns es hinge,
ob wir geborgen sind,
ob unsres Lebens Dinge
bestehn im Wetterwind,
wir wären ganz verloren,
verdorben unbewacht;
wir wären nie geboren
zum Licht aus ewiger Nacht!

Und wenn Du warten solltest,
bis wir zu Dir uns nahn,
und wenn Du handeln wolltest,
wie wir an Dir getan,
Du bliebst in Ewigkeiten
in Trauern ganz allein;
wir müßten in den Zeiten
in Schuld verlassen sein.

Du hast für uns entschieden,
als Dich noch keiner rief,
Du wahrtest Deinen Frieden
noch dem, der Dir entlief;
Du hüllst uns ungemessen
in Deine Liebe ein
und läßt uns unvergessen
in Dir geborgen sein.

Du bist, der nichts als lieben,
ohn' Wandel lieben kann;
hat nichts Dich sonst getrieben
vom Schöpfungsanfang an.
Du schufst aus Liebe Leben,
wirkst liebend noch im Tod,
und immer sind und weben
wir in der Liebe, Gott.

Du bist unser Trost und Licht

Gott, Du bist unser Trost und Licht
in Angst, Not, Tod und Grauen.
Wo blieben wir, gäbst Du uns nicht
ins Herz das große Trauen!

Dies Herz muß traun, und wenn's auch klagt,
weil's Dich nicht kann verstehen,
es glaubt Dich, Gott, es glaubt und wagt,
den dunklen Weg zu gehen.

Mit Augen wirst Du nicht erkannt,
Dein Antlitz bleibt verborgen,
und doch stillst Du, uns zugewandt,
die schweren, dunklen Sorgen.

Du tröstest uns, erhellst die Nacht,
machst alles Leid gelinder.
Wir sind, Du unbegriffne Macht,
in Einfalt Deine Kinder.

Aus der Tiefe

Aus der Tiefe ruf' ich Dich
und muß Dich doch loben.
In die Hölle stößt Du mich
und führst doch nach oben,

wirfst hinunter mich ins Meer,
daß ich ganz versinke
und wachst, Gott, doch überher,
daß ich nicht ertrinke.

Ja, Du läßt mich ohne Wahl
wie verlassen sterben,
und reißt doch durch Todesqual,
läßt mich nicht verderben,

läßt zu Asch' und Staub vergehn,
was Du erst gegeben,
und aus Tod und Grab erstehn
immer neues Leben.

Gott, ich weiß nicht, was Du tust,
werd's auch nie ergründen,
weiß nur, daß Du nimmer ruhst,
Dich, Gott, zu verkünden.

Und in Dir ist *eins* die Welt,
mag's auch anders scheinen.
Was im Zwiespalt hier zerfällt,
muß in Dir sich einen.

Aufgebot

Herr Christ, Du bist gekommen
der ganzen Welt zum Heil,
und wer das Wort vernommen,
der hat am Leben teil,
den rief und ruft Gott selbst mit Macht
aus Fesseln, Fron und Schlucht und Schacht;
kein Weg ist je zu steil!

Laß uns verstehn und sehen,
Herr Christ, in dieser Zeit:
Des Königs Fahnen wehen
in Gottes Kampf und Streit!
Gott will die Welt, die Er erschuf!
Das ist die Losung, dies der Ruf.
Herr Christ, mach uns bereit!

Du wollst ein Feuer zünden,
Du selbst bist Licht und Glut.
Herr, daß wir's heut verstünden
und gäben Leib und Blut
und gäben alles, hielten nichts
und brächen auf, ein Heer des Lichts,
mit unerschrocknem Mut!

Herr, laß uns Dir vertrauen,
ist feind auch alle Welt,
und stärk uns, macht uns grauen
das weite Totenfeld!
Gib Geist und Kraft! Nur das ist not.
Bei Gott ist Leben ohne Tod!
Der findt's, der Dir gesellt!

Das ist mein Trost auf Erden

Das ist mein Trost auf Erden,
mein Licht und Zuversicht,
daß Berge fallen werden,
doch Deine Gnade nicht,
daß, ob auch Welten wanken
und Sterne untergehn,
Gott, Deines Geists Gedanken
ohn Wandel fest bestehn.

Wohl kann kein Mensch erfassen,
was Du ob uns gedacht.
Wir müssen uns Dir lassen,
Gott, Deiner Übermacht.
Und hättst Du uns beschieden,
daß wir gar bange sind,
Du sinnst doch nichts als Frieden
ob Welt und Menschenkind.

Das hast Du selbst verheißen
und tröstlich zugesagt.
Nichts kann uns Dir entreißen,
ob's nachtet oder tagt.
Mag uns das Leben drücken,
beschweren Sünd und Tod,
Du, Herr, willst uns erquicken
in aller Erde Not.

Bleib uns gnädig, Herre Gott!

Aus der Tiefe unsrer Not
rufen wir Dich, unser Gott,
bitten: Hilf uns in den Zeiten
fest bestehn und tapfer streiten,
alle Tage gläubig wagen,
ihre Last mit Demut tragen!
Hilf uns, hilf uns in der Not!
Sei uns gnädig, Herre Gott!

Aus der Tiefe unsrer Not
rufen wir Dich, unser Gott.
Dank sei Dir für Dein Geleite,
Dank dafür, daß Du bis heute
uns das täglich Brot gegeben,
hast behütet Leib und Leben!
Dank sei Dir in aller Not!
Bleib uns gnädig, Herre Gott!

Aus der Tiefe unsrer Not
rufen wir Dich, unser Gott.
Lob sei Dir, Du Herr und Meister,
durch die Erde, durch die Geister,
durch die Räume, durch die Zeiten,
Lob durch alle Ewigkeiten!
Sei gelobt auch in der Not!
Bleib uns gnädig, Herre Gott!

Aus der Tiefe unsrer Not
rufen wir Dich, unser Gott.
Preis jauchzt Dir das heiße Leben;
auch der Tod muß Dich erheben,
und die Teufel gleicherweise
werken, Heiliger, Dir zum Preise.
Preis sei Dir auch in der Not!
Bleib uns gnädig, Herre Gott!

Sehnsucht

Ach, daß der Himmel risse
und Du führst selbst herab
und brächst die Finsternisse,
die Schuld, den Tod, das Grab,
all Angst und Not der Erde,
die Schwermut allerwärts,
und gäbst, daß Friede werde,
Dich selbst in jedes Herz!

Wohl bist Du, Gott, gekommen
seit Anbeginn der Welt,
hast Wohnung Dir genommen
in Deinem Sternenzelt,
ja, gingst auf unsern Straßen
und hast Dich uns zugut,
Du Ewiger, eingelassen
in unser Fleisch und Blut.

Doch Jahr und Tag aufs neue
schreit unser Herz nach Dir,
braucht Deine Huld und Treue
und sucht Dich jetzt und hier.
Es hungert, Herr, die Erde
stets nach der Ewigkeit.
Komm, daß Dein Friede werde,
Herr, heut in unsere Zeit!

Gib unsrer Wegfahrt Dein Geleit!

Wir treiben, Herr, im Strom der Zeit.
Gib unsrer Wegfahrt Dein Geleit.
Zeig Weg und Ziel und geh Du mit
all Tag und Stund und Schritt für Schritt!

Wir können ohne Dich nichts tun,
nichts wirken, nicht im Frieden ruhn,
Herr, nicht bestehn der Erde Not,
das Leben nicht und nicht den Tod.

Erleucht uns, Herr, mit Deinem Licht
und beug uns unter Dein Gericht,
end gnädig allen irren Lauf,
durch Deine Liebe heb uns auf!

Hilf, daß das Herz nichts Falsches acht',
vielmehr nach Deinem Reiche tracht',
der Fesseln frei, von Sorgen los!
Herr, nur das Größte sei uns groß!

Gib auch das Brot, gib Geist und Wort
von Tag zu Tag an jedem Ort!
Halt uns bei Dir durch Dein Geleit,
Herr Gott, in Zeit und Ewigkeit.
Amen.

Lob, Preis und Ehr sei Gott

Lob, Preis und Ehr sei Gott,
dem Vater, der uns allen
durch Gnade und Gebot
erweist sein Wohlgefallen,
der, ob die Welt versünd't,
zum Trotz der Todesnacht
Licht, Fried und Freud verkünd't
und selbst ihr Heil gebracht.

Was Du der Welt getan,
kann kein Geschöpf Dir danken,
doch beten wir Dich an,
Du Mächtiger ohne Schranken.
Du schließt ein jeglich Ding
in Deine Liebe ein.
Was groß ist und gering,
muß, Gott, Dein eigen sein.

Das danken wir Dir, Gott,
mit Demut, Lieb und Glauben,
daß uns nicht Sünd, nicht Tod,
aus Deiner Hand mag rauben.
Das ist, was uns hier tröst':
daß nichts von Dir uns scheid't
und uns Dein Lieb erlöst
in Zeit und Ewigkeit.

Gott Vater, Sohn und Geist,
Du dreimal heilige Güte,
die uns den Himmel weist,
sei Halt und Hilf und Hüte!
Wir sind ein arm Gemächt
und eigner Hilfe bar,
und ohn Verdienst und Recht
liebst Du uns. Das ist wahr!

Gloria

Dem höchsten Gott sei Preis und Ehr!
O Welt, mit Dank dich zu Ihm kehr,
der gnadenreich dein Heil bedenkt
und dich mit Fried und Freud beschenkt.

Wir loben Dich, wir beten an:
Dir, Gott, ist alles untertan.
Dein Werk, die Welt, erfüllt und kleid't
Dein Allmacht, Lieb und Herrlichkeit!

Herr Christ, Gotts Sohn, Erlöser Du,
in Dir wend't Gott sein Herz uns zu,
hält uns trotz Sünd der Kindschaft wert,
trägt selbst die Schuld, die uns beschwert!

Gott Vater, Sohn und Heiliger Geist,
wir rufen Dich. Dein Hilf uns leist!
In Dir allein ist offenbar
Heil, Licht und Leben. Das ist wahr!

Gott in der Höh sei Lob und Ehr!

Gott in der Höh sei Lob und Ehr!
O Welt, mit allem Himmelsheer
sollst Du den Höchsten preisen.
Ist alles, alles weit und breit
doch voll von Gottes Herrlichkeit
und muß ihm Ehr erweisen!

Wir beten Dich, Gott Vater, an
und ist's auch nie genug getan,
was wir vor Dir vollbringen,
wir wolln Dir für Dein Güt und Macht,
die uns mit Huld und Heil bedacht,
mit Dank den Lobpreis singen.

Du sättigst uns mit milder Hand
und hast uns freundlich zugewandt
Dein Herz mit viel Erbarmen;
und ob wir tief in Sünden gehn,
Du birgst ob Bitten und Verstehn
uns doch in Vaterarmen.

Gott, Schöpfer, Vater Jesu Christ,
Gotts Sohn, der Du Erlöser bist,
Gott, Heiliger Geist mit Namen!
Wir rufen Dich in Not und Tod
und rühmen Dich, Dreieiniger Gott,
mit Fried und Freuden. Amen.

Dem alle Engel jauchzen

Im Himmel jauchzen Gott, dem Herrn,
der Engel hohe Heere.
Ihm glühn die Sonnen, Stern bei Stern,
und laufen ihm zur Ehre.
Den Werken, die der Schöpfer schuf,
gab er den einzigen Beruf.
daß jeds sein Lob vermehre.

Wir preisen Dich und sagen Dank
für Deine Macht und Gnade.
Du, Herr, lenkst Welten ohne Wank',
birgst alle Weg und Pfade,
und kann auch nichts Dir würdig sein,
Du schließt's in Dein Erbarmen ein,
kränkt Dich gleich Schuld und Schade.

Ja, ob Du Herr und heilig bist
und wir in Sünd verloren,
Du nahmst auf Dich in Jesus Christ
die Sünd, drein wir geboren,
hast selbst zum Opfer Dich gebracht
und uns zum Licht aus Todesnacht,
zum Leben Dir erkoren.

Mit Fried und Freud und Heil beschenkt,
ehrn wir, Herr, Deinen Namen.
Wenn unser Herz mit Dank bedenkt,
was wir von Dir bekamen,
kann's, Gott, in Dir nur fröhlich sein
und gern sich Dir zu Diensten weihn
mit Lieb und Loben. Amen.

Im Glauben frei

Hilf mir, mein Gott, in kühnem Glauben
ein freier Herr der Welt zu sein!
Laß nichts der Freiheit mich berauben!
Leibeigen bin ich Dir allein.
Dir und sonst keinem untertan,
brech ich durch aller Mächte Bann.

Doch laß ich nur ein wenig hangen
mein Herz an einem Ding der Welt,
bin ich gebunden und gefangen,
im Nu gebrochen und gefällt.
Vertan ist Herrenehr und - recht;
aus Gottes Freiem ward ein Knecht.

Behüt mich, Herr, hilf recht vollbringen,
nicht rechts, nicht links, nicht rückwärts schaun
und Dir nur über allen Dingen
in Furcht und Liebe fest vertraun
trotz aller Not, mit aller Kraft,
die Deine Gnade wirkt und schafft!

Laß mich, mein Gott, nach Deinem Willen
auch meines Bruders Hüter sein!
Du selbst wollst meinen Glauben füllen
mit wacher Liebe ohne Schein!
Denn nur durch Liebe bin ich recht
im Glauben frei, des Nächsten Knecht.

Du hast die Würde, Herr, gegeben,
die königlich in Demut ist.
Du Schöpfer Gott, Du dienst dem Leben,
gabst Dich der Welt in Jesus Christ
und offenbarst das Königsrecht:
aus Liebe wird der König Knecht.

Herr, schaffe, schenke Du in Gnaden,
daß ich auf Erden beides bin:
im Glauben frei, der Welt entladen,
im Dienst der Liebe mittenin!
Ich sei ein Christ! Herr, hilf und lehr,
daß ich mich recht als Christ bewähr!

Hausspruch

Ob steinern Haus und holzen Dach,
Herr Gott im Himmel, gnädig wach!
Wir baun ein irden Hütt und Zelt,
Du schaffst und hältst die ganze Welt.
Drum halt in Deiner Hand und Hut
auch unser zeitlich Hab und Gut.

Und in dem Haus hüt jedermann,
weil niemand selbst sich hüten kann.
Halt fern den Feind, dem Unfall wehr,
ein' starken Schutz stell um uns her.
Bewahr in all und jeder Not.
Halt uns im Leben und im Tod.

Und in des Hauses Ingesind,
Herr, jed Gewissen an Dich bind.
Gleich als Dein gülden Wohngemach
halt jedes Herz Dir hell und wach.
So hüt uns ganz in dieser Zeit,
behüt uns auch in Ewigkeit!

Adventslied

Vor den Türen Deiner Welt
stehst Du allerzeiten,
Gott und Gast, dem wir bestellt,
Herberg zu bereiten.
König aller Herrlichkeit,
kommst Du hergeschritten
und sprichst doch im Bettlerkleid
eines Pilgrims Bitten,

bist der Schöpfer aller Ding,
Gott und ohnegleichen,
und trägst niedrig und gering
unsrer Armut Zeichen,
läßt in Demut Dich als Kind
von der Krippe tragen
und von Deinen Kindern blind
an den Kreuzstamm schlagen.

So in Gottesdemut hast
Du den Weg genommen
und bist, Herr, als Freund und Gast
her zur Welt gekommen.
Und nur eins war, was Dich trieb,
Liebe, nichts als Lieben.
Was die Welt Dir schuldig blieb,
das hat Dich getrieben.

Hat die Welt Dich oft verkannt
und Dich sehr mißachtet
und verblendet und gebannt
nur sich selbst betrachtet,
hab ich's anders nicht getan,
stets zu Fluch und Schaden –
bleib uns nah und sieh uns an
und vergib in Gnaden!

Stehst Du nun vor unsrer Tür,
König, heilandsmilde,
das Verschlossne zwing und rühr
durch Dein heilig Bilde!
Laß uns Dich nicht draußen stehn,
warten nicht vergebens!
Eile bei uns einzugehn!
Komm, Du Herr des Lebens!

Incarnatio

Verleib Dich, Gott! Verleib Dein Wort!
Kehr ein bei Mensch und Erde!
Komm her zur Welt, daß jeder Ort
Dir Stall und Krippe werde!

Sieh an die Armut, Schuld und Not,
das Elend, all das Grauen!
Komm, Leben, Gott, in unsern Tod!
O Licht, laß Dich uns schauen!

Vergilt uns nicht, was wir getan,
nicht, daß wir Dich vertrieben!
Aus Gnaden nimm Dich unser an
und hör nicht auf zu lieben!

Und sind wir alle taub und blind
in Finsternis verloren,
werd wieder, Gott, wie einst als Kind
in unsrer Nacht geboren!

Gebier Dich, Gott, zum andern Mal
in unsern leeren Herzen!
Nimm auf Dich aller Erde Qual
und alle unsre Schmerzen!

Nun schlägt die Stunde Mitternacht

Nun schlägt die Stunde Mitternacht.
Die Zeit steht an der Wende.
Das Altjahr ist zu End gebracht;
nun fährt es hin mit schwerer Fracht
und sinkt in Gottes Hände.

So war es immer, Jahr um Jahr
versank in Gottes Gnaden
mit allem, was hier unser war,
mit Angst und Sorge, viel Gefahr,
Not, Tod und Schuld und Schaden.

Wir danken Dir, Du treuer Gott,
nun, da die Zeit sich wendet,
für Dein Geleit durch so viel Not,
für Deine Liebe, die kein Tod,
kein Graun des Lebens endet!

Nun nimmt das Neujahr uns an Bord.
Schon treiben wir im Winde.
Bleib bei uns, Herr, mit Deinem Wort,
daß unser Herz Dich fort und fort
in allen Stürmen finde!

Ins Unbekannte geht die Fahrt,
weiß keiner Ziel und Zeiten.
Uns tröstet Gottes Gegenwart!
Und drohn die Wetter noch so hart,
Herr, Du wirst uns geleiten!

Jahreswende

Das Jahr geht hin. Nun segne Du
den Ausgang und das Ende!
Deck dieses Jahres Mühsal zu,
zum Besten alles wende!

Du bleibst allein in aller Zeit,
ob wir auch gehn und wandern,
die Zuflucht, schenkst Geborgenheit
von einem Jahr zum andern.

Hab Dank für Deine Gotteshuld,
den Reichtum Deiner Gnaden!
Vergib uns alle unsre Schuld,
die wir auf uns geladen!

Und segne unsern Eingang nun!
Hilf, Herr, in Jesu Namen!
Dein Segen g'leit all unser Tun
im neuen Jahre! Amen.

Nun, da das Jahr vergangen ist

Wir bitten Dich durch Jesus Christ
nun, da das Jahr vergangen ist,
Herr, neu um Deinen Segen.
Sei uns auch ferner Halt und Hort
und bleib uns nah mit Geist und Wort
auf allen unsern Wegen!

Ein Wagnis ist die Lebensfahrt;
Du aber hast uns treu bewahrt
bisher all Tag und Stunden,
hast väterlich trotz Schuld und Flucht
uns noch im Elend heimgesucht
und neu mit Dir verbunden.

Ach, Herr, uns mangelt allezeit
Verstehn, Verdienst und Würdigkeit
auf unsern Erdenpfaden.
Wir haben nichts als Deine Huld
in Angst und Leid, in Sorg und Schuld,
nichts, nichts als Deine Gnaden.

Lebt niemand hier sein' selbst gewiß.
Uns bangt vor all der Finsternis
im Leben und im Sterben.
Drum, weil sich keins zu helfen weiß,
hilf durch Verheißung und Geheiß,
damit wir nicht verderben!

Gib Kraft, daß uns das Herz nicht wank!
Stärk Glaub und Lieb! Weck Lob und Dank!
Birg uns in Deinen Armen,
wie Mütter ihren Kindern tun!
Laß uns in Deinem Frieden ruhn
und schenk uns Dein Erbarmen!

So laß uns dieses Jahr bestehn,
und wenn wir tief im Dunkeln gehn,
hilf, Herr, in Jesu Namen!
Es komm das Leben, komm der Tod,
Du bist und bleibst doch unser Gott,
und wir sind Dein, Herr, Amen.

Dein ist das Jahr

Dein ist das Jahr, Dein ist die Zeit,
Dein, Gott, ist alle Ewigkeit.
Dein ist die Welt, auch wir sind Dein;
kann keins hier eines andern sein!

Dein ist der Tag und Dein die Nacht,
Dein, was versäumt, Dein, was vollbracht,
Dein Saat und Ernte, täglich Brot,
Dein Leben samt Geburt und Tod.

O Herr, im Werden und Vergehn
laß ohne Wandel uns bestehn
in Deiner Gnade, Lieb und Huld
mit Los und Leid, Angst, Sorg und Schuld!

So gehn wir, Gott, aus dem, was war,
getrost mit Dir ins neue Jahr,
ins Jahr, dem Du Dich neu verheißt,
Gott Vater, Sohn und Heiliger Geist.

Schlichter Anfang

Nimm mich in Deine guten Hände
nun wieder, da das Jahr beginnt,
und segne Anfang, Mitt' und Ende
der Zeit, in der mein Leben rinnt!

Du warst mein Gott, der große Treue,
der mich im alten Jahr bewahrt.
Gib Dein Geleit mir nun aufs neue,
sei Schirm und Schutz auf künftiger Fahrt!

Was ich begreife, ist geringe,
was ich vermag, ist, ach, nicht viel.
Hilf Du mir, daß ich's recht vollbringe,
zeig Du, mein Gott, mir Weg und Ziel!

Gib, wie Du mir bisher gegeben,
zur Nahrung, Herr, das täglich Brot!
Behüt mir Leib und Seel und Leben
und steh mir bei in Not und Tod!

Herr, weil ich glaube, mag ich bitten
und wie ein Kind zum Vater gehen.
Du aber gibst vor Wort und Schritten
und über Bitten und Verstehn.

Du bist der große Treue

Du bist der große Treue,
der unser nie vergißt,
der täglich uns aufs neue
ein lieber Vater ist.

Wir haben's nicht erworben
und, wahrlich, nicht verdient;
wir wären längst verdorben
wie ein verloren Kind.

Du aber hast in Gnaden
tagtäglich uns bewahrt,
hast auf den dunklen Pfaden,
als Licht Dich offenbart.

Hab Dank für Dein Geleite,
Dank für das täglich Brot!
Hab Dank, daß Du bis heute
uns hilfst in soviel Not!

Hab Dank für Dein Erbarmen,
Dein' Güte und Geduld!
Hab Dank, daß Du uns Armen
vergibst die große Schuld!

Ohn Dich wir hätten keinen,
der uns hier trägt und hält.
Wir aber sind die Deinen
vom Anbeginn der Welt.

Du bist der große Treue
im Leben und im Tod.
Wir bergen uns aufs neue
in Dir, Du unser Gott!

Totaliter aliter

Vor Dir, Gott, sind des Himmels Sonnen
nur schwacher Schein, ein mattes Bild,
das große Meer ein kleiner Bronnen,
ein Rinnsal, das im Sand verquillt,
der Räume ungemessne Weiten
vom kleinsten Staub ein kleines Stück
und alle Zeit und Ewigkeiten
nichts als ein kurzer Augenblick.

Wir aber in der Welt Gedränge,
wir messen Dich mit Menschenmaß
und bannen Dich in unsre Enge
und irren ohne Unterlaß.
Wir streiten uns in unsern Schranken
und wirbeln Staub und haschen Wind,
obwohl doch unsres Geists Gedanken
Dir unaussprechlich ferne sind.

Gott, laß mich nur ein wenig ahnen
von Deines Wesens Wirklichkeit;
kann ich nicht wissen deine Bahnen,
ach, Ahnung schon ist Seligkeit!
Und muß ich so die Ohnmacht spüren,
Dir, fern und grenzenlos allein,
laß mich, Gott, mich an Dich verlieren –
verloren und geborgen sein!

Das fremde Leben

Wie wunderlich sind Deines Geists Gedanken,
die Du, o Gott, ob dieser Welt gedacht:
da glühend Leben, lustvoll ohne Schranken,
und da des Tods erschreckend düstre Macht,

gebären hier, dort sich verzehrend Kranken,
im Licht schon nah der tiefe Abgrund Nacht,
in allem Stehen immer schon ein Wanken,
und zwischen Tod und Leben wilde Schlacht.

Mein Gott, mein Gott, ich kann den Sinn nicht fassen
und muß doch sinnen, bin doch mittendrin
in dieses Tods und dieses Lebens Qual!

Und immer wieder muß ich mich Dir lassen,
gefangen geben Dir, dem ew'gen Sinn,
dem unterworfen alles ohne Wahl.

Gott

Du bist der große Unbekannte,
und tastend such ich Deine Spur,
und wie Dich alle Zeit benannte,
weiß ich auch Deinen Namen nur,

folg wie ein Tier der fremden Fährte,
will ich Dich fassen, bist Du weit,
und immer greif ich nur die Erde
und statt der Ewigkeit die Zeit.

Doch tappend, stürzend auf dem Pfade,
den, Gott, Dein Fuß gegangen ist,
erkenn ich – seltsam dunkle Gnade –,
daß Du, mein Gott, der Jäger bist,

und bist dem Wilde nachgegangen
und holst mich ein und hältst mich fest
und nahmst mich immer schon gefangen
und bist, der nichts aus sich entläßt.

Deus absconditus

Herr, wenn unser Herz sich bangt,
daß wir schier vergehen,
ach, Du weißt, wie uns verlangt,
Dich, o Gott, zu sehen,
Dich in deiner Herrlichkeit
ganz und gar zu fassen
und gebannt in Raum und Zeit,
nimmer Dich zu lassen.

Doch, wer Gott schaut, ach, der stirbt!
Keiner kann Dich wissen.
Wer der Sonne naht, verdirbt,
in die Glut gerissen.
Weil Dich keiner je ertrug,
Ewiger, ohne Hülle,
ist, was Du uns zeigst, genug
Deiner Gottheit Fülle.

Laß uns tiefer Dir vertraun
und getroster gehen!
Kann kein Auge, Gott, Dich schaun,
kann's doch Spuren sehen,
Spur von Schritten, die zur Nacht
still vorübergingen,
Strahlen, die mit Übermacht
durch das Dunkle dringen.

Laß uns Dich in Jesus Christ
allezeit gewahren!
Der der Gottheit Spiegel ist,
muß Dich offenbaren.
Laß sein Leben, Kreuz und Tod
Hilf und Heil uns werden,
daß wir stets trotz Angst und Not
hier bestehn auf Erden!

Der Unfassbare

Wir können Dich nicht fassen.
Du, Gott, bist viel zu groß.
Wir müssen uns Dir lassen
mit unserm Menschenlos.

Wir gleichen Tauben, Blinden,
ganz gleich, wer einer sei;
wir wolln Dich suchen, finden –
und tasten doch vorbei.

Und manchmal scheint's, als streife
uns Deines Mantels Saum,
doch wie auch einer greife –
er tastet leeren Raum.

Und was auch einer sage,
Dich, Gott, Dich sagt er nicht.
Wir alle sind nur Frage,
die sich ins Dunkle spricht.

Wir können Dich nicht fassen,
bist Du doch viel zu groß,
nur Dir, Gott, Dir uns lassen
mit unserm Menschenlos.

O Leben ohne Bleiben

Die Wolken ziehn geschwinde
dahin und bleiben nicht;
sie wandern mit dem Winde,
sind bald schon außer Sicht.

Hat kaum der Tag begonnen,
begrüßt vom Hahnenschrei,
ist schon die Zeit verronnen,
vergangen und vorbei.

Hoch vom Gebirg ergießen
die Wasser sich ins Tal.
Wir sehn sie fallen, fließen
bergab kein zweites Mal.

So sind wir selbst gekommen
und müssen eilends gehn
und werden fortgenommen,
eh wir's uns recht versehn.

O Leben ohne Bleiben,
was ist dein Ziel, dein Sinn?
Wir alle sehn uns treiben,
und keiner weiß, wohin.

Du lebst vom Opfer

Du lebst vom Opfer, und du sollst es wissen!
Es stirbt um Leben Leben bittren Tod,
stirbt hin im Korn und wird im Opfer Brot
und wird im Tier in blut'gen Tod gerissen.

Es stirbt und leidet, weil wir leben müssen,
die ganze Schöpfung leidet tiefste Not.
Der Schöpfer selbst, er stirbt im Opfer, Gott.
Du mußt es sehn, darfst nicht die Augen schließen.

Du kannst dich, Mensch, nicht aus dem Kreis befreien,
in dem das Opfer heil'ge Ordnung ist,
kannst nur im Dank erfüllen und erneuen,

wozu mit allen du gerufen bist.
Gemein ist: fordern und vom Opfer leben
und nicht sich selbst in Dienst und Opfer geben.

Fußwaschung

Wir wähnen uns die Herrn der Welt
und wahren stolz errafftes Recht.
Doch Du, dess' Hand die Himmel hält,
Du dienst den Deinen, Herr als Knecht.

Du nahmst die Krippe Dir zur Rast
und bliebst, der keine Bleibe hat,
trugst aller Erde Sündenlast
für uns ans Kreuz der Schädelstatt,

hast immer, immer nur gedient
und stiegst in alle Not hinab,
wuschst, niedrig wie ein Knecht gesinnt,
den Staub von unsern Füßen ab.

Wir wissen's nicht, was uns geschieht.
Doch dort im Staube, da Du kniest,
sehn wir erschrocken: der da kniet,
ist der, der Herr der Herren ist.

O, königlich bist Du ein Knecht,
und göttlich ist Dein Tun allein!
Und Gottesdienst und Königsrecht
kann Demut nur und dienen sein.

Du hast zu Deinem Abendmahl

Du hast zu Deinem Abendmahl
als Gäste uns geladen.
Nun stehn wir, Herr, in Deinem Saal
mühselig und beladen.
Wir tragen unsrer Wege Leid,
viel Sorgen, Schuld und Schmerzen.
Ob reich, ob arm, Dich irrt kein Kleid,
Du weißt die Not der Herzen.

Ach, Herr, vor Dir ist keiner reich
und keiner los und ledig;
spricht einer hier dem andern gleich:
Gott sei mir Sünder gnädig!
Du aber ludest uns zu Dir,
den Hunger uns zu stillen,
willst uns aus lauter Liebe hier
die leeren Hände füllen.

Nun segne, Herr, uns Brot und Wein,
Deines Tisches edle Gaben!
Du selbst willst gegenwärtig sein
und wunderbar uns laben.
Gib über Bitten und Verstehn,
wie Du versprachst zu geben!
In dem, was unsre Augen sehn,
gib Dich uns selbst zum Leben!

Du hast zu Deinem Abendmahl II

Du hast zu Deinem Abendmahl,
Herr Christ, uns heut geladen,
und Deiner Liebe lichter Strahl
erhellt den Tisch der Gnaden.
Du reichst uns beides, Brot und Wein,
als Deines Vaters Gaben,
und birgst in beides Dich hinein,
daß wir Dich selber haben.

Wie Gottes Gaben, Brot und Wein,
dem Leibe Kraft gewähren,
so willst Du, gehst Du in uns ein,
den innern Menschen nähren.
Und wie Du selber, Gottes voll,
den Deinen Dich gegeben,
von Dir erfüllt, ein jeder soll
Dir gleich den Brüdern leben.

Nun komm, Herr Christ, und gib Dich mir
in Gottes Schöpfergaben.
Mich hungert herzlich, Herr, nach Dir
und Du nur kannst mich laben.
In Demut nehm ich Speis und Trank,
Herr Christ, in Deinem Namen.
Ich geb mich selber Dir zum Dank.
Dir leb und sterb ich! Amen.

Abendmahl

Wir sind durch Dich, Herr Christ, geladen
zum Mahl in Deines Vaters Haus,
und hier am Tisch der reinen Gnaden
teilst Du die größten Gaben aus.
Was Dir Dein Vater eingesenkt,
wird uns durch Dich, den Sohn, geschenkt.

Es ward der Gottheit ganze Fülle
in Dir leibhaftig Gegenwart.
Gott hat in Dir schier ohne Hülle
sein Herz und Wesen offenbart
und, was er je zum Heil bedacht,
durch Krippe, Kreuz und Grab vollbracht.

Und alles, was durch Dich geschehen,
wahrhaftig, durch Dein' Leib und Blut,
das dürfen wir im Glauben sehen
in Speis' und Trank, in irdischem Gut.
Du willst für uns in Brot und Wein
leibhaftig gegenwärtig sein.

Wir sind durch Dich, Herr Christ, geladen
zum Mahl in Deines Vaters Haus.
Ach, teil uns heute Gottes Gnaden,
teil Du, Herr Christ, Dich selber aus.
Gib, wo wir irdische Gaben sehn,
dein' Kripp und Kreuz und Auferstehn.

Bereit uns, daß wir recht empfangen
die Gaben, drin Du selber bist.
Erweck und still uns das Verlangen,
und noch den Dank, Herr Jesu Christ,
wirk Du in uns, die Du zu Gast
an Gottes Tisch geladen hast.

Gastmahl Gottes

Herr, wenn zu Dir der Ruf mich traf,
laß hell und wach mich hören,
nicht toten Tand, nicht Trug und Schlaf
mein menschlich Herz betören!

Wenn deine Engel Boten gehn
und mir die Wege weisen,
laß, Gott, mich hören, sehn, verstehn,
was sie zu tun mich heißen.

Kein Mensch, kein Zeichen, Ding und Wort
lad mich zu Dir vergebens.
In allem laß mich immerfort
verstehn den Ruf des Lebens.

Und laß mich laufen ganz allein
zu Dir, Herr, eilends, schnelle,
und heb mich auf und nimm mich ein
an Deines Hauses Schwelle.

Ich komm auf Gnade, nicht aufs Recht.
Laß Dein Erbarmen walten!
Wollst auch mit mir, dem ärmsten Knecht,
Dein freundlich Gastmahl halten!

Zum Königsmahl geladen

Herr Christ, Du hast zum Abendmahl
als Gäste uns geladen.
Dein Königsmahl ist Freudenmahl,
und jeder Raum ist Königssaal,
der Tisch ein Tisch der Gnaden.

Du teilst in Brot und Wein uns aus
die allergrößten Gaben:
Gott tut sich selbst zu uns hinaus,
geht ein zu uns in Hütt und Haus,
will unsre Armut laben.

Gott weiß, daß wir nur Arme sind;
drum gibt er uns zugute
sich selbst für uns im Sohn und Kind,
daß noch das ärmste Herz ihn find'
auf Erd in Leib und Blute.

Wir wolln das Mahl, das uns bereit,
mit Lob und Dank empfangen.
Herr, hilf, daß wir auch nach der Zeit
das Mahl des Heils in Ewigkeit
an Gottes Tisch erlangen!

Nach dem Abendmahl

Wir haben beides, Brot und Wein,
Herr Christ, in Deinem Mahl genommen,
und Du wolltest selber bei uns sein
und sichtbar-unsichtbar herein
in Gottes Gaben kommen.

Du hast Dir Speis' und Trank ersehn,
den Deinen leibhaft Dich zu geben.
Dies Wunder ist uns nun geschehn:
Du kamst ob Bitten und Verstehn
und gabst uns Heil und Leben.

Uns ward zuteil in Wein und Brot,
was Du im Fleisch für uns erlitten,
uns Sündern hier in Schuld und Not
mit Leib und Blut durch Kreuz und Tod
aus Liebe hast erstritten.

Was uns im Tauflied einst begann,
blieb, wie verheißen, ungebrochen,
doch daß das Herz es glauben kann,
ward's neu uns wie von Anfang an
gewährt und zugesprochen.

Weiß niemand, Herr, Dein Gnad und Wahl.
Laß uns nur nicht im Glauben wanken,
und laß uns Dir Dein Abendmahl
jetzt hier und dann im Himmelssaal
mit Lob und Liebe danken!

Tauflied

Herr, in Deiner Gnaden Flut
tauchen wir das Kindlein ein.
Laß in Deiner Hand und Hut
Dein Geschöpf geborgen sein.
Was mit Wasser hier getauft,
sei, Gott, ewig Dir erkauft!

Bleibens ist hier keine Statt,
und wir wandern her und hin,
heute jung und morgen matt;
Zeit sagt nimmer Ziel und Sinn.
Du allein bist unser Gott,
Herr im Leben und im Tod.

Menschenweg hat Lust und Leid,
viel Gefahr und dunkle Schuld,
und wir finden weit und breit
nirgends Halt und Hilf und Huld.
Nur durch Dich wird uns zuteil
Fried und Freud, Licht, Hort und Heil.

Herr, im Namen Jesu Christ
bringen wir das Kindlein dar
Dir, dem alles Eigen ist,
was da ist und wird und war.
Hilf durch Deines Geists Geleit,
Gott, in Zeit und Ewigkeit!

Baptizatus sum

Eh ich zur Welt geboren war,
hast Du mich schon, mein Gott, geladen
zum Heil, zu Deines Reiches Gnaden,
zum Dienst in Deines Reiches Schar.

Und als ich war, hast Du mich, Gott,
durch Zeichen sichtbar hier erkoren:
durch Wort und Wasser ward beschworen
die Neugeburt aus Sünd und Tod.

Nun bin ich Dein auf alle Zeit,
in Dich getauft, getaucht zum Grunde.
Wie hier und jetzt zu jeder Stunde
gilt dieser Bund in Ewigkeit.

Gott Vater, Sohn und Heiliger Geist,
euch ruf ich an, dreifältigen Namen:
Ihr seid mir Zeugen, ewig! Amen.
Das hält gewiß, was Gott verheißt.

Mir aber, Gott, gib Du mir Kraft!
Du zählst auf des Getauften Treue.
Und noch trotz Schuld und Schand erneue
Du täglich Bund und Ritterschaft!

Tauflied

Gott, wer in Deinen Bund getauft,
der ist zum Heil erkoren,
zum Leben hat ihn Lieb erkauft,
längst eh er hier geboren.

Wir schaun Dich, Du Verborgner, an,
in Christ, dem Herrn, auf Erden.
In ihm bist Du uns aufgetan
und soll Dein Reich uns werden.

Dein Heiliger Geist, Dein ewiger Sinn
dringt frei durch Tor und Türen,
kommt her von Dir, treibt zu Dir hin,
er woll' uns kräftig führen!

Dreieinigkeit, und ob Dich nennt
nur zag der Mund mit Namen,
halt uns durch Wort und Sakrament
in Deiner Fülle! Amen.

Diakonia

Herr Christ, mach uns zum Dienst bereit
in unserm Amt und Stande!
Wir tragen Leben, Amt und Zeit
allein zum Lehn und Pfande.
Drum präg uns tief nach Deinem Sinn!
Nimm uns Dir ganz zu eigen hin!
Bind uns durch feste Bande!

Herr, Du hast keines Diensts begehrt;
Du gabst der Welt Dein Leben,
sahst Gottes Erde leidbeschwert
und halfst die Lasten heben.
Du trugst der Welt gesamte Not
und hast bis in den dunklen Tod
Dich dienend hingegeben.

Herr Christ, Du wardst der Brüder Knecht
und bist doch Herr geblieben,
und Gottesdienst und Königsrecht
heißt nun den Bruder lieben.
Ach, wend auch uns dem Nächsten zu,
daß jeder jedem Gutes tu,
von lautrer Lieb getrieben!

Herr, lehr uns, daß sich selbst verführt,
wer irdisch Ding will halten,
doch Leben findet, der's verliert
in Deinem Dienst und Walten!
Zeig täglich neu, was Opfer heißt!
Wollst uns, Herr Christ, durch Deinen Geist
ganz in Dein Bild gestalten!

Kirche in Not

Steh auf, Herr Gott, die Zeit ist da!
Die Not stieg ohne Maßen.
Sei selbst mit Deiner Hilfe nah;
wir sind sonst ganz verlassen.

Die Kirche ist ein armer Hauf,
zerspellt und feindumfangen.
Gehemmt ist Deines Wortes Lauf,
die Wahrheit schier vergangen.

Die Welt in starrem Eigensinn,
Herr Gott, will Dich nicht hören.
Ein falscher Glanz scheint ihr Gewinn,
viel Volks läßt sich betören.

Wir wissen selbst nicht aus noch ein,
Gewalt und List uns schrecken.
Wir sind gar aus. Nur Du allein
kannst Hilf und Helfer wecken.

Herr, unsre Not ist Deine Zeit!
Und mag uns immer grauen,
Du bist der Herr und bist nicht weit
und hilfst, wenn wir vertrauen!

Steh auf, Herr Gott, dem Feind zum Trutz!
Stärk uns, daß nichts uns biege!
Sei Deines Volks allmächt'ger Schutz!
Führ Deine Sach zum Siege!

Amen

(1937)

Heilig ist unser Gott

Heilig, heilig, heilig bist
Du, Gott, Herr der Himmelsheere!
Alles, was geschaffen ist,
riefst Du, Schöpfer, Dir zur Ehre.
Alles ist Dein Eigentum
und verkündet Deinen Ruhm.

Lichtglanz Deiner Herrlichkeit
schmückt das Erdreich, füllt die Lande,
bricht in unsre Dunkelheit,
leucht' in Christ und löst die Bande.
Lob sei Ihm, dem Lobpreis frommt,
der im Namen Gottes kommt!

Hilf uns, Heiliger, ewiger Gott!
Wirk das Wollen und Vollbringen!
Mach uns stark in Not und Tod!
O, Herr, hilf, laß wohlgelingen,
daß wir gleich dem Himmelsheer
leben Dir zu Dienst und Ehr!

Vater, Sohn und Heiliger Geist,
Herr, wir rufen Deinen Namen,
der uns ewiges Heil verheißt:
Heilig, heilig, heilig! Amen.
Dein allein, Gott, ist allzeit
Reich und Kraft und Herrlichkeit!

Karfreitag

O dunkler Tag, an dem mein Heiland starb,
und er, der Reinste, der die Welt durchging,
der Herr und Heilige hoch am Kreuze hing
und dorngekrönt am Haß der Welt verdarb!
O dunkler Tag!

O blinde Welt, so stolz und selbstbewußt
fällst du das Urteil, wo sein Spruch dich trifft,
schreibst in dein Buch dein Werk mit blutger Schrift
und schlägst ans Kreuz selbst Gott mit irrer Lust!
O blinde Welt!

O töricht Herz, was hättst du nicht getan
von Anbeginn bis heut zu dieser Stund,
bist ruhlos stets, von Sehnsucht weh und wund,
und kreuzigst doch dein Heil in eitlem Wahn!
O töricht Herz!

O Herr und Gott, Dir schrein wir alle Hohn!
Das Kreuz ist Mal der Schuld der ganzen Welt.
Du aber liebst, auch wo der Hohnschrei gellt,
und blickst vom Kreuz auf den verlornen Sohn,
mein Herr und Gott!

Unter dem Kreuz

Ich steh an Deinem Kreuz, Herr Christ,
und seh Dein Bildnis an
und weiß: was hier geschehen ist,
das hab ich Dir getan!

Du kamst aus Deines Vaters Haus
zur Welt und suchtest mich,
ich aber, Herr, ich stieß Dich aus,
ans Kreuzholz schlug ich Dich.

Ging eignen Weg verschloßnen Sinns,
wollt Gottes Weg nicht gehn,
verriet Dich, Herr; ja, Herr, ich bin's,
durch den Dir Leids geschehn.

Nun steh ich hier mit meiner Schuld
und weiß nicht aus noch ein,
und weiß nur Dich und Deine Huld:
Ach, Herr, erbarm Dich mein!

Ich steh an Deinem Kreuz, Herr Christ,
und seh Dein Bildnis an
und weiß: was hier geschehen ist,
das hast Du mir getan.

Passionslied

Ach, Herr, die Sünde, die uns scheid't,
ist dieser Erde großes Leid,
ist aller Welt vieldunkle Not
und meines Lebens bittrer Tod.
Kyrie eleison!

Und Adams Fall und Kains Tat,
des Sohns, der Dich verlassen hat,
ist meine Schuld, die ich beging,
der Fluch, drin ich mich ganz verfing.
Kyrie eleison!

Ich bin auch der, der Dich verriet,
der Dich verleugnet, der, der flieht,
der Dir zum Kranz die Dornen flicht
und der Dich schlägt ins Angesicht.
Kyrie eleison!

Ans Kreuz, ans Kreuz, des Henkers Pfahl,
schlug meine Hand Dich tausendmal.
Verspott', verspeit', veracht', zerplagt
hab ich Dich aus der Welt gejagt.
Kyrie eleison!

Was je ein Mensch begangen hat,
ist alles meine Missetat.
Die böse Lust, in mir sie brennt,
der Hochmut, der von Dir sich trennt.
Kyrie eleison!

So bin ich, Gott, das tat ich Dir.
Ach, geh nicht ins Gericht mit mir!
Wo blieb' ich, Herr? Was fang ich an,
tust Du mir, wie ich Dir getan?
Kyrie eleison!

Herr, Du bist Gott, und Deine Huld
ist größer noch als Sünd und Schuld.
Du nahst Dich, wenn ein Sünder schreit,
und hüllst ihn in Barmherzigkeit.
Kyrie eleison!

Wo wir des Wegs am Ende sind,
birgst Du, Gott, das verlorne Kind.
Du bist es, der die Brücke schlägt,
bist selbst, der uns hinüberträgt.
Kyrie eleison!

Karfreitag

Du bist, mein Heiland Jesus Christ,
vom Vater ausgegangen,
und ob Du keinem schuldig bist,
hast Du am Kreuz gehangen,
starbst dieser Welt verfluchten Tod.
Ach, Gott war selbst in Deiner Not
gebunden und gefangen!

Begreife einer diese Welt,
ich kann sie nicht verstehen!
Doch in dem Spiegel, den sie hält,
muß ich mich selber sehen.
Ich bin doch auch der Welt befreund't
und ließ wie sie gottfremd und -feind
Dir Schmach und Leids geschehen.

So einsam hat noch keiner je
in dieser Welt gestanden,
wie Du, Herr Jesu, wund und weh
in dieser Erde Banden.
Wer Gottes ist, muß einsam sein.
Dem Teufel wohl, nur Gott allein
sich nie Gefährten fanden.

So stehst Du, Herr, in dieser Welt.
Dein Kreuz wirft schwere Schatten.
Die Schuld ist hier zur Schau gestellt,
die wir begangen hatten.
Das Kreuz, das Kreuz ragt überall,
klagt an und künd't den Sündenfall,
verklagt all unsre Taten.

Wir stehen alle im Gericht
und können nicht entfliehen.
Du aber, Herr, verwirfst uns nicht,
hast noch am Kreuz verziehen.
Und wer sich recht am Kreuz erkennt,
bleibt nicht von Dir und Gott getrennt;
hier wird ihm Gnad verliehen.

Begreife einer Gott, den Herrn,
ich kann ihn nicht verstehen!
Ich kann, ein Sünder nur von fern,
stumm auf das Kreuz hin sehen,
nur meines Lebens dunklen Pfad
stets im Gericht und doch in Gnad
voll Dank und Demut gehen.

Ostern

Laß, Herr Christ, uns auferstehn,
wie Du selber auferstanden,
aus dem Tod ins Leben gehn,
frei von Grabes Macht und Banden!

Deiner Auferstehung Kraft
wandle all das trübe Wesen!
Laß aus banger, dunkler Haft
uns zum hellen Tag genesen!

Leucht, Herr Christ, Du Osterlicht,
in die Finsternis der Erden!
Gib der Welt ein neu Gesicht!
Neu laß auch mich selber werden!

Ostern

Das Grab der Welt ist aufgetan.
Freue dich, Erde!
Gott rief die starren Felsen an
und rührt' den Stein mit Machtgebährde.
Da sprang der Erde Tür und Tor,
und Christ ging aus dem Grab hervor,
dass er der Herre werde.
Freue dich, Erde!

Gott hat der Erde neu beschert
Frieden und Freude.
Das Leben hat er neu gewährt
nach Kreuz und Tod und bittrem Leide.
Der aller Erde Schöpfer war,
ward wunderherrlich offenbar;
er gab und gibt auch heute
Frieden und Freude.

Der alte Feind, der Tod, ist tot.
Liebe ist stärker!
Die Welt ist frei. Der Herr ist Gott.
Gebunden liegt der Tod im Kerker.
Weil Liebe liebt, hält Liebe fest.
Gott ist's, der liebt und nimmer läßt,
und wär der Feind noch ärger,
Liebe ist stärker!

Auch Du, mein Herz, sollst heute sehn
Liebe und Leben,
sollst aus den Gräbern auferstehn,
Gott will dich aus den Fesseln heben.
Blick nicht zurück in Grab und Gruft
und bleib nicht stehn, wenn Gott dich ruft!
Nimm hin, was Gott gegeben:
Liebe und Leben!

Himmelfahrt

Herr Christ, Du bist vom Vater aus
in diese Welt gekommen,
hast hier im armen Erdenhaus
die Wohnung Dir genommen,
wardst unser Bruder, Freund und Gast,
trugst Menschenlos und -leid und -last,
ein König, sonder Habe,
vom Kripplein bis zum Grabe.

Dir aber war die Welt zu klein,
konnt Dir nicht Heimat werden,
ihr Reichtum konnt Dein Reich nicht sein
und nicht Dein Grab die Erden.
Du warst im Tod nicht dem zum Raub,
der alles Fleisch hier bannt zum Staub.
Vom Kreuz, da Du gehangen,
bist Du zu Gott gegangen.

Den Siegesweg durch Höll und Tod
bist Du, Herr Christ, gedrungen
und reißt mit Dir zum Vater, Gott,
die hier mit Dir verschlungen.
Die Du zu Brüdern Dir gemacht,
führst Du mit Dir durch Not und Nacht
und rufst: Ich heiß euch hoffen!
Der Himmel ist euch offen!

Wir danken Dir, Herr Jesu Christ,
daß Du der Welt erschienen
und ganz ein Mensch geworden bist,
den Menschen hier zu dienen,
daß wir durch Dich, Du Himmelskind,
nun Deines Vaters Kinder sind
und, wo Du ausgegangen
und bist, das Ziel erlangen.

Pfingstbitte

Wehe, wehe, Gottes Wind!
Komm im Sturm, mit sanftem Sausen!
Weh vom Himmel her mit Brausen,
füll das Haus, in dem wir sind!
Weck, was tot, mit Deinem Hauch
und mich auch!

Brich mit Deinem Odem ein!
Schür die Glut, fach an Dein Feuer!
Du schufst Leben ungeheuer,
wollst auch heute Schöpfer sein!
Gib das Licht, das alle Nacht
leuchten macht!

Schöpfer Geist, Du höchstes Gut,
träuf herab wie Tau und Regen!
Schütt auf uns zu Heil und Segen
Deiner Gnaden reiche Flut,
daß die Welt, die sonst vergeht,
aufersteht!

Wollst uns bis zum tiefsten Grund,
Herr, verwandeln und erlösen,
daß der Welt im Bann des Bösen
wahre Freiheit werde kund!
Du bist stärker als der Tod,
Schöpfer, Gott!

Herr, Du wollst zur Bruderschaft
uns entzünden und verbinden,
daß wir unsern Brüdern künden
Deiner Liebe große Kraft,
weil die Liebe nur die Welt
trägt und hält!

Pfingstchoral

Bereit der Welt ein Pfingsten,
gib, Gott, Dich neu im Geist,
hast Du doch die Geringsten,
mit Geist und Kraft gespeist,
erweckt zu Wort und Singen
zum Trotz, der alles wagt,
die erst mit Schwermut gingen
in Ängsten todverzagt.

Wir sind so arm wie ehe,
ach, gar viel ärmer noch;
wir tragen wund und wehe
viel schwerer Schulden Joch.
Du aber wollst uns Armen
aus Gnad im Geiste nahn!
Dein Geist ist Dein Erbarmen
vom Schöpfungsanfang an.

Du warst im Tod das Leben,
im Dunkeln Glut und Licht.
Du schufst im Wehn und Weben
der Welt ein neu Gesicht.
Komm, wie Du einst ins Leere,
o Fülle, Dich gesenkt,
daß wieder Pfingsten wäre
und neu die Welt beschenkt!

Pfingstlied

Brich ein, o Gott! O Gott, brich auf!
Vom Himmel träuf, zur Erde lauf!
Brich ein wie Feuer, Sturm und Wind,
erweck, die taub, erleucht, die blind,
ruf, Herr, Dein Volk zu Hauf!

O Gott, sieh an, sieh an, o Gott,
die Welt in Wirrsal, Angst und Not!
Wir sind gar aus. Nur Du weißt Rat.
Bereit uns Du in Wort und Tat
Dir, Gott, zum Aufgebot!

Komm, Gott, im Geist! Schütt aus Dein Wort,
durchglüh das Herz, beweg den Ort,
entreiß aus Schlaf, Tod, Trug und Haft,
schaff Leben, Gott, gib Mut und Kraft!
Du, Herr, bist Halt und Hort!

Veni Creator Spiritus

Komm, Schöpfer Geist, und wehe,
Du heiliger Gotteswind,
weck heute auf wie ehe,
die tot und schlafend sind!
Du hast im Schöpferwalten
im Anbeginn mit Macht
im Wunder der Gestalten
ein herrlich Werk vollbracht,

hast still mit sanftem Sausen
verwandelt Herz und Welt,
erweckt mit Sturmwinds Brausen
das starre Totenfeld,
und wo wir nichts mehr glaubten,
nichts hofften und nichts sahn,
hast Du uns Leergeraubten
Dein größtes Werk getan.

Und kann kein Sinn erfassen
solch wunderlich Geschehn,
wir können es nicht lassen,
um Dich, o Geist, zu flehn.
Schaff aus dem Nichts das Leben,
entreiß aus Schlaf und Tod;
wollst neu Dich wiedergeben,
Du Schöpfer, Herr und Gott!

Bitte um Gottes Geist

Wir lodern nicht in Flammen,
uns fehlt des Glaubens Mut.
Wir sanken ganz zusammen
und Asche deckt die Glut.

Wofür die Väter stritten
in Herrchrists Heer und Bahn,
und hart die Zeugen litten,
wie gar ist das vertan!

Das Feuer wird erhalten
nur, wenn's beim Feuer bleibt.
Drum muß der Christ erkalten,
der fort von Christus treibt.

O brich mit Sturmwinds Wehen,
Du Gottesgeist, herein
und laß uns auferstehen
in Brand und Flammenschein!

Fach an in uns ein Feuer!
Weck auf des Glaubens Glut,
Du Gott, der ungeheuer
auf Erden Wunder tut!

Amen

(1937)

Dreieinigkeit

Lob, Preis sei Dir, allmächtiger Gott,
Du Herrscher Himmels und der Erde!
Du schufst die Welt durch Dein Gebot,
rufst heut wie eh ins Nichts Dein Werde!
In Wundern ohne Maß und Zahl
wirkst Du, o Ewiger, überall,
und alles muß Dir dienen.

Lob, Preis sei Dir, Herr Jesu Christ,
Du Herr und Hirt der Menschenkinder!
Wo nirgend Halt und Hilfe ist,
bist Du das Heil der armen Sünder.
In Dir ist Gott von Angesicht,
die Liebe selbst, das ewige Licht
leibhaftig hier erschienen.

Lob, Preis, sei Dir, o Heiliger Geist,
Du mächtiger Strom aus Ewigkeiten,
Du Kraft, die allem Tod entreißt
und Leben weckt in allen Zeiten, –
ob je die Welt am Ende war,
Du wirkst und machst Gott offenbar
und schenkst ein neu Beginnen!

Lob, Preis sei Dir, Dreieinigkeit,
in Zeit und Ewigkeit gesungen!
Wie ist in Dir, Dreifaltigkeit,
Gott wundersam mit Gott verschlungen!
Du, den kein Sinn ergründen kann,
wir beten Dein Geheimnis an,
von Deinem Glanz bezwungen.

Credo

O Heilige Dreieinigkeit,
Gott Vater, Sohn und Heiliger Geist,
Dich lobt und preist
    mit Dank die ganze Christenheit!
Im Glauben loben wir den Herrn,
der alle Dinge nah und fern
erweckt durch Schöpfer-Wort und -Ruf,
und trägt und hält, was er erschuf.

Gott Vater, Sohn und Heiliger Geist,
Du Heilige Dreieinigkeit,
Dein Hilf uns leist!
    Erhör, Herr, Deine Christenheit!
Wir loben Christ, Gotts einigen Sohn,
der trug der Welt Sünd, Last und Lohn,
des Kreuz in Angst und Not uns tröst',
des Tod vom ewigen Tod erlöst.

O Heilige Dreieinigkeit,
Gott Vater, Sohn und Heiliger Geist,
Dich lobt und preist
    mit Dank die ganze Christenheit!
Wir loben Ihn, der auferstand
und lebt bei Gott im andern Land
und in sein's Vaters Reich bereit't
die Wohnstatt uns nach dieser Zeit.

Gott Vater, Sohn und Heiliger Geist,
Du Heilige Dreieinigkeit,
Dein Hilf uns leist!
    Erhör, Herr, Deine Christenheit!
Wir loben Gotts und Christi Geist,
des Kraft mit Leben tränkt und speist
die Christenheit, daß sie auf Erd
erleuchtet und zum Lichte werd.

O Heilige Dreieinigkeit,
Gott Vater, Sohn und Heiliger Geist,
Dich lobt und preist
    mit Dank die ganze Christenheit!
Gott Vater, Sohn, Geist, ewiger Gott,
der Gnaden voll, reich an Gebot,
Du Heilige Dreieinigkeit,
sei hochgelobt in Ewigkeit!

Im Glauben

Im Glauben seh ich Deine Hand,
Gott, durch die Himmel dringen
und mir, der ohne Halt und Stand
hier ringt, die Hilfe bringen.

Im Glauben – ach, es ist kein Tun –
laß Deine Hand mich fassen!
Ich weiß, ich kann in Dir nur ruhn,
nur Dir mich überlassen.

Im Glauben werd ich, Gott, von Dir
schier wie ein Kind getragen –
und muß mich, Gott, doch stündlich hier
verwegen zu Dir wagen.

Herr Gott, der Kirche Dich erbarm

Herr Gott, der Kirche Dich erbarm,
die Neid und Streit verstört,
die Kirche, Herr, ist nackt und arm,
verirrt, verwirrt, betört.

Wir wußten nicht mehr, was es heißt,
den Heiligen Geist erflehn.
Nun bitten wir den Heil'gen Geist
aus Not um neues Wehn!

Wir wissen wieder, daß die Welt
der Kirche Grund nicht sei,
daß aber, wenn die Kirche fällt,
die Welt auch bricht entzwei.

Die Kirche baut nicht Menschengunst,
nicht Menschentrotz sie fällt.
Gott hat sie ohne Menschenkunst
sich in die Welt gestellt.

Die Kirche braucht nicht Sicherheit,
nicht weltliche Gewalt.
Der Kirche Schmuck ist Niedrigkeit,
ist Christi Knechtsgestalt.

Drum schaffe Deine Kirche neu,
der Du ihr Ursprung bist,
daß sie ein Licht der Erde sei,
Dein Leib, Herr Jesu Christ!

Amen

(1933)

Herr Christ, Du stürmst im Lande

Herr Christ, Du stürmst im Lande,
der Welt ein Wettersturm,
weichst keinem Widerstande,
sprengst mächtig alle Bande,
brichst Mauern, Wehr und Turm!

Herr Christ, Glut ohnegleichen,
Sturm, Flamme, flutend Meer,
Du willst und kannst nicht weichen,
weil Ewigkeiten reichen
in Dir zur Erde her!

Herr Christ, in Vätertagen
zum Herzog frei erkürt,
Du hast in Not und Plagen,
im Leben, das wir wagen,
uns immer wohl geführt!

Herr Christ, wollst uns nicht lassen!
Wenn Dich das Volk verläßt,
verwirrt vom Schrei der Gassen,
wollst Du uns fester fassen!
Herr, halt Dein Deutschland fest!

Herr Christ, fach an das Feuer
zu neuem, hellem Brand,
daß Deutschland, das Du teuer
errungen, jetzt in neuer
Bereitschaft sei Dein Land!

Amen

(1935)

Erntefeier

Du ließest Deine Güte regnen
auf alle Welt in aller Zeit
und hörtest niemals auf zu segnen
trotz dieser Erde Neid und Streit.

Die Wohltat laß uns recht ermessen,
die Du gewährtest Jahr für Jahr,
und keinen Tag uns je vergessen,
daß alles lauter Gnade war!

Und laß, beschenkt mit Deiner Güte,
uns lieben, Gott, wie Du geliebt,
und wie im Glanz des Lichts die Blüte
ihr Leuchten selig weitergibt!

Unser täglich Brot

Du schenkst die Erde reich und satt;
sie weiß Dir's keinen Dank.
Sie wird von allem, was sie hat,
nur immer stolz und krank.

Da schlägst Du, Herr, mit Hungersnot
die Erde weh und wund
und gibst Dich uns, allmächtiger Gott,
in strenger Liebe kund.

Herr, laß uns Deine Gnade sehn
in Gabe und Gericht
und Deinen Willen recht verstehn
im Haben und Verzicht.

Und schenk uns wieder täglich Brot,
weil Du doch Leben sinnst,
und wirke selbst bei uns, o Gott,
nun Demut, Dank und Dienst.

An Gottes Segen ist alles gelegen

Nun segne, lieber Herr und Gott,
was wir durch Dich und Dein Gebot
heut, diesen Tag, vollbringen!
Gib, daß durch uns zu Deiner Ehr
gescheh Dein Wille mehr und mehr!
Herr, hilf, laß wohlgelingen!

Und ward Dein Will durch uns getan,
sieh unser Werk in Gnaden an;
nur dann wird's nicht vergehen.
Was wir vollbracht, geschah allzeit,
Herr, ohn Verdienst und Würdigkeit
ob Bitten und Verstehen.

Mit unsern Vätern wissen wir:
Es kommt doch, Gott, allein von Dir
hier Glück und Heil und Segen.
Und wie es war, so wird's auch sein:
An Deinem Segen ganz allein
ist alles, Herr, gelegen.

Tischgebete – Besinnung

Wir leben alle, Herr, von Deinem Brot,
das Du in Gnaden täglich uns gegeben.
Wir wissen wieder, daß nur Du, o Gott,
der Urgrund bist, aus dem wir alle leben.
Wir sagen ab des Hochmuts eitlem Wahn,
dem dürren Denken, das sich selbst vermißt,
und falten wieder, wie voreinst der Ahn,
vorm Brot die Hände, drin Du nahe bist.
Du gibst im Brot Dich selbst der Welt zur Speise.
In jedem Bissen ist das Wunder da.
Gott opfert sich! Mensch, siehe Gottes Weise!
Vergiß es nicht, was dir im Brot geschah!

*

Aus Gott lebt alles, was da ist,
und keines ist, das er vergißt.
Nichts ist so groß und nichts so klein,
dem Gott nicht müsst ein Helfer sein.
Er sorgt für alles früh und spat
und birgt auch mich in seiner Gnad.

*

Aus Gottes Liebe wächst das Brot.
In Gottes Lieb erstirbt die Not.
In Gottes Lieb bin ich zu Haus.
Aus Gottes Lieb treibt mich nichts aus.
Sie ist wie Himmel, Erd und Meer –
wüßt nicht, wo Gottes Lieb nicht wär!

Wie unsre Väter uns gelehrt,
so wollen wir es allzeit halten:
vorm Brote, das uns Gott beschert,
in Ehrfurcht fromm die Hände falten
und täglich danken unserm Gott
und bitten um das täglich Brot!

*

Wenn Gott uns nicht sein' Gnad beschert,
wir hätten nicht das täglich Brot.
Wenn Gott uns nicht sein'n Schutz gewährt,
wir litten Not, wir wären tot.
Wir leben durch ihn Tag und Jahr,
und wir sind Bettler, das ist wahr!

*

Beug dein Herz vorm täglich Brot,
neig die Stirn zum Stab hinunter!
Rings die Welt ist voll der Wunder.
Bet ihn an, den Schöpfer Gott!

*

Gott, der des Brotes Schöpfer ist,
ist auch sein heiliger Wächter.
Und wehe, wenn's die Welt vergißt!
Wenn sie im Frevel sich vermißt,
dann straft Gott den Verächter!

*

Sorget nicht! Was wollt ihr sorgen?
Gott, der Vater, sorgt für euch.
Er kennt unser Heut und Morgen,
und in seiner Hand geborgen,
sind wir über alles reich.

Gottes Brot
wehrt Not und Tod.
Doch noch mehr will es uns geben:
will bewahren zum ewigen Leben!

*

Sorgende Hände
hüten ohn' Ende,
was sie erschufen;
schaffen und schenken,
segnen und lenken,
ehe wir *einmal*
den Schöpfer gerufen.

*

Liebe gibt der Welt das Licht.
Liebe gibt der Welt das Brot.
Liebe sucht uns im Gericht.
Liebe sendet auch die Not.

Liebe, ob sie nimmt, ob gibt,
ist doch *eins*. Der gleiche Gott,
der uns ohne Wandel liebt,
liebt im Leben und im Tod.

*

Das Brot, von dem wir leben,
hat Gott, der Herr, gegeben,
ja, alles, was wir haben,
sind Gottes gute Gaben.

Ob Bitten und Verstehen
läßt Gott uns Guts geschehen.
Wir preisen seinen Namen
für alle Güte. Amen.

Ist karg das Mahl, bist Du der Gast,
ist reich gesegnet Mahl und Rast.
Fehlst Du am Tisch, wird keiner satt,
auch wenn er viel und alles hat.

*

Das Brot ist mehr als nur das Brot.
Im Brote wohnt der liebe Gott.
Drum ist das Brot ein heilig Ding.
O Mensch, acht nicht das Brot gering!

*

Heilig ist das Brot der Erden.
Gott ist ein ins Brot gegangen.
Wirst du recht bereitet werden,
kannst du Gott im Brot empfangen.

*

Menschenhand ist nicht gefüllt.
Menschenherz bleibt ungestillt.
Du nur, Gott, gibst, was uns speist:
Brot und Wort und Heiligen Geist.

*

Herr, was ich habe,
ist Deine Gabe.
Mein Leib und Leben
hast Du gegeben,
wirst heut und morgen
mich wohl versorgen,
nimmst mich am Ende
in Deine Hände.

Kein Ding ernährt,
wär's Goldes wert.
Wenn's Gott nicht hat,
macht's nimmer satt.
durch Gott allein
kann's Nahrung sein.

*

Keiner rief sich selbst ins Leben,
schuf sich selbst der Erde Gaben.
Was wir sind und was wir haben,
ward uns wunderbar gegeben.

Nichts ist, das wir nicht empfingen!
Denk es Mensch, anbete stille!
Gottes gnadenreicher Wille
webt und west in allen Dingen.

*

Der Du den Tisch bereitet hast,
o Herr, tritt ein und sei uns Gast
und segne, was wir haben!
Lehr uns bedenken, daß wir sind,
die Pflanzen, Tier und Menschenkind,
die Gäste Deiner Gaben!

*

Was lebt, lebt vom täglich Brot.
In Gnaden gibt's der liebe Gott.
Doch niemand lebt vom Brot allein!
Gott's Wort muß bei dem Brote sein.

Das braune Brot
bannt Hungers Not,
birgt Erdekraft,
die Leben schafft.

Im Brot uns speist
der ewige Geist.
Im Brot uns liebt
Gott, der es gibt.

*

Brot ist Gnade, von Tag zu Tag
vom gnädigen Gott gegeben.
Wer aber von Gnade nicht leben mag,
verzichte auf Brot und auf Leben!

*

Der Leib und Leben uns gewährt,
der ist es auch, der uns ernährt.
Er ist's, der schafft, er, der erhält;
sein Wille geschieht und sein Reich ist die Welt!

*

Gott gibt den Leib zu nähren,
das liebe täglich Brot,
doch kann kein Brot erwehren
des tiefsten Hungers Not.

Den Hunger kann uns stillen
nur *einer*, Jesus Christ,
und der nach Gottes Willen
das Brot des Lebens ist.

Gut ohne Gott ist Tand und Tod
und wär's die ganze Welt,
durch Gott allein wird's recht zum Brot,
das satt macht und erhält.

*

Brot und Blut und Leib und Leben,
das sind Gottes große Gaben.
Und ihm diene, was wir haben:
Brot und Blut und Leib und Leben!

*

Wir alle leben alle Zeit
allein von Gottes Barmherzigkeit.
Bedenk es recht, o Menschenkind,
daß deine Seel auch Ruhe find't!

*

Köstlich Wasser, edlen Wein,
Acker, Frucht und braunes Brot,
Tau und Wind und Sonnenschein,
alles gibst Du, lieber Gott.

All und Erde, Mensch und Tier,
alles schaffst Du täglich neu,
und es lebt und webt in Dir
alles, Herr, durch Deine Treu.

*

Ob wir trinken, ob wir essen,
Gott, der Herr, sei nicht vergessen,
er, der Leib und Seele speist,
Vater, Sohn und Heiliger Geist!

Wer Gott nicht dankt fürs täglich Brot,
der lebt und ist doch, wahrlich tot,
wär besser, daß er litte Not
und wär im Hunger reich in Gott!

*

Die Welt hat Brot die Fülle.
Drum ist es Gottes Wille,
daß jeder auch gesättigt werd'
und keiner Hunger leid' auf Erd.
Wenn jeder mitteilt, der da hat,
wir werden miteinander satt.

*

Gott ist ohnemaßen gut,
schenkt mir seine Güte,
und in allem, was er tut,
hab ich Hilf und Hüte.

Alles, was mein Herz begehrt,
find ich wohlbereitet,
eh ich's bitte, schon gewährt
vor mir ausgebreitet.

Wie ein Vater ist mein Gott
mütterlich nicht minder,
und beschenkt mit täglich Brot
alle seine Kinder.

Füllt mein Gott mit Güt und Gab
täglich reich mein Leben,
will ich, was ich bin und hab,
froh zum Dank ihm geben.

Wir nehmen alle früh und spat
aus Gottes Fülle Gnad um Gnad,
sind ganz in Gottes Hand gehüllt,
weil Gott die ganze Welt erfüllt.

*

Gott hat uns das Brot gegeben,
daß wir ihm, dem Schöpfer, leben!

*

Wir haben hier den Tisch gedeckt,
doch nicht mit unsern Gaben.
Vom Schöpfer, der das Leben weckt,
kommt alles, was wir haben.

Ist keiner hier, der nicht empfing
aus Gott Hab, Gut und Leben.
Uns wird noch das geringste Ding
allein aus Gnad gegeben.

Bedenk's, mein Herz, und bete an
und lerne danken, lieben!
Hätt' Gott dir nicht so wohlgetan,
wo wärst du, Herz, geblieben?

*

Das braune Brot, das Gott uns gibt,
ein Zeichen ist, daß Gott uns liebt.
Wer Gott im lieben Brot nicht ehrt,
ist nicht der Güte Gottes wert.

Braunes Brot und Wasser klar,
wenn wir's recht bedenken,
jeden Tisch weiht's zum Altar,
wo sich Gott will schenken.

Und die Welt ist Gottes Haus,
da wir Gott empfangen.
Lief Gott nicht zu uns heraus,
wer wollt' heimgelangen?

Seht, wie sich im täglich Brot
Gott will selber geben!
Gott geht ein in unsern Tod
und schenkt uns das Leben.

*

Sorg nicht ums Brot!
Vertrau auf Gott!
Er hilft in Not,
hilft noch im Tod!

*

Aus dem Hintergrund der Welt
trittst Du in unsern Raum,
begegnest uns in Wald und Feld,
als Frucht in Busch und Baum.

Du bist der Herr, der Schöpfer Gott,
und größer als das All
und wandelst Dich in irdisch Brot
und sättigst uns im Mahl.

Laß uns der Wunder mehr geschehn,
die Du im Brot gespeist!
Laß uns verwandelt auferstehn
zu Dir, o Gott, im Geist!

Im Werk der Schöpfung gab sich Gott,
gibt sich uns heut im täglich Brot,
er kam zur Welt in Jesus Christ,
der aller Erde Heiland ist,
und gab, o unbegriffene Huld,
am Kreuz sich hin für unsre Schuld.
So schenkt, der Erd und Himmel hält,
sich immer gnadenreich der Welt.

*

Du, Gott, Du bist im Brot, im Wein,
in Feuer, Wasser, Erde, Wind,
in Korn und Keim, Staub, Stern und Stein,
in Pflanze, Tier und Menschenkind.

Du birgst Dich ein und bringst Dich dar
geheimnisvoll in Raum und Zeit.
Verborgen und doch offenbar
ist Deine Kraft und Herrlichkeit.

Wir sehn Dich nicht von Angesicht,
gehn tastend nur in Spur und Bahn
zu Dir, dem fernen, ewigen Licht,
und beten Dein Geheimnis an.

*

Wir haben viel verloren
im Zeitenwetterwind:
Das Land, wo wir geboren
und hier zu Hause sind.

Doch gehen wir fremde Straßen
und essen fremdes Brot,
Du hast uns nicht verlassen,
Du treuer Herr und Gott.

Du bist der Helfer
in jeglicher Not,
gibst uns zum Leben
das tägliche Brot,

hast mit uns Sündern
barmherzig Geduld,
machst uns zu Kindern
trotz all unsrer Schuld,

hütest vor Schaden
und hältst uns im Tod,
birgst uns in Gnaden,
Du hilfreicher Gott.

*

Täglich Brot sind Gottes Gaben,
die wir auf Erden nötig haben,
ach, noch viel mehr und allermeist
Gott selbst und Gottes Wort und Geist.

*

Sonne, Erde, Regen, Wind,
Menschenherz und -hände
sendet dir, du Menschenkind,
Gott noch ohne Ende.

Und sie wirken deiner Not
täglich Brot aufs neue,
daß, erquickt, dein Herz an Gott
täglich sich erfreue.

Du speistest einst mit Brot und Fisch
die hungernde Gemeinde
und decktest ihr gar oft den Tisch
im Angesicht der Feinde.

So tust Du Wunder immerzu,
mag's oft auch anders scheinen.
Hilf uns auch nun! Die Kraft hast Du,
Du starker Herr der Deinen.

*

Die reife Frucht der Ähren,
das Korn, sinkt in den Tod,
geopfert, uns zu nähren,
im Brot, im täglich Brot.

Vom Opfer lebt das Leben,
weil Gott es so gewollt,
daß, wo es hingegeben,
erst Leben werden sollt.

*

Wer täglich Brot nicht bitten mag,
hat, wahrlich, keinen guten Tag.

Wer's recht erbitt', empfängt zugleich
im täglich Brot das Himmelreich.

Hätt' einer mehr als Gottes Brot,
der äß sich hungrig, arm und tot.

*

Wer recht sein Herz in Gott mag schwingen,
find't Gottes Liebe in allen Dingen,
sieht Gott in jedem Bissen Brot,
schaut Gott im Leben und im Tod.

Als die von hinnen eilen,
verhalten wir zur Rast,
wolln miteinander teilen
das Brot nun wie die Last.

Wir danken Gottes Güte,
die uns bisher bewahrt,
und bitten: Gott behüte
uns auch auf künftiger Fahrt!

*

Herr, es sind die vollen Ähren,
die im täglich Brot uns nähren.
Wollst uns wie die Ähren füllen,
daß wir helfen Hunger stillen!

*

Wer täglich Brot nur recht erkennt,
find't Brot und Wort und Sakrament,
find't ihn, der alles tränkt und speist,
Gott Vater, Sohn und Heiligen Geist.

*

Ob arm, ob reich, gesund und krank,
was lebt, das lebt von Deiner Güte,
drum leb auch alles Dir zum Dank!
Herr, hilf, Leib, Seel und Geist behüte!

*

Die Lieb, die wir von Gott empfingen,
helf uns zur Lieb in allen Dingen!
Wer Liebe nur für sich begehrt,
ist, wahrlich, Gottes Lieb nicht wert.

Die Erde hat für alle Brot.
Drum, Erde, höre Gottes Gebot!
Vergiß nicht, daß Gott, der dich liebt,
all seinen Kindern Nahrung gibt,
und wenn ein Armer Hungers stirbt,
des Satten Seel zur Höll verdirbt.

*

Wenn Du der Geber bist, mein Gott,
macht wenig viele satt,
das Öl im Krug, das Mehl im Kad,
ein wenig Fisch und Brot.
So hast Du oft Dein Volk gespeist,
des Hungers Not gewehrt.
Wir aber sehn, daß nur Dein Geist,
kein Ding aus sich, uns nährt.

*

Die Jünger haben Dich erkannt,
als Du das Brot gebrochen,
das Segenswort gesprochen.
Herr, tu auch uns die Augen auf,
daß wir, die Deinen, allzuhauf
an Brot und Wort Dich kennen
und unsern Bruder nennen,
was wir von Dir erkannt!

*

Du hast dein Brot, dank Gott dafür!
Denk deines Nächsten an der Tür
und sei nicht karg mit Herz und Hand;
stehst selbst vor Gott im armen Gewand!

O Mensch, im täglich Brot
da opfert sich das Leben,
drum sollst du fremder Not
dich auch zum Opfer geben!

Gibst du dich nicht zum Dank,
dein Herz aus Liebe nicht,
genießt du Speis und Trank
gewiß dir zum Gericht.

*

Woher ich kam, wohin ich geh,
mit meinem Geist ich's nicht versteh,
doch weiß ich: Wo ich leb und bin,
da ist auch Gott von Anbeginn.

Und morgens früh und abends spat
beschenkt mich Gott mit seiner Gnad,
gibt mir aus Lieb das täglich Brot,
liebt mich ohn End, auch noch im Tod.

*

Halt heilig jeden Bissen Brot!
Jed' Bröslein wehrt des Hungers Not.
Jed' Krümlein stillt des Hungers Pein.
In jedes Körnlein ging Gott ein!

Wird Gott im lieben Brot geehrt,
sein Geist und Gab uns wohlernährt.
Doch wo ein Stücklein Brot verdirbt,
am Frevel Leib und Seele stirbt.

Wer täglich Brot von Gott erbitt',
bitt' stets auch für den Bruder mit.

Bät' einer nur für sich allein,
könnt's nimmer recht gebeten sein.

Wer Mitleid hat mit fremder Not,
der betet recht und teilt sein Brot.

*

Wer Nahrung hat und ißt sich satt,
geb dem, der Mangel und Hunger hat!
Und wer sich kleid't und hat Gemach,
teil mit dem Nächsten Kleid und Dach
und denk, daß jener andre ist
sein armer Bruder Jesus Christ,
und daß er selbst im Bettlerkleid
einst heischt von Gott Barmherzigkeit,
und daß ihm nichts auf dieser Erd,
auch nicht sein Totenhemd, gehört!

*

Hast du dein Brot, dank Gott dafür!
Doch wenn dir's wohl ergeht,
vergiß nicht, daß an deiner Tür
dein Bruder hungrig steht.

Mensch, weißt du, wer dein Bruder ist?
Er sieht dich fragend an
im armen Gewand, der Jesus Christ:
Was hast du mir getan?

Gottes Brünnlein Wassers Fülle hat,
macht alle, die da trinken satt,
labt Leib und Seel, gibt guten Geist.
Kommt, daß Gotts Bronn uns tränkt und speist!

*

Ich hab mein karges täglich Brot.
Der Acker, den mein Pflug bestellt,
trägt Disteln, Dorn, ist steinicht Feld
und macht mir manche Müh und Not.

Wir leben nicht im Paradies.
Der Engel trieb den Adam aus.
Doch Gott ging selber mit hinaus,
weil Gott noch keinen je verließ.

Im Schweiße meines Angesichts
eß ich das Brot, das Gott mir gibt.
Und spür es doch, daß Gott mich liebt,
und weil er liebt, entbehr ich nichts.

So leb ich hier auf dieser Erd
und nehme dankend, was ich hab,
was Gott, der Herr, mir täglich gab,
bis ich zu Erde wieder werd.

*

Gott will, weil er uns schenkt
die Güter, die wir haben,
daß jeder nun bedenkt,
mit Gottes guten Gaben
den Bruder auch zu laben.

Gott, der die ganze Welt erfüllt
und aller Erde Hunger stillt,
komm, wirke Du mit Deiner Kraft
und präg mich tief, Herr, in Dein Bild!
Ich sei ein Mensch, wie Du gewillt,
der Dir zur Ehre lebt und schafft!

*

Herr, unsre Weisheit weiß es nicht,
was dieser Erde Ziel und Sinn,
doch weiß ich in der Gnade Licht,
dass ich, mein Gott, Dein eigen bin,
weiß, daß Du mir in Jesus Christ
mein Schöpfer und Erlöser bist,
und weiß, daß alles, was ich hab,
mir Deine Hand aus Liebe gab.

*

Herr Gott, von allen Seiten
umgibt mich Deine Hand.
Du bist in allen Zeiten
mir treulich zugewandt,

machst reich mein armes Leben,
gibst mir das täglich Brot;
denn Geben und Vergeben
ist Deine Weise, Gott.

Ich aber kann's nicht fassen;
Du bist zu hoch und groß.
Ich kann mich Dir nur lassen
mit meinem Menschenlos.

Tischgebete – Bitte

All Augen sind auf Dich gericht'.
Wir warten Dein. Verlaß uns nicht!
Gib heut wie eh das täglich Brot!
Du weißt, was Leib und Seel ist not,
weißt aller Ding Maß, Ziel und Zeit.
Lob sei Dir, Gott, in Ewigkeit!

*

Herr, Du hast uns gegeben
Leib, Seele, Geist und Leben.
Wollst uns das Mahl bereiten
jetzt und in Ewigkeiten!

*

Gib uns unser täglich Brot.
Segne Mahl und Rast.
Sei in Freude und in Not
unser Herr und Gast.

*

Herr Gott, gib uns das täglich Brot,
daß Leib und Seel nicht leide!
Doch gib uns, Vater, ist es not,
den Hunger auch für beide!

*

Herr gib uns nichts in Überfluß,
nur wehre, Herr, der Not
und gib, was jeder haben muß,
das Brot, das täglich Brot!

Herr, Du wandelst Tod in Leben!
Auch das Brot, das Du gegeben,
laß in mir nun auferstehn!

Mög es Leib und Seele speisen,
daß Dich alle Sinne preisen!
Lieber Gott, das laß geschehn!

*

Daß sie gesättigt werde,
ruft täglich dich in Not
die ganze weite Erde,
ums Brot, Herr Gott, ums Brot.

Gib ihr und uns zum Leben
das Brot durch Deine Huld!
Wollst Dich uns selber geben!
Vergib uns unsre Schuld!

*

Bescher uns, Herr, das täglich Brot!
Stärk uns das Herz in jeder Not!
Vergib uns täglich unsre Schuld!
Mit unsrer Schwachheit hab Geduld!

Halt uns im Leben, hilf im Tod
und sei uns gnädig, lieber Gott!
Herr, segne uns in dieser Zeit,
behüt uns auch in Ewigkeit!

*

Wir bitten Dich ums täglich Brot;
bat keins Dich noch vergebens.
So brich uns auch, Du reicher Gott,
all Tag das Brot des Lebens!

Herr, aller Augen warten Dein!
Wir sind in Not, in großer Not!
Du riefst ins Leben uns hinein,
bist Herr und Helfer, Du allein!
Gib gnädig uns das täglich Brot!

*

Erbarm Dich Herr! Wend ab die Not!
Vergib die Schuld! Gib täglich Brot!
Gib Heiligen Geist, daß endlich werd
nach Krieg und Tod Dein Fried auf Erd!

*

In Wüsten und aus Steinen,
in namenloser Not
schuf Deine Macht den Deinen,
Herr Gott, das täglich Brot.

Gib uns auch, wenn wir wandern
durch Wüsten, Angst und Not,
von einem Tag zum andern
das Brot, Herr Gott, das Brot!

*

Alle Leiber, alle Seelen
hungern, Herr, nach Deinem Brot,
und an keinem wird's uns fehlen,
stillst Du selber unsre Not.
Aber nimmer wird uns frommen,
was wir nicht von Dir bekommen.
Komm Du selbst zu uns im Brot!
Speis uns Leib und Seel, o Gott!

Herr, unser Leib und Seel und Geist
erleiden Hungers tiefe Not.
Gib uns unser täglich Brot!
Gib Dich uns selber allermeist!

*

Nun hungert, Herr, die Erde,
und wir sind schuld daran.
Was Deine Gnad gewährte,
hat Krieg und Haß vertan.
Das Korn ist abgestorben,
das liebe Brot verdorben,
und Hunger leiden Tier und Mann.

Wir falten unsre Hände
in unsrer tiefen Not.
Ach, Herr, Dich zu uns wende!
Gib uns das täglich Brot,
und laß uns nicht verderben!
Laß uns nicht Hungers sterben!
Erbarm Dich, Herr, Du treuer Gott!

*

Herr Christ, Du lehrst uns bitten
um unser täglich Brot,
komm Du auch selbst inmitten,
Du Lebensbrot aus Gott!

*

Versag uns nicht das täglich Brot!
Laß nicht dem Unheil seinen Lauf!
Die Not schleicht her, halt Du sie auf!
Bewahr das Land, behüt vor Not!

Herr *Gott*, gib uns das täglich Brot,
wie Du bisher gegeben,
und hilf, daß wir nach Dein'm Gebot
durch Brotes Kraft Dir leben!

Doch kann kein irdisch Brot allein
uns hier auf Erden nähren;
Du mußt, Herr *Christ*, das Brot uns sein
und Leben uns gewähren!

Hilf, *Heiliger Geist*, und laß uns nun
auch selbst zum Brote werden,
was uns im Brot geschah, auch tun
den Brüdern hier auf Erden!

*

Ach, Herre Gott, Du treuer Gott,
gib aller Welt ihr täglich Brot!

Ach, täglich Brot, du Gottesbrot,
bewahr das Land vor Hungersnot!

Ach Hungersnot, du große Not,
verzehr uns nicht in bitterm Tod!

Ach, bittrer Tod, du Hungerstod,
stirb selber du, vergeh an Gott!

Ach, Herre Gott, Du starker Gott,
gib Du uns unser täglich Brot!

*

Du brichst den Tausenden das Brot,
und Wasser wandelst Du in Wein.
Du wollst auch uns ein Helfer sein!
Speis uns und tränk uns in der Not!

Wir bitten Gott Vater ums tägliche Brot
und nennen das Brot, das geringe,
und meinen im Brote, doch *alles*, was not,
und bitten im Brot den allmächtigen Gott
um große und weltweite Dinge:

um Arbeit, Gesundheit und Acker und Frucht,
daß Gott sie uns segne und mehre,
um Frieden und Freiheit und Ehre und Zucht
und daß uns Gott, wenn er zur Heimfahrt uns sucht,
ein gnädiges Stündlein beschere.

*

Gott, der Du unser Schöpfer heißt,
des Lebens Herr und aller Gaben,
wollst uns mit allem Guten laben,
erquick uns Leib und Seel und Geist!

Gib Dich uns selber täglich neu,
und halt uns fest in Deiner Güte!
Leib, Seel und Geist, o Herr, behüte,
daß alles ganz Dein eigen sei!

*

Du wandelst Wasser, Herr, in Wein,
und brichst den Hungrigen das Brot,
Du speist die Tausende in Not.
Ach, Herr, tritt auch zu uns herein!

Sei uns mit Deinen Wundern nah!
Mach uns, Du starker Herr, gewiß
in Armut, Angst und Finsternis:
Du hilfst, ist Deine Stunde da!

Herr, Deine Erde schreit nach Brot;
sie leidet Hungers große Not,
leid't Not und Tod durch eigne Schuld.
Erbarm Dich, Herr, und hab Geduld,
gib täglich Brot der ganzen Welt.
Du bist, der Erd und Himmel hält!

*

Du bist, der alle Welt erfüllt,
bist, Herr, der allen Hunger stillt.
Gib täglich Brot, wirk Geist und Kraft,
lös aller bösen Bande Haft
und präg mich tief, Gott, in Dein Bild!
Ich sei ein Mensch, wie Du gewillt,
der Dir zur Ehre lebt und schafft!

*

Du gibst der Welt ihr täglich Brot,
birgst, Gott, Dich selbst ins Brot hinein.
Du willst der Welt in ihrer Not
Ernährer und Erlöser sein.

*

Mit Armen littest Du die Not.
Mit Sündern teiltest Du das Brot.
Teil's auch mit mir durch Deine Huld
in meiner Armut, Not und Schuld!

Du kennst das Menschenherz, Herr Christ,
weil Du der Menschen Bruder bist.
Du kennst auch mich, weißt meine Not.
Sei Du mir selbst das Lebensbrot!

Du kamst, Dich zu erbarmen,
warst stets ein Freund der Armen.
Erbarm Dich, Herr, auch meiner Not!
Hilf Leib und Seel, Du Lebensbrot!

*

Mit Sündern teiltest Du das Brot,
sahst Seel und Leib in gleicher Not,
sahst hungern beide, arm und reich,
und stilltest Leib und Seel zugleich.
Ach, Herr, auch ich mich Dir befehl!
Hilf, lieber Herr, hilf Leib und Seel!

*

Herr Christ, sei Gast und Herr im Haus,
teil Gottes gute Gaben aus!
Gib Du Dich selbst! Du stillst die Not.
Herr Christ, Du bist das wahre Brot!

*

Wer Gott nicht bitt': Gib und Vergib,
weiß nichts von Gott und Gottes Lieb,
weiß nicht, daß all sein Tag und Tun
allein in Gottes Erbarmen ruhn.

Wer sich recht kennt in seiner Not,
wend't täglich neu sein Herz zu Gott
und bitt' ihn gern um Gnad und Huld:
Gib täglich Brot! Vergib die Schuld!

*

Gib uns unser täglich Brot
heut und allerzeit!
Bring uns heim durch alle Not
in die Ewigkeit!

Der Du die ganze Welt erschufst
und jed' Geschöpf ins Dasein rufst,
Du lenkst das All durch Dein Gebot,
gibst aller Welt das täglich Brot.

Wir beten Deine Weisheit an,
die Leben gnadenreich ersann,
und preisen dankbar Deine Güt,
die uns von Tag zu Tag behüt'.

Gib uns auch ferner, was uns speist,
Dein Brot, Dein Wort und Deinen Geist!
Ach, Herr, Dich täglich zu uns wend!
Nimm uns zu Dir an unserm End!

*

Gib, Vater, uns das täglich Brot,
wie Christ, der Herr, uns bitten heißt!
Gib allzeit alles, was uns not,
gib uns vor allem Deinen Geist!

Laß uns in Deinen Händen ruhn,
daß nichts uns von Dir scheiden mag,
und laß uns Deinen Willen tun
zu Dank und Dienst an jedem Tag!

*

Sei unser Gast, Herr Jesu Christ,
sei's ob Verstehn und Bitten!
Weil Du ein Freund der Armen bist,
tritt ein und bleib inmitten,

und brich das Brot und reich den Trank
des Heils und ewigen Lebens!
Die Deinen bitten, Gott sei Dank,
Herr Christ, Dich nie vergebens!

Herr, Du hast alles wohl bedacht.
Dein Hand hat alles recht gemacht.
Du gibst der Welt ihr täglich Brot,
stillst alle Not, Du treuer Gott.
Gib, Herr, wie Du bisher gegeben,
das täglich Brot und Heil und Leben!

*

Gib, Gott, uns unser täglich Brot
zu aller Zeit, in aller Not!
Halt unsrer Armut, Herr, bereit
den Tisch durch Dein' Barmherzigkeit!

Du, Gott, hast Boten mannigfalt,
hast Helfer vielerlei Gestalt
zu Dienst dem arm menschlich Gemächt;
die Raben gar sind Deine Knecht.

Wo Dein Geschöpfe, Freund und Kind
verlorn und ganz verlassen sind,
weißt Du noch Rat vieltausendmal,
kannst helfen ohne Maß und Zahl.

Und sehn Dich unsre Sinne nicht,
Dein Blick ist doch auf uns gericht'.
Du bist ob jedem Gräslein wach.
Kein Sperling fällt ohn' Dich vom Dach.

Die Vögel unterm Himmelszelt,
die schönen Blum'n in Wies und Feld
sind frei der Sorg vielschwerem Joch,
Dein Güt und Wohltat nährt sie doch.

Hilf uns vertraun in aller Not!
Du sorgst gewiß fürs täglich Brot,
ja, mehr: Wir ruhn samt Leben, Tod
in Deiner Hand, Du treuer Gott!

Wir falten unsre Hände
vor jedem Bissen Brot
zum Dank, daß ohne Ende
Gott sendet, was uns not.

Wir preisen seine Güte
im Brot für uns bereit,
und bitten: Gott, behüte
uns bis in Ewigkeit!

Tischgebete – Dank

Wir leben und wir essen
vom Brot auf dieser Erd,
das Gott uns ohn Vergessen
von Tag zu Tag beschert.

Vergeßt nicht ihm zu danken
Leib, Leben, täglich Brot,
die Wunder ohne Schranken,
dem gnadenreichen Gott!

*

Eh wir am Mahl uns laben,
woll'n wir für alle Gaben
den Schöpfer, unsern Herren,
mit Dank erst fröhlich ehren.

Gelobt sei Gottes Treue,
die alle Morgen neue
das täglich Brot gegeben
und schafft und schenkt das Leben!

*

Wer von Gottes Brot gegessen,
soll das Danken nicht vergessen!
Wer's vergißt, der ist nicht wert,
daß ihm Gott sein Güt beschert!

*

Eh wir Gottes Brot verzehren,
wolln wir Gott erst fröhlich ehren.
Laßt den Lobgesang nun hören:
Lobet, lobet, lobt den Herren!

Wir sagen Dank
in Jesu Namen
Für Speis und Trank,
für alles. Amen.

*

Herr, alle Welt empfängt Dein Brot;
Du schaffst und schenkst allein.
Laß mich's erkennen, lieber Gott,
und allzeit dankbar sein!

*

Was lebt, das lebt vom täglich Brot!
In Gnaden gibt's der liebe Gott.
Das dank ihm recht, Du Menschenkind!
Bedenk, daß wir Beschenkte sind!

*

Wir danken für die Gaben,
die wir empfangen haben.
O Herr, wollst allzeit geben
das täglich Brot zum Leben!

*

Wir danken Dir für Deine Güte,
die Leben schenkt und täglich Brot.
Bleib bei uns, lieber Herr, und hüte
uns gnädig allzeit bis zum Tod!

*

Du gabst das Leben, gibst täglich Brot,
gabst alles, was wir sind und haben.
Wir danken Dir, Du treuer Gott,
für alle Deine guten Gaben.

Dir Gott, sei Lob und Dank gesagt
für alle Deine guten Gaben!
Längst eh wir nach Dir gefragt,
kamst Du, uns Seel und Leib zu laben,
hast aller Welt den Tisch gedeckt
und Leben immer neu erweckt,
gabst alles, was wir sind und haben.

*

Wir falten unsre Hände
vor jedem Bissen Brot
zum Dank, daß ohne Ende
Gott sendet, was uns not.

Er hält in seiner Güte
das Brot für uns bereit.
Wir beten: Gott, behüte
uns bis in Ewigkeit!

*

Herr Gott, Du hast uns hoch erfreut
in dem, was Du gegeben.
Du hast uns wunderbar erneut
und läßt uns fröhlich leben.

Du reicher Schöpfer aller Ding
erquickst uns stets aufs neue.
Wir aber sind viel zu gering
der großen Güt und Treue.

In Demut danken wir Dir, Gott,
für alle Deine Gaben
und bitten, wollst mit täglich Brot
uns auch noch ferner laben.

Wir sagen, lieber Vater, Dank
für Deine Gaben, Speis und Trank.
Erhalt uns, Herr, das täglich Brot
und stärk uns in der letzten Not!

*

Herr, Du hast gnädig uns beschert
das täglich Brot, das uns ernährt.
Wir danken Dir für Deine Gnad,
die uns satt macht früh und spat.

*

Aus Deinen Händen nehmen wir,
was wir zur Nahrung haben,
und danken, lieber Vater, Dir
für Deine guten Gaben.

Doch niemand lebt vom Brot allein!
Damit wir nicht verderben,
mußt Du das Brot des Lebens sein
zum Leben und zum Sterben!

*

Ob sich tausend Hände regen,
wirkend unser täglich Brot,
nichts gedeiht ohn Gottes Segen,
und kein Korn wächst ohne Gott.

Dank sei denen, die uns dienen
durch der Hände Werk am Brot,
Dank dem Schöpfer, der erschienen
selbst im Brot: Gelobt sei Gott!

Für diese Speise, diesen Trank
nimm an des Herzens armen Dank
und gib, daß es Dich stets erkennt
im Brot, im Wort, im Sakrament.

*

Daß ich atme, lebe, bin,
daß ich menschlich Antlitz habe,
lieber Gott, ist Deine Gabe,
Funke Lichts aus Deinem Sinn.

Nimm mich Dir zum Opfer hin,
daß ich Dich auf Menschenweise
doch mit allen Sinnen preise,
weil ich atme, leb und bin.

*

Mit Menschenweisheit weiß ich nicht
der Welt und meines Lebens Sinn,
weiß nur in Deiner Gnade Licht,
mein Gott, daß ich Dein eigen bin,
weiß, daß Du mir in Jesus Christ
mein Schöpfer und Erlöser bist,
und weiß, daß alles, was ich hab,
mir Deine Hand aus Liebe gab.

*

Du gabst der Welt das Leben,
gibst ihr das täglich Brot,
hast beid's auch mir gegeben.
Ich dank Dir, lieber Gott.

Du läßt uns Deine Wunder schauen.
Du sättigst uns mit täglich Brot
und hältst und hilfst uns in der Not.
Wir wolln Dir danken und vertrauen,
in Tod und Leben auf Dich bauen;
denn Du bist treu, Herr, unser Gott!

*

Du schufst die Welt nach Dein'm Gebot.
Du gibst der Welt ihr täglich Brot.
Drum alle Welt Dich lob und ehr
für Deine Gaben, Gott und Herr!

*

Wir stehen in der Runde.
Das Mahl ist uns bereit.
Gott schenkt uns diese Stunde
der Rast in flüchtiger Zeit.

Wir danken für die Gaben,
die Gott uns heut beschert.
Wir wissen, was wir haben,
hat Gottes Güt gewährt.

Wir preisen Gottes Gnade,
die uns das Leben schenkt
und unsere Lebenspfade
tagtäglich freundlich lenkt.

Es diene Gottes Speise,
sein Brot, sein Wort, sein Geist,
uns allen auf der Reise
zum Ziel, das er uns weist!

Du nährst die ganze weite Welt,
Du speist das Tierlein auf dem Feld.
Du gibst den Blumen Tau und Wind,
sorgst auch für mich, das Menschenkind.

Hab Dank, Du großer, reicher Gott,
für unser aller täglich Brot,
für Sonne, Leben, Lieb und Licht!
Mir lacht vor Freud mein Angesicht.

*

Herr, ob kein Auge Dich gesehn,
bist Du uns stets begegnet,
hast über Bitten und Verstehn
uns überreich gesegnet
und auf uns heut
und allezeit
ganz ohn Verdienst und Würdigkeit
Dein Gnad und Güt geregnet.

Hab Dank, Du großer, treuer Gott!
Wir sind in Dir geborgen
in aller Not. Das täglich Brot
gabst Du trotz Angst und Sorgen,
auch trotz der Schuld!
In Deiner Huld
halt väterlich uns mit Geduld,
geleit uns heut und morgen!

Laß, Herr, das Lob doch immer reiner werden,
das ich Dir schulde und in Demut bring,
ein armer Sohn der seltsam reichen Erde,
den Deine Güte Tag und Nacht umfing!

Befrei die Augen, daß sie ganz erkennen,
erschließ das Herz, daß es Dich tief begreift,
entbind den Mund, daß er, Dich, Herr, zu nennen,
in neuem Lied zum Lob der Gnade reift!

*

Und immer wieder scheint die Sonne,
besiegt das Licht den Tod, die Nacht,
und aus den unsichtbaren Bronnen
quillt neues Leben, wächst es sacht,

entfaltet sich in Keim und Blüte
und reift zur Frucht und wird zum Brot,
und, überwältigt von der Güte,
lieb ich den Schöpfer, lob ich Gott!

*

Nach unsres Tagwerks Müh und Last
erquickst Du uns mit Mahl und Rast.
Hab Dank für alles, treuer Gott,
für unser täglich Werk und Brot!

*

Im Brot ist Gott! Bedenk es wohl!
Dein Herz und Mund Gott danken soll!

O Gott, wie spannst Du groß und weit
mit liebender Gebärde
den Bogen Deiner Herrlichkeit,
den Mantel der Barmherzigkeit
um uns und diese Erde!

Du bist der Schöpfer, bist der Geist,
der Leben sinnt und sendet,
der immer neu das Leben speist,
in allem Leben strömt und kreist,
in Leben sich vollendet!

Doch weil kein Herz begreifen kann
das Leben, das wir tragen
und das uns trägt, wir beten an
und woll'n, was Deine Gnade sann,
erleiden, Herr, und wagen!

*

Wir haben gegessen vom täglichen Brot.
Wir wurden gesättigt und leiden nicht Not.
Gott hat uns noch immer viel Gutes beschert.
Er hat uns tagtäglich das Leben gewährt.
Bedenk es, mein Herz, was dein Gott dir getan,
und danke dem Herren und bete ihn an!

*

Allmächtiger Gott,
in Deinem Namen
eß ich mein Brot.
Hab Dank, Herr! Amen

*

Gottes Gabe, täglich Brot,
sättigt uns, stillt unsre Not.
Dank sei Gott, der es uns gibt,
väterlich im Brot uns liebt.

Herr, Deine unerschöpften Hände
beschenken täglich neu die Welt,
weil Deine Liebe ohne Ende
sie wandellos umfangen hält.

Wir schaun der Allmacht Wunderpfade,
die unser Herz nicht fassen kann,
und beten staunend Deine Gnade
ergriffen und mit Demut an.

Sei hochgelobt, Du Herr der Sonnen,
Gott, der das All mit Licht erfüllt!
Lob sei Dir, Herr der tiefen Bronnen,
draus wunderbar das Leben quillt!

Und kann Dich kein Geschöpfe preisen
wie's Dir, Hochheiliger, gebührt,
sind Zeichen doch die armen Weisen,
daß uns, o Gott, Dein Glanz berührt!

*

Du hast uns, Gott, den Tisch gedeckt,
wie Mütter ihren Kindern tun,
und bliebst doch selber ganz versteckt,
erscheinst in Deinen Gaben nun.

Das Mahl, das Du bereitet hast,
so reich, so schlicht, ein Wunder ist.
Du bist im Mahl jetzt unser Gast,
der Du der Wunder Größtes bist.

Wir danken Dir und beten an,
der wunderbar hier in der Zeit
in täglich Brot sich wandeln kann.
Herr wandle uns in Ewigkeit.

Wir leben unsre Lebenszeit
allein aus Gottes Barmherzigkeit.
Zög Gott von uns sein' Hand zurück,
wir stürben diesen Augenblick.
Drum, Menschenkind, bedenk es wohl,
wie dein Herz Gott stets danken soll!

*

Es wächst auf Gottes Erde
viel köstlich Korn und Brot.
Daß sie gesättigt werde,
hilft ihr der Schöpfer Gott.

Er gibt, daß sie sich neue,
die Saat und dann die Frucht
und hat sie stets, der Treue,
gar freundlich heimgesucht.

Längst ehe wir die Bitten
gestammelt um das Brot,
kam Gott schon selbst inmitten
und half uns aus der Not.

Er hat mit seiner Güte
auch täglich mich gespeist,
erquickt mein matt Gemüte,
erfrischt mein' Leib und Geist.

Darum will ich ihm danken
mit allem, was ich hab,
ihm, der mir ohne Schranken
aus Liebe alles gab.

Und alle Erde preise
den wunderbaren Gott
für aller Erde Speise,
für unser täglich Brot!

Choral zur Hausweihe

Herr, hüt dies Haus, das wir erricht',
gib Deinen Schutz und Segen!
Wir sind des Hauses Herren nicht.
Du, Gott, bist unsre Zuversicht.
An Dir ist alles gelegen.

Kein Mensch baut für die Ewigkeit,
doch gilt's das ewige Leben!
Drum sei jed Räumlein Dir geweiht,
tagaus, tagein und alle Zeit
jed Herz drin Dir ergeben!

Laß, wie's zu Werk, Mahl, Ruh und Rast
die Väter fromm gehalten,
uns stets vor Dir, Du Herr und Gast,
vor kargem Brot auch, trotz der Last,
zum Dank die Hände falten!

Hab, Gut, wir nennen's Eigentum,
ist, Gott, vor Dir nur Lehen
und muß wie Gras und Wiesenblum
samt Menschenehr, Kunst, Macht und Ruhm
verwelken und vergehen.

Drum laß nach dem, was doch verweht,
uns nicht mit Sorgen eilen
und nie vergessen, eh's zu spät,
dem Hungrigen, der draußen steht,
das täglich Brot zu teilen!

Mach Dein uns froh bei Nacht und Tag
in Freud und auch trotz Leiden
und laß beim letzten Stundenschlag
aus Haus und Welt nach Müh und Plag
uns, Herr, getrost auch scheiden!

Trauung

Wir stehn vor Deinem Angesicht
und wolln, Herr, Deinen Segen.
Wir bitten: Laß Dein göttlich Licht
hell leuchten unsern Wegen!
Aus Deinen Gnaden leben wir
mit allem, was wir haben.
Wir beugen uns im Dank vor Dir,
dem Geber aller Gaben.

Du hast uns so viel Guts getan
und täglich neu bereitet,
hast uns von Mutterleibe an
gar wunderbar geleitet,
und schenkst, daß keines einsam sei,
uns heute eins dem andern,
rufst uns zur Ehe, daß wir zwei
fortan zusammen wandern.

Aus Deiner Hand, Herr, nehmen wir
einander froh entgegen,
wenn wir die Hände nun vor Dir
fest ineinander legen.
Laß unsern Bund uns stark und rein
in Lieb und Treu bewahren!
Wollst selbst bei unsrer Wegfahrt sein,
daß wir Dein Hilf erfahren!

Nach Deinem Willn in unserm Stand
hilf uns das Werk vollbringen,
und laß uns beide Hand in Hand
bis hin zum Himmel dringen!
Schließ uns die ewigen Pforten auf,
o Herr, nach diesem Leben!
Wollst dort uns nach vollbrachtem Lauf
den Kranz des Lebens geben!

Ehe

Im Urgrund Deiner Ewigkeiten
hast Du, o Schöpfer, vorgesehn,
es sollt in dieser Welt Gezeiten
der Mensch an eines Menschen Seite,
mit ihm beschenkt, durch Leben gehn.

So schufst Du jene heilige Nähe,
die engste, die's auf Erden gibt,
schufst Deinen Kindern, Herr, die Ehe,
daß sie sich tief in Lust und Wehe
nun lieben, so wie Du geliebt.

Und wo sich Mensch und Mensch gefunden,
ein Leib in, ach, so flüchtiger Zeit,
wird's heiß von Herz zu Herz empfunden:
Du, Schöpfer, selbst hast uns verbunden
im Urgrund Deiner Ewigkeit!

Du bist in allem (Sonett III)

Du bist in allem, Gott, mit Deinem Wesen,
in Mensch und Tier, in Blume, Stern und Stein.
Du gingst als Schöpfer in Dein Werk hinein
und bist im Werk für immer nun zu lesen.

Und doch, mein Gott, wie bist Du so verborgen
in Mensch und Tier, in Blume, Stern und Stein!
Ob ich gleich weiß, Du mußt in allem sein,
bleibst Du verdeckt dem Sinnen und dem Sorgen.

Ich seh die Bilder, doch der Deuter fehlt,
der hier auf Erden Gottes Sprache spricht,
den Geist erhellt mit Gottes ew'gem Licht

und offenbart die Zeichen uns, den Blinden –
Gott hat in Christ den Deuter sich erwählt,
und der Verborgne läßt in ihm sich finden.

Du schweigst mir, Gott (Sonett XXV)

Was tust Du, Gott, daß Du den Nachtgewalten
die Erde gibst, Dein Werk aus Deinem Rat,
und Adams Fall und Kains böse Tat
die Schöpfung schänden und Dein Werk zerspalten,

daß Christus stirbt, vom Henkerholz gehalten,
der Gottes Sohn war und nichts Übles tat,
daß frecher Lüge unheilvolle Saat,
daß Sünd und Tod die Erde mißgestalten, –

was tust Du Gott? Vergib mir, daß ich frage;
ich weiß es wohl, daß wir nur schuldig sind,
und muß doch sinnen ob dem dunklen Bösen,

das ich mit allen Deinen Kindern trage.
Du schweigst mir, Gott ... Ich aber kann nur blind
vertraun und beten: Wollst die Welt erlösen!

Ich kenne, Gott, das Dunkle (Sonett XXVIII)

Ich kenne, Gott, das Dunkle dieser Erde,
ich sah dem Tod ins schreckliche Gesicht
und weiß die Not, an der ein Mensch zerbricht,
ich sah die Mühsal und des Leids Beschwerde

und sah sie oft, die stumme Schmerzgebärde,
ich sah den Haß, der Dornenkronen flicht,
und auch die Schuld im düstern Zorngericht,
ich sah das alles als des Leids Gefährte

und wollt es oft mit meinem Wort beschreiben
und Dir ins Antlitz meine Klage rufen –
doch hob ich an, mußt' ich verstummen, schweigen

und mich in Demut Deiner Gnade beugen,
die ich erkannt an Deines Thrones Stufen,
als ich Dich sah der Liebe Wunder treiben.

Leben ich fasse dich nicht

Leben,
ich fasse dich nicht,
nicht deine Freuden,
nicht deine Leiden,
Rätsel bleibst du mir,
Frage.
Rätsel umgeben mich,
wohin ich schaue,
ich selbst mitteninne –
ein Rätsel.

(1929)

Kirche in Not

Notlieder der Kirche aus den Jahren des Kirchenkampfes in Deutschland

Herr Gott, nun weck die Steine auf!
Was tot, mit Geist und Feuer tauf!
Du hast ein Volk, das kennt Dich nicht,
läuft nach drum jedem Irrgelicht.

Du riefst auch uns durch Jesus Christ,
weil er der rechte Führer ist.
Er führt uns wohl. Sein Volk, o Schmach,
ihm aber stets die Treue brach!

Herr Gott, die Schuld zum Himmel schreit
und Not liegt auf der Erde weit.
Wir sind mit allen schuldbeschwert,
des Tods und nicht der Hilfe wert.

Und dennoch schreien wir Dich an,
weil uns sonst niemand helfen kann!
Verwirfst Du uns, soll's auch geschehn;
laß nur auf Erd Dein Wort bestehn!

Du brauchst uns nicht, wir brauchen Dich!
Rührst Du den Fels, belebt er sich.
Herr, nun ist's Zeit! Vom Himmel lauf!
Herr Gott, nun weck die Steine auf!

Amen

(1937)

Rufe endlich, Herr

Rufe endlich, Herr, der Erde,
die in wirren Schrecken bebt,
wieder zu Dein göttlich Werde,
Geist, der ob der Tiefe schwebt!

Deine Schöpfung ist geschändet
und der Frevel triumphiert.
Welt, zum Tode hingewendet,
Tod und Totes nur gebiert.

Ohne Zahl, Herr, sind die Wunden.
Deine Äcker trinken Blut.
Zähle, zähle, Herr, die Stunden
grausig irrer Leidensglut!

Laß das Chaos sich entwirren!
Gib uns Leben! Gib uns Licht!
Heil'ger Gott, gib Du der irren
armen Erde Dein Gesicht!

Du ewiges Licht!

Du ewiges Licht! Allmächtiger Gott,
Du Herrscher Himmels und der Erden,
tritt Du hervor! Laß nicht zum Spott,
die Dir vertraun, auf Erden werden!

Der dunkle Fürst, Dein Widerpart,
der Ordnung Feind seit Schöpfungstagen,
drängt uns mit List und Lüge hart;
er schlägt die Welt mit tausend Plagen.

Der ganze Erdkreis ist zerspellt,
verwirrt, verirrt, vom Wahn besessen.
Des Bösen Beute scheint die Welt,
im Hochmut blind und gottvergessen.

Herr, Deine Äcker trinken Blut,
zu Bergen türmen sich die Toten,
und Deinen Himmel färbt die Glut,
und keiner hat noch Halt geboten!

Und alle sprechen laut vom Glück,
vom Frieden, den sie sicher bringen,
doch bleiben Trümmer nur zurück,
wo sie mit schuldigen Händen ringen.

Wund ist die Welt. Ein heißer Schrei
ringt sich empor aus Nacht und Grauen:
Verborgner Gott, mach Du uns frei!
Laß doch das Licht uns wieder schauen!

Mach Du ein Ende aller Not!
Du bleibst der Herr und Du mußt siegen,
und ob gleich Teufelsheer und Tod
mit aller Macht zu Felde liegen!

Advent

Zerreiße, Herr, die Himmel,
durchlicht die Finsternis,
erschein im Weltgetümmel
und brich jed' Hindernis!

Weck auf die starre Erde!
Die Toten ruf vom Schlaf!
Hilf, daß dort Leben werde,
wohin Dein Odem traf!

Herr, hör uns, hör das Schreien,
das aus der Tiefe gellt!
Komm selbst die Welt erneuen,
Du Herr und Licht der Welt!

Wir warten, ach, wie lange
in namenloser Not.
Ach, komm doch und umfange
uns gnädig hier im Tod!

Du bist doch, der das Leben
und Fried und Heil verheißt.
Wollst Dich uns wiedergeben!
Erschaff uns neu im Geist.

Advent

Vor Tor und Tür der Welt,
da stehst Du, Herr und Gott,
ihr Schöpfer, der sie hält
trotz Schuld und Not und Tod,

heischst Eingang als ein Gast,
ach, wie ein Knecht gering,
wo Du zuvor doch hast
gegeben jeglich Ding.

Die Welt ist taub und blind,
sie sieht und hört Dich nicht,
vernimmt nicht, daß im Kind
Gott selber zu ihr spricht,

sperrt alle Riegel zu
und kreuzigt Jesus Christ
und weiß nicht, daß Gott, Du
in ihm gekommen bist.

Wehr ich auch Deinen Lauf,
Dir, Gott und Gast, zum Schmerz?
Brich, Herr, die Riegel auf!
Tritt ein in Welt und Herz!

Ich kann's nicht fassen

Herr, mein Gott, ich kann's nicht fassen,
daß Du Mensch geworden bist,
Dich ins Fleisch herabgelassen
in dem *Einen, Jesus Christ,*

daß zum Heil der Schuldverfluchten
Du die arme Hülle nahmst
und, die Dich vergeblich suchten,
suchtest, selbst zu ihnen kamst.

Nicht begreifen, nur anbeten
kann ich Mensch die Gottestat,
sinnend an die Krippe treten,
drin Gott selbst gelegen hat.

Nicht begreifen, nein, nur danken
will ich, weil das Licht nun scheint,
weil die Liebe ohne Schranken
mit der Welt auch mich gemeint

und ich mit den ärmsten Armen
dess' mich nun getrösten darf,
der sein grenzenlos Erbarmen
zu uns in den Abgrund warf.

Ausgeschüttet ohne Maßen
hat sich Gott in Jesus Christ.
Es geschah. Wir aber fassen
nicht, was uns geschehen ist.

Die Mitte

Du mußt des Lebens Mitte sein,
soll meine Wegfahrt mir gelingen,
soll ich ihr Wagnis recht vollbringen,
mein Ursprung, Gott, Du ganz allein!

Und jeder Tag ist Qual und Not,
da Du die Mitte nicht geblieben.
Hab ich Dich schuldvoll dort vertrieben,
tritt in die Mitte mir – der Tod.

Das soll mir keiner wehren

Das soll mir keiner wehren,
mit List nicht und Gewalt,
daß ich als Mann in Ehren,
Herr, Dir die Treue halt!

Dir hab ich mich verschrieben
auf Treu in aller Not.
Ohn Wandel soll Dich lieben
mein Herz, bis in den Tod.

An Dich bin ich gebunden,
mein König Jesus Christ,
weil ich in Dir gefunden
das Heil, das ewig ist.

Das bin ich zu bekennen
vor Freund und Feind bereit.
Ich will der Welt Dich nennen,
Du Herr der Christenheit!

Krippe und Kreuz

Rief dich die Krippe nicht zu Gott,
Mensch, aus dem Sündenfall,
dann reiß dich Gott aus Sünd und Tod
durch Christi Kreuz und Qual!

Um deinetwillen ward er arm,
ein Kind, auch, so gering.
Daß er, der Herr, sich dein erbarm,
als Knecht am Kreuz er hing.

Kann's dein Verstand auch nicht verstehn,
schaut nur dein Herz es an,
so wirst du, Mensch, erschüttert sehn,
was Gott für dich getan.

Unter dem Kreuz

An dem Kreuze, da Du hangest,
steh ich, Herr, mit meiner Schuld,
arm, doch hoffend, daß mit Huld
Du den Sünder noch umfangest.
Selbst in Qual und Tod gegeben,
willst Du dennoch, Herr, mein Leben.

Kranke heilen, Feinde lieben,
helfen, helfen aller Not,
ist, Herr Jesu, bis zum Tod
Deines Herzens Trieb geblieben.
Nein, Du hörst nicht auf zu suchen,
und Du segnest, die Dir fluchen.

Das nur ist in Schuld und Schaden
meines Herzens Trost und Teil,
daß Du sterbend noch zum Heil
das Verlorne birgst in Gnaden.
Von den ausgereckten Armen
grüßt mich göttliches Erbarmen.

An dem Kreuze will ich stehen,
bis ich selbst im Tod vergeh.
Ach, was ich mit Augen seh,
könnt ich's doch im Geist verstehen!
Doch ich kann's mit Menschensinnen
nie vollenden, nur beginnen.

Lied am Volkstrauertag

I

Herr, eh die ganze Erde
in Schutt und Trümmer fällt,
komm wieder Du und werde
der Heiland Deiner Welt!
Gebiete Du dem Bösen!
Dein ist die Macht und Kraft!
Wollst retten uns und lösen
aus Banden, Bann und Haft.

Du hast in Vätertagen
dem Feind den Weg verstellt,
schlugst Mann und Roß und Wagen,
hast Starke oft gefällt.
Die Heere, Roß' und Reiter,
laß endlich stille stehn:
Bis hierher und nicht weiter
soll'n eure Schritte gehn!

Da soll'n sich trotz den Schlägen,
die Menschenhand vollbracht,
die stolzen Wellen legen
vor Gottes Übermacht.
Und aus den Schwertern werde
die Pflugschar, die das Brot
des Friedens schafft der Erde
statt Wunden, Not und Tod!

Herr, steure Du den Kriegen,
laß Wehr und Waffen ruhn!
Laß, die zu Felde liegen,
ein Werk des Friedens tun!
Wollst Dich der Welt erbarmen,
da niemand Halt gebot!
Wir rufen als die Armen
Dich, Vater, Herr und Gott!

II

Die Erde loht im Feuerbrand.
Die Welt durchfährt ein Beben.
Die Reiter Gottes sind im Land,
Krieg, Tod und Hunger wohl bekannt, –
was rettet da das Leben?

In Ost und West und Süd und Nord
Verderben, nur Verderben!
Ertrinkt die Welt in Blut und Mord?
Da hilft kein Mensch, da ist kein Wort
und wehrt dem großen Sterben!

Im Hochmut trotzt die Welt zu Hauf,
verblendet, wahnbesessen.
Da brachst Du, Gott, den Abgrund auf
und gabst der Hölle freien Lauf
zur Welt, die Gott vergessen.

Nun traf uns alle Dein Gericht
mit Not und Tod und Grauen.
In unsre Nächte bricht kein Licht.
Wir müssen, Gott, Dein Angesicht
mit Qual verschlossen schauen.

Und dennoch rufen wir Dich an.
Wer hilft uns sonst vom Bösen?
Brich Du der Hölle finstern Bann!
Da ist kein Mann, der sonst es kann!
Nur Du kannst uns erlösen!

Gib Gnad der Welt, o Herre Gott!
Lösch nicht um Schuld das Leben!
Wend Krieg und Not, wehr ab den Tod,
wollst aller Welt das täglich Brot
des Friedens wiedergeben!

Canis Dei

Gott, wie ein Tier lauf ich in Deiner Fährte,
gebeugt zum Staub, in heißer Lust und Qual.
Ich such Dich, Gott, und lauf doch ohne Wahl,
weil Dich zu suchen mir Dein Geist gewährte.

Du banntest selbst mich an die fremde Erde,
an ihr Geheimnis Raum und Zeit und Zahl.
Du gingst davon. Doch fand ich Spur und Mal
und folg Dir lechzend mit des Dursts Gebärde.

Ich will nur Dich, such, Gott, nur Dich, den Einen;
denn Dich entbehren ist Verderben, Tod,
doch Leben, Glück das Tasten Deiner Spur.

Laß mir das Glück, gib, Gott, die Gnade nur,
Dich hier zu ahnen, laß mir, Gott, die Not!
Laß mich nur Dich und nie ein andres meinen!

Misericordia Domini

Du bist der Hirt. Ich bin Dein Tier.
Wo Du bist, hab ich Weide.
Du gehst, mein Hirt, des Wegs mit mir,
daß ich nicht Mangel leide.
Und folg ich nur
in Deiner Spur,
find ich frisch Wasser, grüne Flur,
doch nichts, wenn ich mich scheide.

Und ging der Weg durch finstres Tal,
drin sich die Herden bangen,
und wär von Feinden ohne Zahl
Dein Tier, mein Hirt, umfangen,
in Not und Nacht
hältst Du die Wacht;
Dein Waff' und Wehr nimmt wohl in Acht,
die Dir nur fest anhangen.

Laß mich Dir wandellos vertraun,
Du aller Hirten Größter,
Dich froh in Deiner Fährte schaun,
mein Gott, mein Herr, mein Tröster!
Und ob mir droht
Angst, Not und Tod,
in Deiner Hut bin ich, mein Gott,
auf ewig Dein Erlöster!

Jesus Christus

Der Sünder Freund und Freude,
Du Herr und Helfer Christ,
gib Du, daß hier und heute
jed' Herz dir offen ist!
Wollst Schloß und Riegel rühren,
der Feste Zwingherr sein!
Tritt ein durch Tor und Türen!
Brich ein, Herr Christ, brich ein!

Reiß auf die harte Erde!
Pflüg auf mit starker Hand,
daß Öde Acker werde
und Wüste gutes Land!
Mach Du die Kälte glühen!
Im Dunkeln, Herr, gib Sicht!
Weck auf im Frost ein Blühen,
und alle Nacht mach licht!

Wend' heut, wie einst geschehen,
der Welt und Herzen Not,
und laß uns auferstehen
ins Leben aus dem Tod!
Und halt, daß nichts uns scheide,
uns fest bei Dir, Herr Christ!
Du bist, der Freund und Freude
der Sünder war und ist!

Jesus Christus

Herr, wärst Du nur ein Mensch wie ich,
ich bliebe arm auf Erden.
Nun aber kam Gott selbst durch Dich
mit menschlichen Gebärden.
Du kamst, der Sohn, aus Gottes Schoß,
mir gleich ein Mensch mit Menschenlos,
ein Bruder mir zu werden.

Ach, nur in Bildern kann ich sehn
und nur im Gleichnis schauen,
kann Gott nicht kennen und verstehn,
den Weg zu ihm nicht bauen.
Ich weiß nur, daß Du Gottes bist
und Gott in Dir leibhaftig ist,
darauf ruht all mein Trauen.

Du bist, Herr Christ, mein schönstes Licht,
machst alle Brunnen quellen.
So schön sind alle Sonnen nicht,
die hoch den Himmel hellen.
Ich werd durch Dich, Du Mensch und Gott,
mein Herr, im Leben und im Tod,
ein Mensch, zu Gotts Gesellen.

Choral im Kampf

Ich steh, Herr Gott, in Deiner Hut,
drum kann ich frei mit festem Mut
das Höchste tapfer wagen!
Was mir befiehlt die harte Pflicht,
das greif ich an mit Zuversicht,
will's fröhlich mit Dir tragen!

Wo alles weicht und wankt und fällt,
bist Du der Fels, der ewig hält
zum Trotz den Ungewittern!
Hab ich nur Dich, bist Du mein Hort,
dann werd auch ich, ich hab Dein Wort,
in keinem Sturm erzittern!

Du führst mich sicher durch die Not,
Du reißt mich sieghaft durch den Tod,
die Hölle kann ich zwingen!
Bist Du mit uns, bist Du für mich,
halt ich nur selbst mich fest an Dich,
muß alles mir gelingen!

Du bist allein der ewige Gott,
bleibst allem Widerstreit zum Spott
Herr Himmels und der Erden!
Du rufst in meinen Kampf und Krieg
Dein Dennoch! Dennoch! bis zum Sieg,
der uns zuletzt soll werden!

Barmherzigkeit

Wie hast Du, Gott, mir wohlgetan
und Tag für Tag von Anfang an
Barmherzigkeit erzeigt,
Dich mir geneigt!
Wußt ich mit meinem tauben Sinn
nicht aus und ein und her und hin,
da hast Du Dich bezeugt.

Du gabst noch immer täglich Brot,
in Angst und Not und noch im Tod
seit je und für und für
die offne Tür.
War rings kein Hilf und Hoffnung kaum,
da barg mich schon Deines Mantels Saum,
daß mich kein Feind berühr.

Herr, zu gering der Lieb und Treu
bin ich, Dein Knecht, den täglich neu
Dein Hand hielt trotz der Schuld
mit viel Geduld!
Wohl bin ich Deiner Güt nicht wert,
doch sieh, wie Dich mein Herz begehrt,
Herr, Dich und Deine Huld!

Du hast mich Tag und Nacht bewahrt.
Laß mich mit Dank auf Weg und Fahrt
Dein Güt und Wohltat schaun
und auf Dich baun,
lebt alles allzeit weit und breit
allein doch von Barmherzigkeit!
Mein Gott, hilf mir vertraun!

Der Morgen glänzt

Der Morgen glänzt im jungen Licht.
Laß leuchten, Herr, Dein Angesicht!
Den langen Tag und noch zur Nacht
birg uns in Deiner Güt und Macht!

Du Licht der Welt, gib Deinen Schein!
Herr Christ, laß uns Dein Gleichnis sein,
daß jeder Dich durch uns erkennt
und fröhlich Deinen Namen nennt!

Komm, Schöpfer Geist, weh Gottes Wind,
daß werd' und wachs' Gott's Bild und Kind
in uns und durch uns in der Welt,
drein uns Gott's Will' und Ruf gestellt!

Gott Vater, Sohn und Heil'ger Geist,
o Lieb, die alles tränkt und speist,
birg uns in Dir, Du reicher Gott,
im Leben jetzt und auch im Tod!

Junger Morgen

Du schenkst den jungen Morgen
und rufst zum neuen Tag
die Welt, die nachtverborgen
in Schlaf und Träumen lag.

Du heißt mit Herz und Händen
nun neu nach Deinem Rat
beginnen und vollenden
Dein Werk durch unsre Tat.

Gib selbst, daß wir vollbringen,
was Du, Gott, haben willst!
Herr, hilf! Laß wohlgelingen,
was Du zu tun befiehlst!

Sei, wo wir sind, zugegen
mit Führung und Geleit!
Es liegt an Deinem Segen
das Heil doch aller Zeit!

Und wehre Schuld und Schaden,
wo wir die Arbeit tun,
und laß uns dann aus Gnaden
in Deinem Frieden ruhn!

Hilf Tag um Tag aufs neue
durch Deine Hut und Wacht!
Herr Gott, Du bist der Treue,
und Dein sind Tag und Nacht.

Tagesanfang

In Deinem Nam'n, Herr Jesu Christ,
sei dieser Tag begonnen!
Ich weiß, wenn Du mein Beistand bist,
die Wegfahrt wird gewonnen.

Mein menschlich Herz ist oft verzagt;
die Welt hat viel zum Grauen,
drum sei die Fahrt mit Dir gewagt;
es siegen, die Dir trauen!

Du bist der König aller Welt,
das Licht ob allem Lichte,
und wer Dir folgt, find't Dir gesellt
das Ziel und Weg und Richte.

So sei nun, da der Morgen tagt,
Dein eigen all mein Leben!
Du hast mir so viel zugesagt
und wirst mir alles geben.

Mit Dir der Tag begann

Herr Christ, mit Dir der Tag begann.
Du sandtest Deinen Segen
und schrittest meiner Fahrt voran,
brachst Bahn auf meinen Wegen.

Ich hab mich Dir von Herzensgrund,
Herr Jesus Christ, verschrieben
und bin Dir doch so manche Stund
Gefolgsmann nicht geblieben.

Und mußte, wo ich von Dir wich,
mit Leib und Seele büßen,
und wußte, daß ich nur durch Dich
find' Heil und gut Gewissen.

Mich reut, wo ich mich Dir versagt;
wollst, Herr, die Schuld vergeben!
Und schreite, wenn es wieder tagt,
mir neu voran zum Leben!

Der Tag ist da

Der Tag ist da. Wach auf, wach auf!
Steh auf vom Schlaf, von Rast und Ruh!
Nimm Wanderkleid und Reiseschuh,
rüst eilends dich zum Lauf!

Die Sonne läuft schon längst die Bahn,
entlief der langen, dunklen Nacht.
Nur wer sich frühe aufgemacht,
kommt recht am Ziele an.

Nütz Stund und Tag! Die Zeit verrinnt.
Wohlan, halt immer fleißig Schritt!
Wirk willig Gottes Werke mit,
die er der Welt ersinnt!

Und lischt das Licht und deckt das Land
die dunkle Nacht zu Rast und Ruh,
leg ab dann Kleid und Wanderschuh,
ruh aus in Gottes Hand!

Lern früh im Licht das Leben sehn!
Das Bild der Nacht kennt manche Not.
Sieh an und schau den ewigen Gott
und Tod und Auferstehn!

Wie bald der Tag verging

Ach, Herr, wie bald der Tag verging!
Wo ist die Zeit geblieben?
Eh ich noch recht mein Werk anfing,
hat's schon die Nacht vertrieben.

Blieb Stückwerk, was ich tat und sann,
viel Schuld verdarb mein Leben.
Sieh mich, mein Gott, in Gnaden an:
wollst mir die Schuld vergeben!

Laß mich im Frieden dieser Nacht
nun ruhn mit meinen Dingen,
und was ich heute nicht vollbracht,
laß morgen wohlgelingen!

Nimm, Herr, den Dank von armem Mund
für alle Deine Treue!
Fehl ich gleich viel, schließ Du den Bund
nur Tag für Tag aufs neue!

Abendlied

Der Tag, der hat mich müd gemacht.
Mein' Augen fall'n mir zu.
Gib, Gott, mir eine gute Nacht,
daß ich in Frieden ruh!

Doch eh ich schlafe, dank ich Dir,
mein Gott, für diesen Tag,
da Deine Vaterhand auf mir
auch heute wieder lag.

Hab Dank für Deine Lieb und Güt,
Dank für das täglich Brot,
hab Dank, daß Du mich hast behüt'
vor Unfall, Angst und Not!

Nun leg ich mich in Deine Hand
und weiß, da ruh ich gut.
Herr, halt mich, kommt der Tag ins Land,
dann auch in Deiner Hut!

Glaube, Liebe, Hoffnung

Herr, stärke mir den Glauben,
mein's Herzens Zuversicht!
Will Stütz und Stab mir rauben
der Feind, verlaß mich nicht!
Hilf wagen und bestehen
die schwere Zeit!
Du, Gott in Ewigkeit,
laß mich Dein Antlitz sehen!

Herr, mach die Liebe reine
und stärker als den Tod!
Dich selbst und all das Deine
hilf lieben, Du, mein Gott!
Verdank ich Leib und Leben,
Herr, Deiner Huld,
und trägst Du alle Schuld,
so laß auch mich vergeben!

Herr, heiß mein Herze hoffen
ohn Wanken Tag und Nacht!
Zeig mir den Himmel offen,
Dein Licht, Dein' Gnad, Dein' Macht!
Ist Welt gar wirr durchstritten,
laß mich vertraun,
und laß mich hier schon schaun
der Heimat ewige Hütten!

Hilf glauben, hoffen, lieben,
mein Gott, durch Jesus Christ!
Und laß mich täglich üben,
was mir befohlen ist!
Hilf Herz und Welt bezwingen
durch Deinen Geist!
Laß mich, was Du mich heißt,
durch Deine Kraft vollbringen!

Jugendkantate

Herr, dessen Hände alles schufen,
die Himmel, aller Sterne Heer,
Du hast auch uns ins Licht gerufen
wie Welt und Erde, Luft und Meer,
und ist Dir alles untertan
und ruft Dich, seinen Schöpfer, an.

Kann niemand, Gott, Dein Werk ergründen;
zu mächtig ist Dein Geist und Sinn.
Du bist nicht hier, nicht dort zu finden
und doch in allem mittenin.
Du bist verborgen-offenbar
Herr aller Dinge. Das ist wahr!

Bist Du der Herr, sind wir die Knechte,
die in der Hut des Herren stehn,
und dürfen, Kriegsvolk im Gefechte,
auf Dich mit starkem Glauben sehn.
Und ob auch mancher stürzt und fällt,
Du bleibst der König aller Welt!

Ob wir begreifen, nicht verstehen,
was tut's wenn nur Dein Plan gelingt,
den Deine Weisheit vorgesehen
und Deine Liebe ganz durchdringt!
Geschieht Dein Wille nur allein,
muß alle Welt geborgen sein.

Laß uns, Herr Gott, das Leben wagen
in Sturm, Gefahr, Kampf, Not und Tod!
Wir wolln in Deinem Namen tragen,
was uns Dein Herz und Hand gebot.
Du sinnst und suchst und hältst bereit
das Heil der Welt in Ewigkeit.

Blick auf die sichtbare Ebene in der Begegnung mit Gottes Schöpfung

Lobpreis und Dank

»Laß meinen Mund
deines Ruhmes
und deines Preises
voll sein täglich.«

(Psalm 71,8)

Der Mensch

Wohin ich immer blicke,
erkenn ich mein Gesicht,
seh vielerlei Geschicke
und immer *ein* Gesicht.

Seh alle, die da wandern,
seit je in mir verleibt,
und seh, wie in den andern
mein Herz sein Wesen treibt.

Mag dies und das uns scheiden,
sich trennen arm und reich –
durch Not, Tod, Schuld und Leiden
sind wir uns alle gleich.

Ja, alle sind wir allen
auf Erden tief verwandt
und müssen alle fallen
einst in die gleiche Hand.

Du bist der Strom

Du bist der Strom, die Flut, das Meer,
bist aller Wasser Quelle,
Du regnest, Gott, vom Himmel her,
bist Tropfen, Wog' und Welle.

Du gießt Dich tief in Welt und Herz
und bist und wirkst das Leben
und wandelst uns, daß himmelwärts
wir uns in Dir erheben.

Und ohne Dich, da sind wir, Gott,
nur Dürre, Staub und Leere,
und dürsten uns nach Dir zu Tod:
die Wüste nach dem Meere.

Der Mensch

Wir kommen alle ungefragt
und wissen nicht von wannen,
und keinem wird der Weg gesagt,
wir gehn ihn doch von dannen.

Und einsam in dem großen All
wird uns kein andres Wissen,
als daß wir leben ohne Wahl
und daß wir sterben müssen,

daß Leben, Tod und Welt und All,
wir wohl mit Namen nennen,
doch Wesen, Wahrheit, Maß und Zahl
auch nicht von ferne kennen.

Das Unbekannte, Leben, Tod,
wir müssen's schweigend tragen
und in des Abgrunds Lust und Not
den Sprung verwegen wagen.

Ach, daß ein gläubig Wagnis sei
mein Leben und mein Sterben
und Sprung und Fall – Gott steh mir bei –
zum Heil, nicht zum Verderben!

Sprache

Jedes Menschen Sprache
ist ein ihm vertrautes Gut,
daß er's recht bewache,
halt's in treuer Hut.

Um der Sprachen jede
ist's ein seltsam eigen Ding.
Welchen Laut sie rede,
keine ist gering!

Sprache ist ein Zeichen,
drin der Schöpfer selbst erschien.
Uns, wie seinesgleichen,
ward das Wort verliehn,

daß, wo wir auch wandern,
immer menschlich-gottgesinnt
jeder in dem andern
seinen Bruder find't!

Du Menschenherz!

Du großes Herz, das so viel fassen kann,
wie klein bist du, zugleich so schmerzlich enge!
Du schaust mit Staunen Erd und Himmel an,
und jeder Windstoß bringt dich ins Gedränge.

Du sinnst die Welt, bedenkst den Raum, die Zeit,
und spinnst Gedanken um den großen Gott
und siehst ein Sternlein in der Dunkelheit –
und weinst und weinst, weißt nicht wohin vor Not!

Unergründlich

Viele Wunder birgt das Leben,
keines, das ihm selber gleicht.
Wieviel Schleier sich auch heben,
bis zum Grund kein Auge reicht.

Nur Geheimnis ist das Leben,
schön und schrecklich. Ohne Wahl
bin ich selbst ihm hingegeben,
seiner Lust und seiner Qual.

Und erschüttert und erhoben
schau ich täglich wieder an,
was ich, tief hineinverwoben,
nie, ach, nie begreifen kann.

Mag euch vieles leicht erregen,
eurer Tage Lust und Not –
Mich will eines nur bewegen:
Leben nur, Geburt und Tod!

Bescheidung

Du greifst, ein Kind, nach Sonne, Mond und Sternen
und dünkst dich, jung, schier Herr der Welt zu sein.
Du träumst dir eigen weite, goldne Fernen
und stehst, wie bald, doch bettelarm allein –

und suchst zur Rast für Herz und Haupt die Hütte,
weil du zur Nacht nicht Weg und Ziel mehr weißt,
und bist beglückt, erfüllt sich dir die Bitte,
daß hier ein Herz dich noch willkommen heißt.

Gottes Will kennt kein Warum

Gottes Will kennt kein Warum.
Darum laß Gott walten!
Alles ist sein Eigentum,
und er wird's behalten.

Gottes Will kennt kein Warum,
heute nicht und morgen.
Glaub, Gott wird zu seinem Ruhm
alles wohl versorgen!

Gottes Will kennt kein Warum,
nicht vor Tod und Leben.
Glaub, Gott wird, tut er's auch stumm,
was uns not ist, geben!

Gottes Will kennt kein Warum,
nicht ob Last und Leiden!
Ich bin sein, es kann darum
mich von Gott nichts scheiden.

Gottes Will kennt kein Warum.
Darum kann ich sterben.
Komm ich um, so komm ich um,
werd doch nicht verderben.

Gottes Will kennt kein Warum.
Darum schweig ich stille.
Ich bin Gottes Eigentum,
mir gescheh sein Wille!

Gottes Will kennt kein Warum.
Trau ihm du fein feste!
Lieb ihn, Herz, frag nicht: Warum!
Gott tut doch das Beste!

Ist alles Dein

Du bist allein der ewige Gott,
Herr Himmels und der Erden.
Drum muß Dein Wort, Will' und Gebot
allein verwirklicht werden.
Die Engel tun's mit hoher Lust;
Stern, Stein und Staub tun's unbewußt,
mit trotzigen Gebärden
die höllischen Gefährten.

Muß, Gott, selbst Tod und Teufelsheer
Dir dienen, wenn auch fronen,
weil alle Wesen hin und her
in Deinem Schatten wohnen –
Laß mich Dir gern zu Diensten sein
und alle meine Kräfte weihn,
mit Dank die Gaben lohnen
vor Deines Reiches Thronen.

Ist alles Dein, gleich, was es ist,
sei's Dein mit Lust und Freuden!
Es kann, weil Du der Schöpfer bist,
Dir doch nichts widerstreiten.
Jed' Ding, es ruht, wie klein, wie groß,
Dir, Gott, allein in Arm und Schoß.
Licht, Dunkel, Raum und Zeiten
birgst Du in Ewigkeiten.

Das Unverstehbare

Wie flücht'gem Blick des Teppichs bunte Faden
sich innseits oft wie ohne Sinn verlieren,
in Knoten, Schlingen, wie uns deucht, verirren,
scheint Welt uns wirr, ein Webstück, tief mißraten.

Vom Irrtum Gottes scheint die Welt beladen,
wo wir nicht Los, Leid, Not und Tod entwirren.
Läßt Gott die Fäden durcheinander schwirren –
wir zweifeln schnell an Gottes Heil und Gnaden.

Was siehst Du, Mensch? Ach, nur des Teppichs Grund,
Gewirr von Fäden, Knoten, Abriß, Enden,
und dich bedünkt: es kann nichts sein und taugen.

Was wir nicht sehn, ist Gott, dem Meister, kund,
liegt jeder Faden doch in seinen Händen
und ohne Fehl das Werk vor seinen Augen.

Der Sinn der Welt

Du willst, o Mensch, den Sinn der Welt ergründen,
enträtselnd ganz das Leben und den Tod.
Vergessend stets die ungestillte Not,
tauchst du im Geist hin zu den Abgrunds Schlünden.

Du willst ihn finden, willst dich ihm verbinden,
den Grund der Welt, den tief verborgnen Gott,
und ward dein Denken tausendmal zum Spott,
du willst erkennend Gottes Gottheit finden.

Er aber spricht, der unbegriffne Gott:
Die Liebe nur begreift den Sinn der Welt,
weil Liebe selbst ihr ew'ger Urgrund ist.

So liebe mich, nur das ist mein Gebot,
daß du in Liebe ganz verwandelt bist;
lieb das Geschöpf, das Liebe dir gesellt!

Der Mensch

Sich selbst hat er, der Mensch, zum Gott erhoben
und ihn, den Herrn, im Wahn entthront, geschmäht,
und erntet Fluch nun, wo er Schuld gesät:
In alle Winde ist verstreut, zerstoben,

was Gott erschuf, vereinigt ihn zu loben;
der Mensch ward Tier, das gierig Beute späht,
des Menschen Feind, der ohne Scham verrät,
was ihn mit Gott und Gottes Werk verwoben.

Das war die Würde: Gottes Bildnis tragen,
Berufung das: des Bruders Hüter sein
und liebend, hilfreich nach dem Nächsten fragen.

Ward Gott entthront, ist jeder Mensch allein
und muß vereinsamt durch die Fremde wandern.
Denn nur in Gott erkennt der Mensch den andern.

Das ist der Mensch (Sonett IV)

Gott schuf den Menschen sich zum Ebenbild,
daß er auf Erden Gottes Antlitz trage,
doch hat der Mensch seit seinem Schöpfungstage
des Schöpfers Willen nimmer noch erfüllt.

Er stürzt im Trotz der falschen Freiheit wild
in arger Gier verblendet in die Ferne,
greift wahnbesessen in die höchsten Sterne
und hat im Pfuhl den irren Durst gestillt.

Das ist der Mensch! Nicht Blume, Stern und Tier
hat so wie er den hohen Dienst vergessen,
zu dem ihn Gott in seiner Welt berief,

und kein Geschöpf fiel wie der Mensch so tief,
dem seine Gnade Gott hat zugemessen
wie keinem der Geschöpfe jetzt und hier.

Imago dei

Gott schuf den Menschen, schuf ihn sich zum Bilde, –
so steht's geschrieben in dem heilgen Buch
in eines Gottergriffnen großem Spruch,
dem Gott, der Schöpfer, letzten Sinn enthüllte.

Wo aber ist der Mensch, der's je erfüllte,
dess' Wesen nicht versehrt durch Sprung und Bruch,
dess' Antlitz nicht entstellt von Schuld und Fluch,
weil sich das Herz an falschen Wassern stillte?

Und doch schuf Gott den Menschen sich zum Bild!
Und ob wir irr und falsch und töricht handeln,
wir sind gewiß zu anderm nicht bestimmt.

Sich selbst zu schaun, ist Gott, der Herr, gewillt,
will sich in dich, will dich zum Spiegel wandeln,
in dem ein Glanz von Gottes Gottheit glimmt.

Das Maß

Du bist das Maß, wir aber sind's mitnichten,
ob wir im Stolz uns oft auch selbst erhoben
und Wahn um Wahn zu eitlem Flitter woben,
uns Schöpfer dünkend über Tun und Dichten.

Du, Gott, bist der, dem sich die Gründe lichten,
vor dem wie Staub ins All die Sterne stoben,
der Welten schuf, daß ihn die Welten loben –
wer kennt Dich, Gott, in Gnaden und Gerichten?

Du Unmaß Gott, an dem doch alle scheitern,
das Herz verbrennt, der Mund erstirbt in Schweigen,
das Ohr zerspringt und jeglich Aug' wird blind –

und doch geschieht's, daß wie auf Himmels Leitern
wir Dich mit Engeln sehn herniedersteigen
und daß Du sagst: Sei Du mein Bild, mein Kind!

Freude und Leid (Sonett XXIX)

Gott schuf die Freude und er gab das Leid.
Mit einer Weisheit, die nicht wankt und endet,
hat er stets beides, Freud und Leid, gespendet.
Geheimnisvoll aus seiner Ewigkeit

gießt er den Segen über Welt und Zeit,
ob er das Leid, ob er die Freude sendet
und Freud in Leid und Leid in Freude wendet.
Er fragt: Ist, Mensch, dein Herz für mich bereit?

Wir bitten menschlich alle um die Freude
und schaudern menschlich alle vor dem Leide;
vermessen wär es, um das Leid zu bitten.

Doch weiß ich wohl, daß Gott die Welt durch Leiden
so tief gesegnet wie durch keine Freuden
und daß ihm danken, die das Leid durchlitten.

Wissen und Begreifen (Sonett XXX)

Wer könnte, wer, das Dasein je begreifen,
Geburt und Tod und Ursprung, Zweck und Ziel?
Es bleibt uns alles doch ein fremdes Spiel,
so weit auch immer unsre Blicke schweifen.

Und wenn wir denkend das Geheimnis streifen,
stehn wir voll Ehrfurcht vor den Wundern still,
erkennen tief: wir wissen gar nicht viel,
und nur zur Demut kann das Herz uns reifen.

Ob wir begreifen, ob wir nicht verstehen,
wir müssen leben, wagen, weil wir sind,
und müssen traun nicht anders als ein Kind,

wenn durch die Welt wir wie durch Wälder gehen,
und glauben fest, daß Gott, der Sinn der Welt,
mit großer Liebe uns umfangen hält.

Dich loben Deine Werke

Dich loben Deine Werke,
Du ewigreicher Gott!
Das All rühmt Deine Stärke,
die ihm zu sein gebot.
Du warfst Dein Wort ins Leere,
riefst Welten aus dem Nichts,
schufst, Schöpfer, Dir zur Ehre
die Wunder Deines Lichts!

Gestirnen ohnemaßen
gabst Du, Gott, Bahn und Lauf
und führst sie ihre Straßen
noch wandellos herauf.
Und bleiben wir im Scheine
der Sterne staunend stehn,
es ist doch nur das Kleine,
das unsre Augen sehn.

Was unsre Sinne fassen,
ist nur der engste Raum.
Worauf wir uns verlassen,
wie oft ist's Trug und Traum!
Es weisen Raum und Zeiten,
jed' irdisch Ding und Haus,
aus den begrenzten Weiten
weit über sich hinaus.

Weit über Staub und Sternen,
da, wo kein Maß mehr mißt,
und wo trotz allen Fernen
sich alles nahe ist,
lebst, webst, Du, Gott, in Räumen,
von denen irdischer Sinn
nichts weiß und sich läßt träumen,
und suchst uns heim dahin.

Bei Dir ist uns bereitet
die Statt, die immer bleibt,
und Deine Liebe leitet
uns, die hier Unruh treibt,
aus Elend, Sorg und Sünden
durch alle Angst der Welt,
bis wir die Heimat finden,
die ewig birgt und hält.

Dahin laß uns gelangen
durch Gnade und Gericht!
Du willst den Sohn empfangen,
denkst seiner Schande nicht;
suchst immer die Verlornen,
trägst aller Erde Schmerz –
Zeig heut uns Sündgebornen
Dein liebeglühend Herz!

Wir beten tief im Staube
Dich, Gott und Vater, an!
Dir danken Lieb und Glaube,
was Du der Welt getan.
Herr, sind wir Dein mit Freude,
Dir eigen in der Zeit,
sind wir, wie hier und heute,
auch Dein in Ewigkeit!

Aus dem Bilderbuch der Schöpfung

Solange diese Erde steht,
ist Gottes Güte täglich neu.
Wir gehn dahin, die Zeit verweht,
doch unverwandt steht Gottes Treu.

*

Die Welt ist ein gar seltsam Haus,
ein Bilderbuch und Blütenstrauß,
so farbenbunt und mannigfalt.
Eh einer wüßt die Vielgestalt,
er wär wohl tausend Jahre alt.

*

All was geschaffen ward auf Erd,
hältst Du, o Schöpfer, hoch und wert.
Du liebst und trägst in Lust und Not.
Du birgst im Leben und im Tod.

*

Ein jed' Geschöpf, ob klein, ob groß,
empfängt aus Dir, Gott, Lieb' und Los,
hat seinen Platz in Deiner Welt,
ist Dir zu Dienst und Lob bestellt.

*

Acht, Menschenkind, was Gott gemacht!
Was Du nicht weißt, hat Gott bedacht.
Was Gottes Licht und Lieb' empfing,
acht, Menschenkind, Du nicht gering!

Den Falter und die Blüte,
doch auch den Wurm im Sand
schuf gleiche Gottesgüte
und gleiche Meisterhand.

*

Wie sind die Tier auf Erden
so bunt und mannigfalt!
Der Schöpfer ließ sie werden
in vielerlei Gestalt.

Erfüllt mit Lebenstriebe
im Rätselgang der Welt,
ruhn sie in gleicher Liebe,
die alles trägt und hält.

*

All Dein Geschöpf ruft, Gott, Dich an.
Dir, Schöpfer, singt, was singen kann.
Auch Deine stummen Kinder noch,
sie rufen Dich, Du hörst sie doch.

*

Gott füllt den Himmel und das Meer,
die Erde und das Sternenheer.
Er trägt die Welt in seiner Hand,
und jedes Herz ist ihm bekannt.

*

Gott ist der Schöpfer aller Ding.
Drum ist auch keins vor Gott gering.
Ihm ist das Kleinst' und Größte wert.

Gott wird durch Stern und Staub geehrt.
Gott schuf die Welt und ließ sie schön
vor seinem Schöpferblick erstehn.
Und heut wie eh ist Gott gewillt,
es sei die Welt sein Spiegelbild.

*

Im Himmel und auf Erden,
o Gott, ist alles Dein!
Du ließest alles werden
und gingst in alles ein.

Wollst mir mein Herz entbinden,
daß es Dich lieb und glaub!
Ich weiß, dann wird's Dich finden
im Stern und noch im Staub.

*

In Blum' und Blüt' hüllt Gott sich ein,
will auch in Bien' und Falter sein,
in Stern und Staub – Gott ist darin
mit großer Lieb' und tiefem Sinn.

*

Und sehn Dich unsre Sinne nicht,
Dein Blick ist doch auf uns gericht't.
Du bist ob jedem Gräslein wach.
Kein Sperling fällt ohn' Dich vom Dach.

*

Die schönen Blumen mannigfalt,
die Tier' in vielerlei Gestalt
sind Gottes Werk! Mein Kind, gib acht,
wie Gott sie wunderbar gemacht!

Tausend, tausend Dinge,
die wir nicht verstehn,
und die doch im Ringe
Deiner Schöpfung gehn,
müssen Rätsel heißen
und Geheimnis nur ...
Tastend nur umkreisen
wir, Gott, Deine Spur.

*

Der leuchtende Himmel, die goldenen Sterne,
die Berge, das Meer und die schimmernde Ferne,
die Wiesen voll Blumen, die Bäume in Blüte –
sie alle sind Spiegel der göttlichen Güte!

Der Baum

Wie bist du schön, du blätterkahler Baum,
mit deinen Wundern, Zweigen und Geäst,
stehst hoch und herb und feierstill im Raum,
ja, immer schön, auch wenn das Laub dich läßt!

Mit tausend Armen reichst du wunderlich
zum tiefen Grund, lebst dunkel, ohne Sicht.
Mit tausend Armen greifst du über dich
mit Stamm und Krone in das große Licht.

Bergblumen

Hoch im Gebirg, in Trümmern des Gesteins,
nah Eis und Schnee, in Sonnenglut und Wind,
sah ich euch blühn so farbensatt wie keins
all der Gewächse, die in Tälern sind.

Der Grund ist karg, der eure Wurzeln trägt,
oft Krume kaum des Erdreichs, das ernährt,
und Grüblein nur, drein sich ein Sam' gelegt,
der enge Raum, der kärglich Schutz gewährt.

Ja, karg gespeist, im Wetter kaum bewahrt,
so blüht ihr dort, weit über Tal und Feld,
und tragt an euch als Gnaden sondrer Art
ein Leuchten doch wie Licht aus andrer Welt.

Und mußt du Mensch wie dort am Berge stehn,
wie preisgegeben, arm in Glut und Wind –
Gott ist dir nahe, will in dir sich sehn,
wie dort die Blumen seine Spiegel sind.

Die Quelle

Tag und Nacht, jahraus, jahrein,
rinnst du, liebe Quelle,
läufst dahin, als müßt's so sein,
eilend, klar und helle.

Rauschst und rauschst bei Tag und Nacht
ohne Wahl und Weilen.
Wann ich immer lauschen mag,
hör ich dich enteilen.

Manchmal füllst du mir die Hand,
wirst dem Mund zur Labe,
und verrinnst doch meist im Sand,
liebe Gottesgabe!

Köstlich Wunder, keusch und zart,
ach, ich hätt' es gerne,
daß ich mich an deiner Art
still bescheiden lerne!

Bergadler

Wo auch die Gipfel dann zu Ende sind,
längst Baum und Blum in Stein und Schnee vergingen,
da breitet ihr, Erhabne, noch die Schwingen
und schwebt geruhsam königlich im Wind.

Wir sehn euch nach. Wir lernten selbst den Flug,
und euer Raum muß unsre Schwere tragen.
Doch wo ihr schwebt mit leisem Flügelschlagen,
bleibt unser Fliegen dumpfer Traum und Trug.

Gelassen kreist ihr, euerm Schöpfer, Gott,
mit euch verliehner Würde stolz zu dienen.
Wir steigen auf mit donnernden Maschinen
und stürzen uns doch, ach, wie oft zu Tod!

Der Bach

Der Bach treibt seine Wasser fort
und rauscht bei Nacht und Tag,
drängt weiter stets von Ort zu Ort
mit jedem Wellenschlag.

Kam gestern vom Gebirge wild,
rinnt sachter heut zu Tal
und läuft doch immer ungestillt
zur Tiefe ohne Wahl.

Und fließt im Strome breit und schwer
dem letzten Abgrund zu,
und mündet morgen fern im Meer
und findet endlich Ruh.

Red' ich vom Bach, der stürzt und treibt
vom Fluß, der rastlos fließt,
vom Strom, der nirgends ruht und bleibt,
bis er ins Meer sich gießt?

Ach, Herz, du weißt wohl Bild um Bild
und kennst des Treibens Not;
bist du's doch selbst, das drängt und quillt,
und fern das Meer ist Gott.

Wegwarten

Am Weg, selbst grau wie Staub,
steht ihr Wegwarten da,
herb, ohne Blatt und Laub,
daß ich kaum Ärmeres sah.

Doch Gott vergaß euch nicht.
Wo wär, was Gott nicht liebt
und dem aus seinem Licht
Er nicht ein Leuchten gibt?

Drum schuf euch himmlisch blau
Gott Blüten, Stern bei Stern.
Ihr blüht in Staub und Grau
und doch zum Lob des Herrn.

Disteln

Distelgrund ist karger Grund,
dürre Trift und steinicht harte Weide,
und der Disteln silbriges Geschmeide
macht doch hohe Wunder kund,

spiegelt milde Sonn' und Stern
in der herben Schönheit harter Blüte,
anders wohl, doch minder nicht die Güte
Gottes, des gelobten Herrn.

Distel trägt und Dorn das Land?
Schilt es nicht! Lern nur sein Maß verstehen,
und mit Staunen wird dein Auge sehen
Liebe hin zur Welt gewandt.

Margeriten

O daß ihr noch blühet, ihr leuchtenden Sterne,
mit goldener Krone im strahlenden Kranz!
Ihr kindlich Geliebten, wie trinke ich gerne
mit durstigen Augen den köstlichen Glanz!

O lautere Lichter voll himmlischer Klarheit,
vom Kinde geahnt an den Pforten der Welt!
Es beugt sich, ergriffen von göttlicher Wahrheit,
mein Herz vor dem Licht, das das Dunkle erhellt.

Sei hochgelobt

Mit Jauchzen singt der Engel Heer
Gott in der Höh' Lob, Preis und Ehr.
Stimm jed' Geschöpf mit Freuden ein!
Dein Lob, o Welt, soll Gottes sein!

Wir preisen Dich. Wir beten an.
Dir, Gott, ist alles untertan.
Dein' Allmacht Erd und Himmel lenkt.
Dein' Lieb' mit Fried' und Freud' beschenkt.

Und ob Dein niemand würdig ist,
Du gibst Dich uns in Jesus Christ.
Dein' Gnad' und Güt' wird uns zuteil
in Sünd' und Tod zu Hilf und Heil.

Sei hochgelobt, Du Schöpfer Gott,
Erlöser Du aus aller Not!
Wir schulden samt der Engelschar
Dir Dank und Dienst, Herr! Das ist wahr!

Das Tier

So sagt der Mensch vom Tiere: nur ein Tier!
Er schaut herab aufs Tier als das Geringe
und nützt und wertet wie die toten Dinge,
was doch beseelt und lebt gleich mir und dir.

Ihr seid Geschöpf, Gefährten, Brüder mir.
Wir sind in Gott als in dem gleichen Ringe,
in *einer* Hand, in gleichen Schicksals Schlinge,
in Tod und Leben, ach, die Gleichen hier.

Mir war's Gewinn, Geschenk, euch anzuschauen
in euerm Dasein, euerm Sein zu Gott,
in Freud und Leid, in Liebe, Lust und Tod,

und immer neu lern ich, trifft euch mein Blick,
sehn und verstehn die Welt und mein Geschick,
das tiefe Graun und – dennoch – das Vertrauen.

Flieg, Möwe, flieg!

Flieg, Möwe, flieg!
Flieg weit übers Meer, flieg weit übers Land,
so weit, wie der Himmel die Erde umspannt!
Dir wuchsen die Schwingen,
im Wind dich zu heben,
die Ferne zu zwingen,
ins Weite zu schweben.
Flieg, Möwe, flieg übers Meer, übers Land!
Flieg, Möwe, flieg!

Flieg, Seele, flieg!
Flieg weit übers Meer, flieg weit übers Land,
so weit deine Sehnsucht die Räume umspannt!
Dir wuchsen doch Schwingen,
dich hoch zu erheben,
ins Weite zu dringen
zu lichterem Leben.
Flieg, Seele, flieg übers Meer, übers Land!
Flieg, Seele, flieg!

Stille Kraft

Still ist die Kraft, die in den Blumen blüht
und, ungesehen oft, der Welt sich schenkt,
die in den Sonnen dieses Weltalls glüht
und die Gestirne ihre Bahnen lenkt,

die tief verborgen in den Keimen drängt,
im kleinsten Samkorn zur Entfaltung treibt
und dann im Wachstum Hüll um Hülle sprengt,
bis sich der Wandlung letztes Ziel verleibt.

Das ist die Kraft, die in der Liebe schwingt,
die, wandellos im Wandel, sich gewährt
und rings die Wunder dieser Welt vollbringt
und sich im Opfer an die Welt verzehrt.

O gnadenreiche, große, stille Kraft,
die allenthalben wirkt und, wie der Schöpfer will,
die Werke seiner Hände trägt und schafft,
durchflute mich und wirke stark und still!

Im Frühling

Ergriffen sah ich Jahr für Jahr das Land
aus Winternacht und starrer Ruh erstehn
und rings, gedrängt von unsichtbarer Hand,
Gelaub und Blüten aus den Zweigen gehn.

Von Kindheit an ward mir mein Herz entzückt
von all den Wundern dieser weiten Welt,
die reich an Farb und Form mein Aug erblickt
und die mein Sinn doch nicht ermißt und zählt.

Doch anders nun, da sich mein Leben neigt,
schau ich die Welt, das Land, das schöne Licht,
die junge Saat, die aus den Äckern steigt,
den grünen Wuchs, der aus den Bäumen bricht.

Im Strom des Daseins wahllos mittenin
blick ich ins Jahr beglückt und doch voll Not.
Ich weiß mein Los: es geht zum Abschied hin.
Ins lichte Leben dunkelt hart der Tod,

wirft seine Schatten über Raum und Zeit,
auf all das Werden dieser bunten Welt.
Der dunkle Tod schafft stets Vergangenheit.
Sieh, wie die Blüte dort zur Erde fällt!

Jahr um Jahr

Jahr um Jahr das gleiche Bild,
lieblich wie ein Traum:
schier aus allen Zweigen quillt
bunter Blütenschaum.

Öde lag noch jüngst das Land,
winterkahl und fahl,
aber seit das Licht erstand,
leuchten Berg und Tal.

Und vom Blühn, wie's immer war,
wird mein Herz erfreut,
doch mich dünkt, in keinem Jahr,
ach, so tief wie heut.

Wirst wohl recht die süße Qual
Herz, mein Herz, verstehn, –
darfst vielleicht zum letzten Mal
einen Frühling sehn.

Birken im Frühling

Dunkel stehn noch Baum und Strauch
kahl nach Winterweise.
Um die Birken nur spielt leise
schon ein grüner Hauch.

Kühl wehn über braches Feld
noch die herben Winde,
doch der Frühling drängt nun linde
in die dunkle Welt,

treibt mit starker, stiller Macht
aufwärts neues Leben,
daß die grünen Schleier schweben
um die Kronen sacht.

Ahnst du, wie mein Herz es sieht,
dieses Grün im Grauen?
Ach, es möchte gern vertrauen,
daß ihm gleich geschieht!

Frühling

Nun hebt in allen Landen
ein wundertiefes Werden an.
Das Licht ist hell erstanden
und weckt die Welt aus Schlaf und Bann.
Des Sonnensangs Getöne
erfüllt das ganze, weite All,
durchdringt mit reiner Schöne
auf Erden wieder Berg und Tal.

Das ist die alte Weise,
die mir seit je das Herz bezwingt:
wenn aus dem Himmelskreise
das Licht durch alle Räume schwingt.
Dann find ich vor dem Raunen
der großen Schöpfung schier kein Wort,
kann stammeln nur und staunen
vor so viel Wunder fort und fort,

und kann im Geist nur reden
mit dem, der allen wohlgetan,
und seinen Namen beten,
den niemand je ergründen kann.
Dann schwingt mein Herz gelassen,
mein Leben, sich dem Ewigen ein.
Dies Herz muß ohnemaßen
im Schöpfer Gott geborgen sein.

Im Gebirge

Zum Berg bin ich emporgestiegen
und sah nur Berge um mich her,
sah Gipfel mir zu Füßen liegen,
aus Stein ein ungeheures Meer.

Ich lief auf einsam stillen Pfaden,
eh noch der Tag das Licht gebracht,
durch Felsgeklüft, auf hohen Graten
bis an den Abend, bis zur Nacht

und sah das Nahe und die Ferne
und blieb erschüttert vielmal stehn,
hab alles, Sonne, Erd und Sterne,
wie neu geschaffen hier gesehn.

Und aus der Berge großem Schweigen
sprach mächtig Gottes Ewigkeit,
und wie schon oft beim Bergesteigen
ward Leib und Seele mir befreit.

Am Meer

Noch liegt das Land wie winters grau und fahl
in rauhen Dunst und Nebel rings gehüllt,
und doch hat heute, heut zum ersten Mal
des Frühlings Ahnung mir das Herz erfüllt.

Ein Schein des Lichts, ach, nur ein schwacher Schein
drang durch das Grau in meine dunkle Welt,
doch stark genug, Verheißung mir zu sein
der großen Kraft, die bald die Welt erhellt.

Noch ruht das Feld, und stumm stehn Baum und
Strauch,
die kahlen Zweige in den Wind gereckt.
Es wartet alles. Herz, du wartest auch,
daß dich das Jahr zu neuem Leben weckt.

Gang am Meer

Ich geh des Wegs am Meer entlang.
Es rauscht mir dumpf zur Seite.
Und um mich her ist Windgesang
und große graue Weite.

Ein Segel zieht dort still vorbei.
Den Augen scheints wie Schweben.
Zum Möwenflug läßt schriller Schrei
den Blick mich sinnend heben.

Ich geh ihn oft und lieb ihn sehr,
den Gang, die See zur Seite.
Dann jauchzt mein Herz: Das Meer, das Meer –
und schwingt in Gottes Weite.

Mir ist, Gott müßt zuerst im All
ob Meer und Gipfeln thronen.
Und ich könnt nicht im engen Tal,
nein, nur im Weiten wohnen.

Sonett an die Bäume

O daß ihr seid, ihr Bäume, stiller Wald!
Ich denk's beglückt, erstaunt wie lange schon.
Geheimnisvoll erstehn euch Stamm und Kron,
Gelaub und Frucht in Wundern der Gestalt

aus Kern und Keim. Mit sanften Zwangs Gewalt
steigt ihr empor, genährt aus dunklem Bronn,
strebt auf zur Höh, ins Licht gen Stern und Sonn
die Erdkraft wandelnd tief und mannigfalt.

Der Erde treu, dem Himmel zugetan,
in Stürmen fest, gelassen, stark und still
und Früchte schenkend ohne Maß und Zahl –

so seid ihr Bild, draus ich den Schöpfer ahn,
der uns sein Herz hier offenbaren will.
Er sprach durch euch zu mir schon viele Mal.

Ginster

Am Wegerain und Wiesensaum
leucht' wie die Sonne hell und hold –
ein sommerfroher Blütentraum –
der Ginster licht wie lauter Gold.

Welch Gottesspiel! Wie wundersam
hat hier in Schöpferhand ein Hauch
auf kargem Grund und steinigem Damm
erweckt den kahlen dürren Strauch!

Und der die Ruten ausersehn
zu goldner Zier dem weiten Land –
der säh dich nicht in Trauern stehn,
wie einst den Ginsterbusch im Sand?

Versteh's! Es will der goldne Schein,
der deine Augen froh entzückt,
ein Widerschein der Liebe sein,
die deine Armut längst erblickt.

Die blaue Blume

Auf kargem Grund in steingen Höhn
sah ich die blaue Blume stehn.
Mir war, ich hätt so farbenschön
noch keine Blume je gesehn.

Ein Glanz, so tief und erdefern,
sah mich hier an, so stark und klar.
Es war, als wär hier Sonn und Stern,
der ganze Himmel offenbar.

Da kniet ich mich zur Erde hin,
zu schaun das tiefe, stille Licht,
und sah im Kelche mittenin
im Spiegel Gottes Angesicht.

Die blaue Stunde

Des Sommertags erhaben blaue Stunde –
stets wirst du neu vor meinem Blick erstehn:
Die Sonne sank, und rings in großer Runde
war Berg an Berg in tiefem Blau zu sehn.

O welch ein Bild, von Ewigkeit umhaucht!
Vereint ist nun, was Licht des Tags zerspellt.
Weit wie ein Meer, in dunkles Blau getaucht,
dehnt sich der Berge einsam-große Welt.

Denkst du, mein Herz, der Feier jener Stunde,
da Abend ward und dich der Tod gemahnt,
vergiß es nicht, wie du in blauer Runde
aus dunkler Schönheit Gott, den Herrn, geahnt!

Mittsommer/Johannesfest

Nun stehn wir wieder an der Wende.
Das Jahr hat seinen Lauf vollbracht.
Die Sonne neigt sich hin zum Ende,
zu Tal und Tod und Herbst und Nacht.

Und am Gestirne schaun wir's wieder:
Hier ist des Bleibens keine Statt!
Wir steigen auf und sinken nieder,
sind heute jung und morgen matt.

Nur Einer wandert durch die Zeiten,
und er bleibt immer, der er ist:
das Licht der Welt von Ewigkeiten,
kommt her von Gott, heißt Jesus Christ!

Wir nehmen ab und müssen fallen,
doch er muß wachsen, immerzu,
und wo er wächst, bringt er in allen
ihr Herz, ihr fragend Herz zur Ruh.

Der dunklen Schwermut tiefes Bangen
löst er mit seines Glanzes Macht:
Wir sind vom Licht, von Gott umfangen
in Tal und Tod, in Not und Nacht.

Sommersonnenwende

Wenn des göttlichen Gesichts
hoher Glanz die Welt umfangen
und im Farbenspiel des Lichts
Blumen voller Schönheit prangen,

wenn ein Widerschein des Glücks
sich in Augen leuchtend spiegelt,
Seligkeit des Augenblicks
den verschloßnen Mund entriegelt,

wenn der Sonne goldner Ball
tiefste Gründe noch durchlichtet
und die Erde sich im All
selbst wie lauter Sonne sichtet –

ach, dann ist der Tag schon nah,
der das alles wieder wendet,
wieder wandelt, wieder endet,
was der Welt im Licht geschah.

Mitten in des Sommers Wonne
erste dunkle Schatten nahn.
Nieder neigt sich nun die Bahn,
hin zum Tode weist die Sonne.

Kürzere Tage, kühlere Wetter
kommen balde, kalte Schauer.
Jähe Winde, welke Blätter
wehn durch unsern Blick voll Trauer.

Herz, du hast nicht viele Sommer,
und den letzten weißt du nicht,
doch du sehnst dich drum nach frommer,
gottgetroster Zuversicht;

wenn die dunklen Tage kommen,
daß du dann geborgen bist,
wenn das letzte Licht verglommen,
Gott noch deine Sonne ist!

Johannesfest

Johannesfest, Johannestag,
lehr du uns recht verstehen,
daß nichts auf Erden bleiben mag
und alles muß vergehen.

Muß alles sinken hin zum Tod,
Gestirn und Menschenkinder.
Nur *Einer* bleibt, der ewige Gott,
des Todes Überwinder.

Den schaun wir an in Jesus Christ,
weil hier nach Gottes Willen
er selbst, das Licht, zu finden ist,
draus alle Strahlen quillen.

Johannestag, Johannesfest,
nun neigen sich die Tage.
Ach, daß uns, wenn das Licht uns läßt,
Gott auch durchs Dunkle trage!

Johannestag, komm, hilf und lehr
uns von uns selbst zu scheiden,
und in uns wachse Christ, der Herr,
das Gotteslicht, mit Freuden!

An dieses Sonnenlaufes Wende

An dieses Sonnenlaufes Wende
verhalt ich meine Schritte still,
schau von der Höhe hin zum Ende
und falte betend meine Hände
und spreche leise: wie Gott will!

Er schuf des Sonnenbogens Schöne,
den Tag und seine lichte Pracht,
das Leben, daß sich's lechzend dehne,
er weckt des Schöpfungsjubels Töne
und gab die stille, dunkle Nacht.

In ungemeßnen, großen Kreisen
geht er, der Schöpfer, selbst einher,
und was wir Tod, was Leben heißen,
ist eins in ihm und muß ihn preisen;
in allem, allem waltet er!

Und bin im Spiele der Gewalten
ich nur ein Staub, – und doch im Plan
des Schöpfers werd auch ich gehalten,
und in der Ordnung der Gestalten
lauf ich gleich Sonn und Stern die Bahn.

Auch was ich nimmer weiß zu nennen,
des Daseins tiefe Lust und Qual,
die mich zu Asche schier verbrennen –
nichts, nichts kann mich von Gott zertrennen;
ich leb und lauf nach seiner Wahl.

Mein Gott, mein Gott, in Tod und Leben,
darin ich bin durch Dein Geheiß,
erkenn ich Dich, bekenn Dein Weben
und will im Todesschrei Dir geben,
im Seufzer noch Lob, Ehr und Preis!

Sommerwind

Von Süden fährt der Sommerwind
erregend durch die Räume
und trägt den Süden mild und lind
mir zu in Tag und Träume –

die Ferne, die ich nie gesehn,
die sonndurchglühte Erde!
Die Sehnsucht nur, die bleibt bestehn,
bis ich vergehen werde.

Der Sommerwind währt kurze Zeit.
Bald ist es Herbst geworden.
Dann weht in meine Dunkelheit
der rauhe Wind im Norden.

Saat und Mahd

Gott ist der ewige Säer,
sät Korn zum Brot.
Gott ist der ewige Mäher,
die Mahd heißt Tod.

Was Gottes Hände säen,
muß auch vergehn.
Was Gottes Hände mähen,
muß auferstehn.

Es kann in Gott verderben
zuletzt doch keins.
Wir heißen's Leben, Sterben,
in Gott ist's *eins*.

Ernte

Ward wieder Gottes Korn gesät.
Der Acker nahm den Segen auf.
Ward wieder Gottes Korn gemäht.
Das Gottesjahr nahm Bahn und Lauf.

Zu guter Frucht ward gute Saat.
Gott schenkte Wachstum und Gedeihn.
Und was das Feld getragen hat,
das trug uns nun die Ernte ein.

Die Welt hat wieder täglich Brot,
hat's über Bitten und Verstehn.
Wir dürfen mitten in der Not
die großen Taten Gottes sehn.

Solange diese Erde steht,
ist Gottes Güte täglich neu.
Wir gehn dahin, die Zeit verweht,
doch unverwandt steht Gottes Treu.

Dank alle Erde Gott, dem Herrn!
Welt, dank ihm nun und allezeit,
trägt uns doch alle, nah und fern,
nur Gnade und Barmherzigkeit!

Nun wird das Korn geschnitten

Nun wird das Korn geschnitten
am sommerheißen Tag.
Das Jahr steht in der Mitten,
und Rosen blühn am Hag.
Das Land ist allerwegen
voll Frucht und ernteschwer,
ist voll von Gottes Segen,
ohn den kein Gräslein wär.

Auch heuer gibt in Gnaden
uns Gott das täglich Brot,
bewahrt das Land vor Schaden
und uns vor Hungersnot,
verschont uns, seine Kinder,
noch immer in Geduld,
beschenkt uns arme Sünder
trotz aller unsrer Schuld.

Drum kommt und laßt uns danken
aus tiefstem Herzensgrund
dem Gott, der ohne Schranken
macht seine Liebe kund!
Laßt Dank und Lob uns leben
ihm, der so treu uns liebt,
der uns viel Guts gegeben
und täglich wieder gibt!

Der letzte Schnitt

Noch ist der Sommer nicht verglüht.
Im Sonnlicht steht die Heide rot.
Doch immer, wenn die Heide blüht,
liegt's überm Land wie Sterbenot.

Noch stehn die Wälder blätterdicht
im schönen Schmuck, im grünen Laub,
doch hier und da, ach, sah ich's nicht,
sank welk schon manches Blatt zum Staub.

Noch zieht in milden Winden mit
ein Heuduft, süß und wundersam.
Und doch – es war der letzte Schnitt,
der sommers jetzt die Sichel nahm.

Noch füllt das große, stille Licht
dein Aug mit eines Zaubers Macht.
Doch, ach, du hältst sein Leuchten nicht!
Dem Sommertag folgt Winternacht.

So ist dir viele Mal geschehn.
Doch schwerer immer Jahr um Jahr
fragst du, siehst du den Sommer gehn:
Mein Herz, ob dies dein letzter war?

Herbst

Golden geht das Jahr zu Tal,
und in buntem Laube
eingefangner Sonnenstrahl
leuchtet überm Staube,

leuchtet in die Sterbenot
dieser dunklen Tage,
daß ich glaube noch im Tod
und zu hoffen wage.

Golden geht das Jahr zur Ruh;
schön noch im Vergehen,
ruft mirs lichte Wunder zu:
Leben, Auferstehen.

Herbstlich Laub, du köstlich Bild,
glanz- und glutbeladen,
herbstlich Laub, du lehrst mich mild
meines Sterbens Gnaden!

Winterliches Land

Trüber Himmel. Braunes Land.
Große graue Weite.
Kahler Baum am Straßenrand.
Dunkler Bach zur Seite.

Letzter Schnee am Ackerrain
und auf fahlen Feldern.
Krähenflug im Abendschein
hin zu schwarzen Wäldern.

Winterbild wie's immer war,
schafft doch kein Gewöhnen,
weckt nur immer, Jahr um Jahr,
tiefer Not und Sehnen.

Lob dem, der ob allem wacht!

Wir werden nie ergründen
Tag, Leben, Tod und Nacht,
wir können nur verkünden
Den, der ob allem wacht,

die Wunder nur erzählen
zum Preis des Herrn der Welt
und Ihm uns anbefehlen,
der Erd und Himmel hält.

Unverloren

Ein Stäublein, klein im Staube,
im Licht ein schwacher Schein,
ein Blatt verloren im Laube –
das muß der Mensch wohl sein.

Ein Tröpflein nur im Meere,
ein Hauch in Sturm und Wind,
ein Korn im Ährenheere –
das bist du, Menschenkind,

bist nichts, hast nichts zu geben –
was gäb hier Wert, Gewicht? –,
hast nur dein kleines Leben,
und das verstehst du nicht.

Da stehst du ganz alleine,
fragst, klagst und siehst dich um,
und Meer, Licht, Laub, Staub, Steine,
sie alle bleiben stumm.

Und doch geht Gottes Walten
durch all und jedes hin!
Wie stündst du nicht gehalten,
du Mensch, da mittenin?

Und wärst du Staub im Staube,
nur Schein im großen Licht,
nur Tropf im Meer – o glaube,
dein Gott verliert dich nicht!

Steh eilends auf!

Steh auf vom Schlaf! Steh eilends auf!
Die Nacht ist nun vergangen.
Gürt Seel und Leib, rüst dich zum Lauf!
Der Tag hat angefangen.

Der Tag verkünd't: Es werde Licht!
Vernimm's mit allen Sinnen!
Es soll, was Gott, der Schöpfer, spricht,
zur Stund jetzt neu beginnen.

Und der befiehlt, dein Herr und Gott,
kann Kraft und Sieg dir geben.
Der seinen Sohn entriß dem Tod,
der ruft auch dich zum Leben.

Drum auf! Steh auf! Gott ruft dich an.
Der Tag ist dir verheißen.
Sieh an, was Gott, der Herr, getan!
Steh auf! Du sollst ihn preisen!

Morgenlied

Vergangen ist die finstre Nacht.
Zum neuen Tag bin ich erwacht.
Der lieben Sonne schönes Licht
erfreut mein Herz und Angesicht.

Das dank ich alles Gottes Güt,
die in der Nacht mich hat behüt'.
Der Gott, der alle Welten lenkt,
hat mir mein Leben neu geschenkt.

Nun will ich, Gottes Eigentum,
den Tag auch leben Gott zum Ruhm.
Ihm dienen Denken, Wort und Tat
vom Morgen bis zum Abend spat!

Und bringt der Tag nun Freud und Leid,
viel Arbeit, Mühe, Kampf und Streit,
greif ich's in Gottes Namen an,
ist's unter Segen auch getan.

Käm diesen Tag mein letzte Stund,
befehl ich Gott von Herzensgrund
mein Leib und Seel und all das Mein
und leg's in Gottes Hand hinein.

Sein ist die Gnad und sein die Huld.
Er lös vom Übel, lös die Schuld,
führ durch den Tod aus dieser Zeit
mich tiefer in die Ewigkeit!

Morgenlied

Im frühen Licht des jungen Tags
wach ich mit allen Sinnen
Dir, meinem Schöpfer Gott, und wag's,
die Wegfahrt zu beginnen
am neuen Tag mit frischem Mut;
Du meinst es allerwegen gut
und hilfst das Ziel gewinnen.

Hab gestern Weg und Werk vollbracht
allein durch Deinen Segen
und hab im Schlaf der dunklen Nacht
in Deinem Schutz gelegen,
darf über Bitten und Verstehn
nun froh das Licht der Sonne sehn
und meine Kräfte regen.

Für Tag und Nacht und Lauf und Bahn
dank ich mit Herz und Munde.
Wie hast Du, Gott, mir wohl getan
bis heut in diese Stunde,
gabst Leib und Seel ihr täglich Brot
und hieltest noch in so viel Not
mich fest mit Dir im Bunde!

Nun bitt ich Dich, mein Herr und Gott;
bleib, wo ich bin, inmitten!
Ich bin im Leben und im Tod
Dein eigen unbestritten,
bin Dein in Zeit und Ewigkeit
ohn mein Verdienst und Würdigkeit
und ob Verstehn und Bitten.

Fang an den Tag

Fang an den Tag mit Freude!
Schau froh ins frühe Licht!
Gott zeigt der Welt auch heute
gar freundlich sein Gesicht.
Er schenkt sich alle Morgen,
schafft alles immer neu,
und alles ruht geborgen
in seiner Lieb und Treu.

Gott will sein Werk nicht lassen;
nicht einen Augenblick
bleibt er auf Pfad und Straßen
je einen Schritt zurück.
Drum trau, daß gleiche Güte,
die ob den Welten wacht,
auch dir, daß sie dich hüte,
längst Weg und Ziel bedacht!

Hast unverdient empfangen
allzeit Heil, Hilf und Huld,
wärst ohne Gott vergangen
schon oft in Schand und Schuld!
Nun gib, was Gott gegeben,
gib, was dich trägt und hält,
und trag Licht, Liebe, Leben
gottfroh in Gottes Welt!

Besinnung vorm Mahl

Das Mahl, das wir bereitet haben,
hielt Gott schon längst für uns bereit.
Wir haben nichts als Gottes Gaben
von Anfang bis in Ewigkeit.

Wär einer weit die Welt durchgangen
und hieße reich und hoch und groß
und säh sich nicht beschenkt, umfangen,
er wäre arm und blind und bloß.

Reich ist, wer Gottes Reichtum trauet,
und hoch, wer Gottes Hoheit sieht,
und groß, wer Gottes Größe schauet
und still in Demut vor ihm kniet.

Mittag

Nun wendet sich der lichte Tag.
Die Sonne feiert hoch im All.
Vom Turm her ruft der Glocke Schall
zur Rast von Müh und Plag.
Dankt Gott, dem Herrn!

Herz, dir ist rasten wohl vergönnt,
versäumen aber darfst du nichts!
Bedenk, daß du vom Schein des Lichts
gar bald schon wirst getrennt!
Lobt Gott, den Herrn!

Bet Gott mit deinen Werken an,
ihn, der die herrlichsten vollbracht!
Es kommt der Abend, kommt die Nacht,
da niemand wirken kann.
Dient Gott, dem Herrn!

Im Mittag steht die Sonne

Im Mittag steht die Sonne nun.
Der Tag ist halb. Halt ein vom Tun!
Rast Seel und Leib, nimm Speis und Trank!
Fürs täglich Brot sag Lob und Dank!

Zum Abend hin geht nun der Tag.
Du weißt nicht, was noch kommen mag;
kann Leben sein, vielleicht auch Tod.
Greif an dein Werk! Befiehl dich Gott!

Mittag

Im Mittag steht der goldne Ball.
Der Himmel brennt in lauter Licht.
Heb von der Erde hoch ins All,
ins Glühn der Sonne dein Gesicht!
Siehe die Sonne!

Und dank dem Schöpfer Glanz und Glut,
des Sonngestirns gewaltige Kraft,
drin alles Leben schwingt und ruht
und draus sich's immer neu erschafft!
Siehe die Sonne!

Bedenk der Werke hohe Zeit!
Hast du das Deine schon getan?
Gedenk der Nacht, die nimmer weit,
der Nacht, da niemand wirken kann!
Siehe die Sonne!

In Gott, des Lichtes ewigen Quell,
tauch ganz dein Wesen und Gesicht!
Bad alles, Herz und Augen, hell!
Gott rief auch dir: Es werde Licht!
Siehe die Sonne!

Sonnenuntergang

Wo unser Aug das große All
am Erdrand meint zu sehn,
will nun der rote Feuerball
ins nächtige Dunkel gehn.

Ich seh es hier, du siehst's wohl dort,
uns dünkt, einander fern,
und ist doch nur ein einziger Ort,
Herz, vor dem großen Stern.

Ist alles nur ein einziger Raum
und eine einzige Zeit,
und Trennung ist nur Trug und Traum
und Zeit ist Ewigkeit.

Abendrot

Gespinst der dunklen Bäume.
Dahinter Abendrot.
Des Himmels hohe Räume
durchglüht und überloht.

Mein Blick durchschweift die Ferne.
Der Tag versinkt gen West.
Schon hängen blasse Sterne
vereinzelt im Geäst.

O schwermutvolle Stunde,
nicht Tag mehr, noch nicht Nacht!
Mein Herz vernimmt die Kunde
vom Lauf, der bald vollbracht.

Woher, Wohin?

Über mir, so weit, ach, weit
ohne Zahl die Sterne funkeln,
gehn und glühen hoch im Dunkeln,
und ich weiß nicht Raum und Zeit.

Weiß woher nicht und wohin
diese Welten rastlos wandern,
weiß nur, daß ich mit den andern,
ihnen gleich, ein Wandrer bin.

Doch für mich und jeden Stern –
weiß ich auch nicht Ziel und Ende –
weiß ich bergend Gottes Hände,
überall den gleichen Herrn.

Über aller Erde

Über aller Erde
leuchtet, Herr, Dein Licht.
Über Fahrt und Fährde
wird uns Zuversicht.

Sonne ist Dein Bilde,
Gleichnis jeder Schein,
Sterne müssen milde
Deine Zeichen sein.

Ist der Tag verhangen,
Nacht voll Finsternis. –
Noch in Angst und Bangen
sind wir Lichts gewiß.

Über aller Erde
ist, was sie erhält.
Über Fahrt und Fährde
bist Du, Herr der Welt!

Sterne

Schneegewirbel rings. Es schneit
lauter weiße Sterne.
Schöner Schmuck der Winterzeit
schenkt sich nah und ferne.

Still schau ich den Flocken nach,
all den Schneekristallen,
die da lautlos und gemach
aus dem Himmel fallen

und mit Wundern dicht bei dicht
rings den Raum erfüllen
und die Erde leicht und licht
in ein Leilach hüllen.

Da – im dichten Flockenfall –
schreckt mich's aus den Träumen:
Sonnen seh ich, Ball um Ball,
hoch in Himmelsräumen,

wie die Schneekristalle hier
durch die Lüfte wehen,
unbegreiflich mir und dir
ihre Bahnen gehen.

Sterne, Sterne überall,
zahllos große, kleine – –
über Sternenbahn und -fall
aber Gott, der Eine!

Einfältige Sternschau

O wie lieb ich dich zur Nacht,
lichtes Sterngefunkel!
Dringst in meine Kammer sacht
tief ins nächtige Dunkel

als ein Gruß aus andrer Welt
ungeahnten Räumen,
freundlich mir zur Wacht bestellt
über Schlaf und Träumen.

Und noch immer wie ein Kind
staun ich in die Ferne,
und es birgt mich lieb und lind
Gott, der Herr der Sterne.

Und ich weiß nichts mehr zu tun,
kann's ja doch nicht fassen,
als in seinem Schoß zu ruhn
und mich ihm zu lassen.

Gestirnter Himmel über mir

Ich seh am Firmamente droben
die Sterne künden Deine Macht.
Wie tags Dich hell die Himmel loben,
so rühmt Dich nun das Heer der Nacht.

Und preisen Dich die großen Mächte
und beten Deine Weisheit an,
ach, gönn es Deinem ärmsten Knechte,
daß er Dich rühme, wie er kann!

Nicht steh ich mit den hohen Kündern,
Du Herr der Welt, um Deinen Thron,
fern knie ich mit den armen Sündern
im Staub als Dein verlorner Sohn.

Du webst, Herr, in der großen Stille
unheimlich, herrlich, wie Du bist,
und schaudernd spür ich, daß Dein Wille
ob aller Welt nur Liebe ist.

Sternfreude

Ihr lieben goldnen Sterne,
ich hab so manche Nacht
vor eurer lichten Ferne
im Dunkeln hier gewacht

und sah und sann ins Weite,
kam nicht vom Staunen los,
sah Gott im Sternenkleide,
verhüllt, unsagbar groß,

und ward mir selbst zum Staube,
ohn Maß und ohn Gewicht –
und doch wuchs mir ein Glaube
vor all dem großen Licht.

Dies Licht, im All zerstoben
ohn Maß und ohne Zahl,
wie hats mein Herz erhoben
vom Staub so viele Mal!

Der sich in Sternenkreisen
unendlich herrlich denkt
und sich in Wunderweisen
in seiner Schöpfung schenkt,

hat wohl, wie dort der Ferne
auch meiner hier gedacht
und lenkt wie euch, ihr Sterne,
auch mich durch Weltennacht!

Sterne über dem Meer

Unter dem funkelnden Kranze
ewiger Sterne der Nacht
halt ich im goldenen Glanze
einsam die heimliche Wacht.
Unter dem glitzernden Reigen
hoch an dem dunklen Gezelt
atmet in mächtigem Schweigen
friedsam die taglaute Welt.

Dunkel in feiernder Stille
liegt auch wie schlafend das Meer.
Seltsam in leuchtender Fülle
spiegelt's das himmlische Heer.
Schimmerndes Auge der Erde,
Wasser, du Spiegel der Welt,
bist du des Himmels Gefährte,
fernen Gestirnen gesellt!

Herz, in unendlicher Ferne
liegst du wie Erde und Meer.
Siehe, die ewigen Sterne
wandern am Himmel daher,
senden in nächtiger Stunde,
Seele, ihr leuchtendes Licht!
Siehe, im dunkelsten Grunde
spiegelt sich Gottes Gesicht!

Der goldene Wagen

Lautlos über dunklem Land
zieht das Sternbild durch die Nacht,
nordwärts tief am Himmelsrand
fährt's mit meiner Fragen Fracht.

Ist ein Fahrzeug eigner Art!
Golden fügt sich Stern an Stern.
Ach, als Kind schon nahm zur Fahrt
ich den goldnen Wagen gern,

schwang mich zu den Sternen auf,
keck hinan zum Reiterlein,
trabte durch den Sternenhauf,
und die ganze Welt war mein.

Heute seh ich ohne Traum
dort den goldnen Wagen ziehn –
arm und fremd im großen Raum,
der mir einst mein eigen schien.

Kinderlied I

(Dieses Kinderlied schrieb Arno Pötzsch während des Krieges für seine Kinder.)

Meinem Gott gehört die Welt,
meinem Gott das Himmelszelt,
ihm gehört der Raum, die Zeit,
sein ist auch die Ewigkeit.

Und sein eigen bin auch ich.
Gottes Hände halten mich
gleich dem Sternlein in der Bahn;
keins fällt je aus Gottes Plan.

Wo ich bin, hält Gott die Wacht,
führt und schirmt mich Tag und Nacht;
über Bitten und Verstehn
muß sein Wille mir geschehn.

Täglich gibt er mir das Brot,
täglich hilft er in der Not,
täglich schenkt er seine Huld
und vergibt mir meine Schuld.

Lieber Gott, Du bist so groß,
und ich lieg in Deinem Schoß,
wie im Mutterschoß ein Kind;
Liebe deckt und birgt mich lind.

Leb ich, Gott, bist Du bei mir,
sterb ich, bleib ich auch bei Dir,
und im Leben und im Tod
bin ich Dein, Du lieber Gott!

Kinderlied II

(Dieses Kinderlied schrieb Arno Pötzsch als Marineoberpfarrer in Cuxhaven für seine Tochter Kathrin.)

Mein Schöpfer Gott, ins große All,
in ungemessne Ferne,
warfst Du die Welten, Ball um Ball,
Sonn, Erd und alle Sterne.

Mit eines Fingers kleinstem Wink
erschufst Du Welt und Weiten,
und Deiner Augen Blick und Blink
mag sie in Ordnung leiten.

So läuft durch Gott ein jeglich Ding
den Weg in Wunderweise
in kleinem Ring, in großem Ring,
in allergrößtem Kreise.

So läufst auch du, du Menschenkind,
in vorbedachten Bahnen,
und wenn sie auch verborgen sind,
du darfst sie dennoch ahnen.

Vertrau dich dem, der dich erschuf!
Lern danken, loben, lieben!
Die Welt, erweckt durch Gottes Ruf,
ist immer sein geblieben.

An alle Kinder

Was hat euch Kindern denn das Tier getan,
daß ihr es schlagt und jagt mit Stein und Stecken?
Ist's nicht genug der Leiden und der Schrecken,
die keine Hand auf Erden tilgen kann?

Sahn euch nicht Augen stumm, wie flehend an?
Konnt Schönheit, Würde nicht der Blick entdecken,
nicht Schwermut, Trauer euch das Herz erwecken?
Eint Tier und Mensch nicht gleichen Schmerzes Bann?

Weh, daß ihr quält, statt euch beglückt zu freuen
an all den Wundern, die der Herr gegeben,
der Gott der Schöpfung, allen seinen Kindern!

Uns ward zu Lehn als Brüdern gleiches Leben,
und kein Geschöpf sollt uns nur fliehn und scheuen!
Helft Leben schützen und helft Leiden mindern!

Die Kreatur

In Bächen sah ich rotes Blut
aus tiefen Wunden sich ergießen,
ich sah der Leiber heiße Flut
verströmend auf die Erde fließen.

Ich sah in hilflos dunkler Qual
viel Augen stumm im Tode brechen,
leidunterworfen ohne Wahl
das Tier im Blick vom Leide sprechen.

Und mit den Tieren litt ich Not
und suchte tastend Gottes Hände
und betete, daß der Tod,
die Leiden der Geschöpfe ende.

Mensch im All

Kommen, Gehn, Geburt und Tod,
rings das All der Sterne –
und wir sehn, verstrickt in Not,
Rätsel nah und ferne.

Leben, Tod und Auf und Ab
ohne Wahl und Wissen –
alles wird vom Schoß ins Grab
ohne Halt gerissen.

Und je mehr der Blick erschaut,
wachsen rings die Weiten;
alles dehnt sich, daß uns graut,
in Unendlichkeiten.

Und in Ohnmacht stehn wir hier,
klein und immer kleiner,
und mit Schaudern fragen wir:
Hält uns nichts und keiner?

Tief im Staub und stumm im Schmerz
liegen wir alleine – –
Da spricht Gott: Ich weiß dein Herz,
birg es in das meine!

Zum neuen Jahr I

Das walte Gott! Die Zeit verrinnt.
Ein Jahr vergeht. Ein Jahr beginnt.
Zeit steht nicht stille.
Hat nichts hier seines Bleibens Statt,
sucht jed's, wo's Halt und Heimat hat.
's ist Gottes Wille.

Wir gehn dahin, jahraus, jahrein.
Die Zuflucht ist nur Gott allein
bei Nacht und Tage.
Fürs Morgen sorgt nicht eigne Plag.
Es ist genug, daß jeder Tag
das Seine trage.

Wir hatten gestern täglich Brot
und Tag für Tag trotz Angst und Not
genug zum Leben.
Und unverdient ward Gnad und Huld
uns reich in Los und Leid und Schuld
stets neu gegeben.

Was künftig ist, gleicht dunklem Tor.
Wir stehn mit Fragen stumm davor,
oft bang, mit Grauen.
Doch droht im Finstern viel Gefahr,
auch kommend Jahr ist Gottes Jahr!
Gott heißt vertrauen.

All Ding der Welt hat seine Zeit;
ihr Grund und Ziel ist Ewigkeit.
In Gottes Namen,
mit Gott sei jeder Schritt gewagt,
und Gott sei Lob und Dank gesagt
für alles! Amen.

Zum neuen Jahr II

Wir sind den Pfad geschritten
gar fremd durch fremdes Land.
Ach, kaum in Zelt und Hütten
das Herz hier Herberg fand!

Wir müssen alle wandern.
Das Ziel muß Heimat sein.
Geht eins hier mit dem andern
und doch zuletzt allein.

Kennt keins Weg, Steg und Straße;
das Jahr hat's nicht enthüllt.
Wer wüßt des Weltlaufs Maße,
den Sinn, der alles erfüllt?

So drängt uns Tag um Tage
von früh bis tief zur Nacht
weltaus, weltein nur Frage,
die eh und je gedacht.

Ringt jeder ganz alleine,
sinnt Leben und sinnt Tod –
und Du nur, Du, der Eine,
bist unsre Zuflucht, Gott!

Wird Zeit uns fürder treiben,
wie's eh und immer war –
wir wandern, Du wirst bleiben,
Gott, auch im neuen Jahr!

Ostern

Du Erde, jauchze Gott dem Herrn!
Ihr Himmel, jauchzt mit neuen Chören!
Laßt alle, alle nah und fern
den Jubellaut der Schöpfung hören!
Gott hat in Kraft und Herrlichkeit
die Welt erlöst aus Todesbanden.
Das Leben ist vom Tod befreit
aus Grabesgrüften neu erstanden.

In Christus ist der Feind gefällt.
Er, der am Kreuz vom Tod verschlungen,
der ist von Gottes Macht erwählt
als Herr durch Tod und Grab gedrungen.
Gott ist der Sieger! Hör's du Welt!
Nicht Kreuz, nicht Grab, nicht Tod kann enden,
was Gott erschuf und was er hält
allmächtig in den ewigen Händen.

Der Tod ist tot! Das Leben lebt!
Du Welt, dir soll vor nichts mehr grauen.
Und ob dein Herz erschrickt und bebt,
Du sollst den Herrn des Lebens schauen.
Das Grab der Welt ist aufgetan,
und Licht ward in den tiefsten Gründen,
und Gottes Bote ruft dich an,
die Auferstehung dir zu künden.

Osterlied

Der aller Dinge Ursprung ist,
Gott selbst, ward Mensch in Jesus Christ.
Der ewige Gott, unfaßlich groß,
ward Kind in einer Mutter Schoß,
trug Erdenleid und Menschenlos.
Kyrieleis.

Und er, der Schöpfer aller Ding,
in Jesus Christ am Kreuze hing,
litt aller Welt Schuld, Angst und Not,
starb dieser Erde bittern Tod,
er, aller Welten Herr und Gott.
Kyrieleis.

In Jesu Christ sank Gott hinab
zum Grund der Welt, ins Totengrab.
Die Erde reißt mit irrem Mut
an sich das heilig-höchste Gut,
raubt Gottes Leib, trinkt Gottes Blut.
Kyrieleis.

Doch der in Grab und Tode lag,
Gott selbst, hält Auferstehungstag.
Der Tod bezwingt das Leben nicht.
Gott ist, der allen Tod zerbricht,
schenkt uns in Christ das Osterlicht.
Halleluja.

Osterjubel

Frohlocke, Welt, im Osterlicht!
Christ ist vom Tod erstanden!
Das Grab bezwingt das Leben nicht
mit Stein und starken Banden.
Der Tag, das Licht hat größre Macht;
der Abend wird zur Mitternacht
an Lichts Gewalt zuschanden.

Wer's glauben mag, der glaub den Tod,
ich will das Leben glauben!
Es läßt sich doch der ewige Gott
sein Kind, den Sohn, nicht rauben.
Was Gott der Welt zum Heil gesetzt,
das läßt er, wahrlich, nicht zuletzt
in Asche nur zerstauben.

Wohl gab er hin in Kreuz und Leid
das allerliebste Leben;
er aber wußte schon die Zeit,
es neu ins Licht zu heben.
Er brach das Grab, zerriß die Nacht
und hat der Welt mit Übermacht
das Leben neu gegeben.

Frohlocke, Welt, jauchz, sing und kling!
Sing, Welt, vom Auferstehen!
Steh selber auf und sing und spring!
Des Königs Fahnen wehen!
Gott ist der Herr und sein der Sieg!
Welt, wer mit Christ dem Grab entstieg,
wird nimmermehr vergehen!

Singt Himmel, Sterne, Erd und All,
singt osterfrohe Weisen,
singt Baum und Strauch, klingt Berg und Tal!
Ihr sollt den Herren preisen!
Sing auch, mein Herz, sollst, Menschenkind,
mit allen, die erstanden sind,
auch auferstanden heißen!

Österliches Lied

Werde österlich, mein Herz!
Laß dir gar nicht grauen!
Schau ins Licht, nicht erdewärts!
Wirf ins Grab Leid, Tod und Schmerz!
Lerne Gott vertrauen!

Christus hat in Gottes Kraft
jeden Tod zerbrochen
und hat auch in deine Haft,
Herz, das Wort, das Leben schafft,
als dein Herr gesprochen.

Stehe auf aus Grab und Tod!
Laß den Leib verwesen!
Dring durch Tod und Todesnot,
dring mit Christ hindurch zu Gott!
Herz, du bist genesen!

Lied der Erlösten

An den hohen Festen der Christenheit zu singen

O Freude der Erde! Der Himmel ist offen,
entsiegelt, entriegelt die göttliche Welt!
O seht doch im Glauben, im Schauen und Hoffen
das Licht, das vom Himmel die Erde erhellt!
Singt Friede auf Erden, die Freude sagt allen,
verkündet die Gnade und Gottes Gefallen!

In Christ ist das Ewige irdisch erschienen,
erfüllt und zerbrochen der Tod und das Grab.
Wie gehn da, auf goldenen Brücken, zu dienen
die Boten des Himmels hinauf und hinab!
Singt Friede auf Erden, die Freude sagt allen,
verkündet die Gnade und Gottes Gefallen!

Hier flutet das Leben in göttlicher Fülle,
hier quellen die Brunnen, von Liebe gespeist.
O seht nur, wie schenkt sich der ewige Wille,
Gott, dreifach im Vater, im Sohn und im Geist.
Singt Friede auf Erden, die Freude sagt allen,
verkündet die Gnade und Gottes Gefallen!

Erlöst ist die Erde, entbannt und entbunden!
Ihr, Gottes Geschöpfe, seid königlich frei,
im Leben und Sterben gleich unüberwunden!
Der Himmel ist offen! Gott selbst steht euch bei.
Singt Friede auf Erden, die Freude sagt allen,
verkündet die Gnade und Gottes Gefallen!

Cantate

Singt dem Herrn ein neues Lied!
Jubelt Gott mit frohen Weisen!
Welt, erwecke dein Gemüt,
ihn, den Schöpfer, hoch zu preisen!
Mensch und Erde, betet an!
Gott hat Wunder viel getan.
Er soll Herr und König heißen.

Dankt dem Herrn mit Herz und Mund,
dankt ihm Liebe, Licht und Leben!
Gott hat bis zum tiefsten Grund
seine Gottheit hingegeben,
seine Weisheit, Güt und Macht
wirken, wandeln Tag und Nacht.
Seht ihn, seht ihn walten, weben!

Lobt und liebt ihn, Gott, den Herrn,
lobt und liebt ihn, Menschenkinder!
All und Erde, Staub und Stern,
Frühling, Sommer, Herbst und Winter!
Lob ihn, Leben! Lob ihn, Tod!
Lobt ihn, lobt den ewigen Gott!
Lernt ihn loben, arme Sünder!

Singt dem Herrn ein neues Lied!
Jubelt Gott mit frohen Weisen!
Welt, erwecke dein Gemüt,
ihn, den Schöpfer, hoch zu preisen!
Mensch und Erde, betet an!
Gott hat Wunder viel getan.
Er soll Herr und König heißen.

Amen.

Taufe

Gott schuf aus Lieb die Welt,
schafft immer neu das Leben,
und er, der gibt und hält,
hat auch dies Kind gegeben.

Sein Ursprung und sein Ziel,
ist Gott, muß Gott auch bleiben,
und fremder Mächte Spiel
kann's nicht aus Gott vertreiben.

Drum sind wir dieserstund
zur Taufe hier geladen.
Gott ist wie eh der Grund
der unermeßnen Gnaden.

Wir tauchen wasserein
dies Kind in Gottes Hände.
Da soll geborgen sein
sein Anfang, Lauf und Ende.

Der uns so taufen heißt
in dreimal heiligem Namen,
Gott Vater, Sohn und Geist,
er sei gepriesen! Amen.

Tauflied

Wir bringen dieses Kindelein,
Gott Vater, Deine Gabe,
und senken's in der Taufe ein
in Dich, o Gott, den Schöpfer sein,
daß es in Dir nun ganz allein
sein Hilf und Heimat habe.

Wir bitten Dich, Herr Jesus Christ,
zum Heiland uns gegeben,
leit, weil Du selbst das Leben bist,
das nirgend sonst zu finden ist,
dies Kind in seines Lebens Frist
durch Sünd und Tod zum Leben.

Du Heiliger Geist, steh bei dem Kind,
leucht ihm mit hellem Scheine,
mach sehend, wo die Augen blind,
zeig Weg und Ziel, hilf, daß sich's find
mit all'n die unterwegen sind,
heim in der Christeng'meine.

Anbetung

Du füllst den Himmel und das Meer,
die Erde und das Sternenheer,
Du trägst das All, wohnst allem ein,
sein letzter Sinn und tiefstes Sein.

Und alles kreist nach Dein'm Gebot,
Du wirkst im Leben und im Tod,
und was geschieht, dient Deinem Plan,
dem Gott und Bös gleich untertan.

Und alles preist Dich, Gott, den Herrn,
die Sonn, die Erd, der fernste Stern,
die Blumen, Tier und Menschenkind,
die Dein Geschöpf und Diener sind.

Und weil ich leb und web und bin,
gebettet in den ewigen Sinn,
preis ich Dich auch, Du großer Gott,
preis Dich im Leben und im Tod.

Zu neuen Taten

Laß fahren, was dich hemmt und hält!
Gott ruft zu neuen Taten.
Was gestern mannigfach verfehlt,
soll besser heut geraten.
Gott hat dir Leben neu verliehn.
Dein' Straße sollst du fröhlich ziehn
im Anblick seiner Gnaden!

Pack an den Pflug und pflüge recht,
mag auch die Arbeit plagen,
und tu als Gottes Magd und Knecht
getreu, was Gott wird sagen!
Sieh zweifelnd nicht im Werk zurück!
Schaff nur gehorsam heut das Stück,
das Gott dir aufgetragen!

Befiehl dich Gott! Fang tapfer an
dein Werk von Herzensgrunde!
Mit Gott ist alles wohlgetan
jetzt und zu jeder Stunde.
Und hast mit Gottes Güt und Macht
den Tag du dann zu End gebracht,
lob Gott mit Herz und Munde!

Vor den Bildern Michelangelos

(Adam in der Erschaffung und Adam nach dem Sündenfall)

In Adams Antlitz schuf des Meisters Hand
des Menschen Bild, o Bruder, meins und deins,
zweifältig Abbild zwiegespaltnen Seins,
dem keiner je sich durch sich selbst entwand.

Dies Antlitz hier: ein unbetretnes Land
und *eins* der Mensch, Geschöpf und Schöpfer *eins*!
Das Antlitz dort: voll dunklen Widerscheins
der Wißbegier, die Gut und Bös erkannt!

Des Menschen Bild! Ach, nur ein fernes Licht
vom Schöpfungsmorgen glänzt noch auf den Stirnen.
Das dunkle Wissen furcht uns das Gesicht.

Doch wie die Nacht sich sehnt nach den Gestirnen,
verlangt das Herz, das tief die Schuld verhüllt,
nach neuer Schöpfung: Mensch, sei du mein Bild!

Der Bildner

Aus weichem Ton vom dunklen Grund der Erde
schaffst meisterlich du eines Menschen Bild.
Wie Gott befiehlt, daß Sein dem Nichts entquillt,
so wirkst nun du, daß neu ein Anlitz werde,

bannst in das Irdne Ausdruck und Gebärde
lebend'gen Leibs, den Gottes Atem füllt,
daß noch der Stoff, der schwere, es enthüllt,
was Gott, der Schöpfer, seiner Welt gewährte.

O hohe Kunst, dem ew'gen Geist verwandt,
der sich verleibt und zahllos Wunder schafft
und, sich gestaltend, uns das Aug' entzückt!

Du sinnst ihn nach mit deines Geistes Kraft,
und fühlend, tastend, durch die Kunst der Hand
gebiert dein Herz das Werk, das uns beglückt.

Einem jungen Mädchen

Die Welt ist Deiner Wunder voll,
Du Schöpfer ohne Maßen!
Kein Wort, das sie beschreiben soll,
kann Werk und Wunder fassen.
Ich find Geheimnis überall
und muß in Rätseln ohne Zahl
Dich, Ewiger, wirken lassen.

Ich seh mit Lust die Sonne glühn,
der Sterne goldene Funken,
seh all die Blumen leuchtend blühn,
bin schier vor Schönheit trunken,
seh traurig all die Pracht vergehn,
doch staunend wieder neu erstehn,
was welk im Staub versunken.

Und im Geheimnis mittenin
seh ich mein eignes Leben,
weiß weder Was, Woher, Wohin,
spür nur das große Weben
und ahn: Es wird mir Brot und Not,
des Lebens Tag und Nacht und Tod
nicht unversehns gegeben.

Begreif ich nicht die große Welt
und mag mir manchmal grauen,
wirk alles, Gott, wie dir's gefällt,
und laß mich dir vertrauen
und in den Wundern ohne Zahl
und im Geheimnis überall
ins große Herz dir schauen!

Missionarische Ausrichtung – Freude am Wort Gottes

Bekenntnis und Verkündigung

»Das ist meine Freude
daß ich mich
zu Gott halte
und meine Zuversicht
setze auf Gott den
HERRN,
daß ich verkündige
all dein Tun«

(Psalm 73,28)

Advent

Im Ring des Jahrs ist nun Advent!
Der Ruf hat uns getroffen.
Am grünen Kranz ein Lichtlein brennt,
ein Licht, und heißt uns hoffen.
Wir Menschen, die im Dunkeln stehn,
wir dürfen in dem Lichte sehn
schier alle Himmel offen.

Advent wird nicht durch Menschenmacht.
Wir können Gott nicht zwingen.
Er aber hat bei sich bedacht,
der Welt das Licht zu bringen.
Er wollt im Licht durch alle Not,
durch Erdenleid und Schuld und Tod
aus lauter Liebe dringen.

Das war ein seliger Advent,
als Gott in Christ gekommen
und, wo wir darben gottgetrennt,
die Wohnung sich genommen.
Nun ist der Welt verlorner Sohn,
das Menschenkind, frei aller Fron
daheim mit allen Frommen.

Wir haben's tausendmal gehört
und alle Jahre wieder,
doch Tag und Jahr gar oft verstört;
viel Lasten beugen nieder.
Ach, daß mein Herz es neu erkennt:
Wir werden wahrlich im Advent
Gotts Söhne, Freund' und Brüder!

Getroster Advent

Geh auf, mein Herz, mit Freuden!
Von ferne grüßt der Tag.
Die Nacht ist im Verscheiden,
die lastend auf uns lag.
Die dunkelste der Stunden
ist die vor Mitternacht.
Die ist nun überwunden.
Der Tag wird wiederbracht.

Der Tag wird wiederkommen,
doch nicht der alte nur.
Mein Herz hat wahrgenommen
eines neuen Lichtes Spur.
Ein Stern ist aufgegangen,
den ich noch nie gesehn.
Ein Glanz hat angefangen,
wie tausend Sonnen schön.

Wohl stehn wir noch im Dunkeln.
Die Welt wird anders nicht,
doch tröst' mit seinem Funkeln
uns nun das neue Licht.
Weil Jesus Christ geboren,
ist Mitternacht vorbei.
Wir lauschen unverloren
dem ersten Hahnenschrei.

Freut euch! Gott ist nah

Hat das Jahr sich nun geründet,
hat der Erdball sich gedreht,
wird uns neu das Wort verkündet,
das in Ewigkeit gegründet
durch die Zeiten geht.

Hört es neu, das Wort der Gnaden,
das der Welt das Leben gibt:
Last und Leid und Schuld und Schaden
hat Gott selbst auf sich geladen,
weil er uns geliebt!

Hört und seht, wie sich's erfüllte
dort inmitten dunkler Nacht,
seht, wie Gott sein Herz enthüllte,
daß er uns das unsre stillte,
seht, was Gott vollbracht!

Weihnacht, Weihnacht wird nun wieder!
Heute gilt, was einst geschah:
Gott stieg aus den Himmeln nieder.
Hebt die Herzen, singt ihm Lieder!
Freut euch! Gott ist nah!

Weihnacht

Die Nacht ist tief. Der Weg ist weit.
Wir wandern durch die dunkle Zeit.

Wir gehn fürbaß, doch Schritt für Schritt
geht unsre dunkle Schwermut mit.

Die weint in uns und seufzt und klagt.
Das Herz ist wund und todverzagt.

Die Wegfahrt, ach, ist schwer und lang.
Wir sind allein, und uns ist bang.

Wir gehn – wohin? Dem Lichte nach
von dem zur Nacht der Engel sprach.

Denn irgendwo am Rand der Welt,
da ist das Hüttlein aufgestellt,

drein Gott sich gab zur Nacht als Kind,
daß ruhlos Herz hier Ruhe find'.

Weihnacht

Als Tier und Menschen schliefen
in dunkler Mitternacht,
geschah's, daß Engel riefen
vom Himmel her mit Macht.

Sie riefen Fried und Freude
weit über Berg und Feld:
Geboren ist euch heute
der Heiland aller Welt!

Das war die frohste Kunde,
die je der Welt geschah.
Gott kam zu dieser Stunde
der Erde sichtbar nah.

Mein Herz, hast du vernommen
das Wort vom Retter Christ?
O sieh, er ist gekommen,
der auch dein Heiland ist!

Steh auf und lauf geschwinde,
brich auf aus Nacht und Not!
Im Stall dort bei dem Kinde
erwartet dich dein Gott!

Als die Zeit erfüllet war

Als einst die Zeit erfüllet war
in Menschennot und Sünden,
ließ Gott durch seiner Boten Schar
der Welt das Heil verkünden.
Es kam zu uns durch Christ, den Sohn,
aus Mutterleib geboren,
und kam doch her von Gottes Thron,
zu retten, die verloren.

Gott ging in unsre Armut ein,
hat's so in Lieb beschlossen;
er hat in unsre Welt hinein
sein eigen Blut vergossen.
Von Kripp und Stall zu Kreuz und Tod
hat alles er getragen,
der Menschen Schuld, der Erde Not,
ihr Leid und alle Plagen.

Auch meine Last nahm Gott auf sich
in ewigem Erbarmen.
In Christ kam auch das Heil für mich,
den Ärmsten unter Armen.
Des tröst ich mich und fürcht mich nicht
auf dunklen, schweren Wegen.
Mir leuchtet Gottes Angesicht
in Jesus Christ entgegen.

Weihnacht will's nun wieder werden

Weihnacht will's nun wieder werden,
Nacht, in die der Engel spricht
frohe Botschaft: Fried auf Erden!
Freut euch! Fürcht' euch nicht!

Immer wenn das Jahr sich ründet
und die Nacht am längsten währt,
wird der Welt das Licht verkündet,
das ins Dunkle fährt.

Wenn in Nacht und Not verloren
keins mehr Halt und Hilfe find't,
naht sich Gott und wird geboren
arm als Mensch und Kind.

Sucht als Ärmster unter allen
unsre Armut, Hütt und Herz,
und als wär's sein Wohlgefallen,
trägt er unsern Schmerz.

Weihnacht will nun wieder werden.
Hört's, wenn heut der Engel spricht:
Gott ist da! Drum Fried auf Erden!
Freut euch! Fürcht' euch nicht!

Hirten hörten Gottes Kunde

Als die Zeit erfüllet war
und Gott sprach ein neues Werde,
wußten's nicht die Herrn der Erde;
keinem wurde Gotts Gebärde,
keinem Großen, offenbar.

Diese Welt ist taub und blind,
hat sich selber nur im Sinne,
daß sie Macht und Ruhm gewinne,
hört und sieht nichts vom Beginne
Gottes in Marien Kind.

Hirten waren's auf dem Feld,
armes Volk in nächtiger Stunde,
und sie hörten Gottes Kunde
tröstlich aus der Engel Munde,
sahn im Stall das Licht der Welt.

Gott läßt leer, die reich und satt.
Doch nun weiß ich sein Verheißen:
Immer will er tränken, speisen,
den, der nach der Menschen Weisen
gar nichts ist und gar nichts hat.

Herr, in Demut bitt ich Dich:
Kann ich mich, den Elend-Armen,
nicht erleuchten, nicht erwarmen,
ei, so wollst Du Dich erbarmen
und mit Dir beschenke mich!

O Wunder, nicht zu fassen!

Gott ist zur Welt gekommen,
verleibt in Jesus Christ,
und hat auf sich genommen,
was uns nicht tragbar ist.
Die Liebe hat erkoren
die Last, das Licht, die Nacht;
ward arm für uns geboren,
und alle, die verloren,
hat Gottes Armut reich gemacht.

O Wunder, nicht zu fassen,
daß Gott sich so verleibt,
daß ihn auf unsre Straßen
die große Liebe treibt!
Nicht fassen und doch wissen
will ich's zu aller Stund:
Auch mich hat Gott entrissen
Not, Tod und Finsternissen.
Auf ewig gilt sein Liebesbund.

Weihnachts-Kanon

Singt, singt, singt, singt,
singt Frieden auf Erden,
Halleluja,
die Freude sagt allen,
Halleluja!
Verkündet die Gnade
und Gottes Gefallen
und singt, singt, singt, singt,
singt Frieden auf Erden,
Halleluja!

Weihnacht

So dunkel war die Nacht noch nicht,
der Himmel ohne Stern und Licht,
die Welt so ohne Freudenschein,
das Herz in Trauer so allein.
Und als die Nacht am tiefsten war,
das Herz am allerbängsten,
rief Gott durch seine Engelschar
die Welt aus ihren Ängsten.

So ward der Himmel nie erhellt,
noch nie so licht die weite Welt,
so ward der Erdkreis nie erneut,
das Menschenherz noch nie erfreut.
Aus Gottes Lieb in heiliger Nacht
ist uns ein Kind geboren!
Dies Kind hat Gottes Licht gebracht
der Welt, die ganz verloren.

Welt, dir ist wunderlich geschehn!
Mein Herz, heb an, es auch zu sehn!
Ihr Augen, schaut, was Gott getan!
Du Erde, sieh und bete an!
Das Licht scheint in der Finsternis,
muß Raum und Zeit durchdringen!
Und keine Macht, das ist gewiß,
kann dieses Licht bezwingen!

Weihnacht

Verschlossen war das Himmelszelt,
bedeckt vom Dunkel alle Welt.
Da führt Gott selbst den Tag empor
und tut uns auf das Himmelstor!

Der fern in ewigem Lichte webt,
nun selbst die dichten Schleier hebt
und tritt aus seiner Ewigkeit
in unsern Raum, in unsre Zeit.

Wer Gott schaut, stirbt! So war bedroht
der Mensch vor Gott mit bittrem Tod.
Nun hat Gott selbst sich offenbart,
schenkt frei uns seine Gegenwart.

Das Wort ward Fleisch, ward Mensch und Leib,
ward erdgeboren durch ein Weib,
kam als ein Herr, doch ohn Gewalt,
kleid't sich in Kinds- und Knechtsgestalt.

Das tat Gott alles uns zu gut.
Wollt helfen unserm Fleisch und Blut,
wollt Vater uns und Bruder sein,
uns aus der Fremde Fron befrein.

O Mensch, das Wunder ist geschehn,
und deine Augen dürfen's sehn!
Die stille, heilige Weihenacht
hat auch für dich das Licht gebracht.

In Christ ist dir das Heil bereit
für Erdenzeit und Ewigkeit.
In Christ leucht dir das Licht der Welt,
das alle Finsternis erhellt.

Reiß auf dein Herz! Tu auf dein' Sinn!
Steh auf und lauf zur Krippe hin!
Brich auf aus aller deiner Not!
Dort an der Krippe wartet Gott!

Weihnacht ist heute

Nun öffnet euch, Himmel, erschließe dich, Erde,
nun öffne sich alles, daß Weihnachten werde!
Der ehe gekommen, der kommt auch noch heute.
Gott selber will kommen. O Freude, o Freude!

Ach, wallet, ihr Meere, jauchzt, Berge und Hügel!
Klingt, Räume und Zeiten, springt, Ketten und Riegel!
Der ehe geboren aus ewigem Willen,
will heute, auch heute mit Leben erfüllen.

O jubelt, ihr Sonnen, ihr himmlischen Sterne,
erglühe im Lichte, unendliche Ferne!
Die ewige Liebe, vom Himmel erschienen,
will heute, auch heute uns helfen und dienen.

Nun öffne, mein Herz, die verschlossene Pforte,
brich auf und empfange im Glauben die Worte:
Geboren wird heute der Heiland der Erde!
Er kommt nun, er kommt nun, daß Weihnachten
werde!

Sagt's allen, die leben! Hört's alle, ihr Toten!
Gott hat uns den Frieden, die Freude geboten.
Nun wende und wandle sich alles zum Segen.
Der Heiland ist nahe! Kommt, lauft ihm entgegen!

Die Weisen aus dem Morgenland

Von Ost gen Westen wandern drei,
zu suchen, wo der König sei,
der, erdgeboren, alle Welt
mit Gottes ewigem Licht erhellt.

Sie gehn fürbaß. Das Ziel ist fern.
Sie haben nichts als Stab und Stern,
den Stab, mit dem der Pilger reist,
den Stern, der in die Ferne weist.

So ziehn sie hin bei Tag, bei Nacht
und geben auf das Zeichen acht,
und zeigt sich heut das Ziel noch nicht,
sie folgen Schritt für Schritt dem Licht.

Wer wüßt das Ziel, verstünd die Zeit?
Ach, Gottes Weg ist fremd und weit!
O laßt uns wie die Weisen gehn,
bis wir am Ziel im Lichte stehn!

Rettung und Gericht

Am Kreuze Christs wird offenbar
des Menschen Schuld und tiefe Not,
ach, mehr noch: daß ich selbst es war,
des Sünde schuf so bittren Tod,
und daß ich ihn noch jeden Tag
ans Kreuz mit meinen Fäusten schlag.

Am Kreuze Christs wird offenbar
ob dieser Erde Not und Schuld
die Liebe, die von Anfang war
und bleibt, Barmherzigkeit und Huld.
Ich weiß, daß täglich mich umfängt
die Liebe, die am Kreuze hängt.

So ragt das Kreuz in dieser Welt,
zur Rettung ihr und zum Gericht.
Hier ist die Schuld zur Schau gestellt,
die Schuld der Welt in Gottes Licht.
Dies Licht verschlingt die tiefste Nacht,
drum ist am Kreuz mein Heil vollbracht.

Er trug unsre Krankheit und lud auf sich unsere Schmerzen

Trüg Last und Leid und Schmerzen
nur jeder selbst, allein,
wir müßten, krank am Herzen,
schon längst zerbrochen sein.

Doch was uns je bedrücken
und tief bedrängen mag,
trägt Gott auf seinem Rücken
schon seit dem ersten Tag.

Und sind wir so zerschlagen,
daß kaum das Herz noch schlägt,
hilft immer der noch tragen,
der uns und alles trägt.

Das Kreuz ragt hoch weltmitten,
doch wo sein Schatten fällt,
hat Gott schon längst gelitten
für uns das Leid der Welt.

Karfreitag

Die Welt hält über Gott Gericht.
Zum Herren wirft sich auf der Knecht,
fällt harten Spruch und beugt das Recht.
Die Finsternis verschlingt das Licht.

Ach, immer bricht die Welt den Stab
und spricht ihr »Schuldig!« über Gott,
henkt ihn ans Kreuz und schlägt ihn tot
und macht die Welt zu Gottes Grab.

O wehe, Welt, wie bist du blind!
O wehe, Welt, – mein Herz erschrickt:
Hab mittenin mich selbst erblickt,
wo Menschen Gottes Mörder sind!

Gottlose Welt, Welt ohne Gott,
im Fluch der Schuld entgöttert, bloß –
und dennoch wirst du Gott nicht los!
Das Leben – Gott – zerbricht den Tod.

Ostern

Sagt's überall, ruft's laut ins Land,
daß Christ, der Herr, heut auferstand!
Er stieg aus Nacht und Tod ins Licht,
das Grab hielt seine Beute nicht.
Halleluja!

Christ ist des ewigen Lichtes Glanz,
in ihm ist Gott, das Leben, ganz,
und wer ihm folgt, dem wird zuteil
Fried, Freud und Freiheit, Sieg und Heil.
Halleluja!

Glaub, wer da will, den finstren Tod!
Christ ist das ewige Morgenrot,
der helle Tag, das Licht der Welt.
Heil allen, die sich ihm gesellt!
Halleluja!

O wagt's, mit Christ den Weg zu gehn,
aus Grab und Grüften aufzustehn!
Steht auf und lebt mit Jesus Christ,
der Leb'n und Auferstehung ist!
Halleluja!

Auferstehung

Heute sollst du auferstehn
aus der Erde Klüften,
heute auferstanden gehn
über Grab und Grüften!

Siehe zweifelnd nicht zurück,
Mensch, mit Sorg und Frage!
Auferstеh, und vorwärts blick
heut an diesem Tage!

Wäre Christus tausendmal
aus dem Grab erstanden,
nicht in dir, du bliebst mit Qual
doch in Todesbanden.

Heute will aus deiner Haft
Gott, dein Herr, dich heben!
In der Auferstehung Kraft
fange an zu leben!

Lebe! Geh an Christi Hand!
Aufersteh vom Staube!
Jeder seh, daß Christ erstand,
Mensch, an dir – und glaube!

Der Dreieinige Gott

Wir beten Gott, den Vater, an,
dem Erd und Himmel untertan,
der alles schuf, birgt, trägt und hält,
des Hand nicht Stern, nicht Staub entfällt.

Wir halten uns an Jesus Christ,
Gotts Sohn, der unser Bruder ist,
des Leib und Blut die Welt erlöst,
des Kreuz in Sünd und Tod uns tröst'.

Wir bitten Gott um Heiligen Geist,
des Flut mit Leben tränkt und speist,
daß er in Gnaden bei uns wohn
und bring zum Vater und zum Sohn.

Gott, Glanz und Glut in Ewigkeit,
ward offenbar in Raum und Zeit,
zeigt aller Welt – dreifältig Licht –
zum Heil sein Wesen und Gesicht.

Der so verborgen-offenbar,
ist unsre Zuflucht immerdar.
Vertraut ihm, der dreieinig heißt,
und preist Gott Vater, Sohn und Geist!

Sankt Michael

Sankt Michael! Sankt Michael!
Von allen Gewalten vor Gott und der Welt
trägst du den gewaltigsten Namen.
Zum Hüter und Wächter des Lichtes bestellt,
so stehst du für Gott als der himmlische Held
im Kampf ohne Furcht und Erlahmen.
Sankt Michael!

Sankt Michael! Sankt Michael!
In deinem Gefolg stehn als himmlisches Heer
der Engel erhabene Scharen
und müssen gewaltig wie Berge und Meer
und unüberwindlich mit Waffen und Wehr
den Herren der Welt offenbaren.
Sankt Michael!

Sankt Michael! Sankt Michael!
Du rufst durch die Räume,
Du fragst durch die Zeit;
wohlan, ob wohl einer Gott gleiche:
Wer ist wie der Herr,
der Allmächtige im Streit?
Erkennt, da ist keiner, und sucht ihr ihn weit
auf Erd und im Himmelsbereiche!
Sankt Michael!

Sankt Michael! Sankt Michael!
Du siegst ob dem Drachen,
schlägst Teufel und Tod,
des Höllenpfuhls finstre Gesellen,
und stehn wir mit dir unter Gottes Gebot,
wir werden mit Gott und trotz grimmiger Not
im Kampfe den Satanas fällen.
Sankt Michael!

Auftrag

Was ist das Wort, das mir zu künden kam?
Prüft ihr das Maß, so nennt ihr's wohl Gedicht.
Doch Angst und Qual und Schrecknis sagt ihr nicht,
die ich erfuhr, als ich das Wort vernahm;

die Leere nicht, der großen Armut Gram,
da nicht erhellt die Nacht ein einzig Licht –
bis mich zu reden zwang ein fremd Gesicht
von Tod und Leben, ach, mit Scheu und Scham.

Wer ist's, der spricht? Du bist es, Gott, nur Du.
Ich gleich der Welt vorm ersten Schöpferruf,
bin gleich dem Nichts der qualvoll leeren Gründe.

Du bist's, der schafft, sprichst Wort und Weisung zu,
Du, der die Welt und noch mein Stammeln schuf,
den ich mit Schaudern und in Schwachheit künde.

Ausschütten wollt' ich mein Herz

Ausschütten wollt' ich mein Herz,
ausschütten Liebes und Leides,
das mich erfüllte – ja, beides
ausschütten Freude und Schmerz.

Immer wie feurige Glut
brennt mir's im innersten Grunde,
drängt mir's vom Herzen zum Munde
stark wie die strömende Flut.

Aber, was tief mir vertraut
brodelt im Abgrund der Seele –
sprang mir's im Wort von der Kehle,
war's nur ein stammelnder Laut.

In fremdem Land

Nach unbegriffnen Maßen,
wie fremd in fremdem Land,
ziehn wir der Erde Straßen,
noch einsam Hand in Hand.

Schaut mancher wohl beim Wandern
gar manchem ins Gesicht.
Doch keiner kennt den andern,
kennt ja sich selber nicht.

Kann jeder nur sich wagen,
spricht eins dem andern zu:
Dies Los, wir müssen's tragen,
so einsam, ich wie du!

Die Zeit ist schwer (Sonett VII)

Die Zeit ist schwer, sie lastet überschwer.
Was Leib und Seele jetzt an Not ertragen,
gewohntes Wort vermag es nicht zu sagen –
wer wagt mit Bechern sich an Strom und Meer?

Wo Städte blühten, ist es öd und leer!
Das Volk vertrieben, oft verbrannt, erschlagen!
Das reiche Erbe aus vergangnen Tagen,
der Väter Werk – der Enkel find's nicht mehr!

Die Völker brodeln alle im Gericht
und büßen schaurig ihres Abfalls Taten,
Gott, der Vergeßne, der jetzt Urteil spricht,

er sucht uns heim – das ist der Sinn der Zeit!
Begreifen wir's? Und sind wir nun bereit?
durch sein Gericht noch wollt uns Gott begnaden!

Die Welt

Die Welt geht ihren gleichen Gang
jahrtausendlang, jahrtausendlang – –

Sie geht und kreist – woher, wohin –,
und keiner weiß Weg, Ziel und Sinn.

Wir tappen fremd in Raum und Zeit,
verloren in Unendlichkeit.

Bleibt alles Stammeln für und für,
nur Tasten vor verschloßner Tür.

Und Größres war noch nie genannt:
Die Welt, sie ruht in Gottes Hand.

Gott ist, der alles trägt und hält,
samt Leben, Tod, die ganze Welt.

In ihm ist Ursprung, Sein und Ziel,
bei ihm allein ist Wahl und Will.

Sei was es sei, es steht im Plan
des Herrn und ist ihm untertan.

In Gott geht alles guten Gang
jahrtausendlang, jahrtausendlang – –

geht guten Gang ohn' Zahl und Zeit
von Ewigkeit zu Ewigkeit.

Sendung

Ihr seid das Salz der Erde,
ihr seid das Licht der Welt,
bleibt ihr in meiner Fährte
mir ohne Falsch gesellt.
Ein Feuer will ich zünden
und wollt, es brennte schon!
Ich kam, das Heil zu künden
trotz Teufels Haß und Hohn.

Folgt mir getrost im Glanze
des unbesiegten Lichts!
Steigt fröhlich auf die Schanze
und kämpft und fürchtet nichts!
Die Stadt, hoch auf den Höhen
erbaut und fest gefügt,
wird überall gesehen,
von keinem je besiegt.

Geht hin, seid meine Boten,
den Blick zum Ziel gewandt!
Die Toten laßt den Toten!
Treibt Gottes Pflug ins Land!
Tragt weit das Wort des Lebens!
Sät aus! Gott läßt's erblühn.
Seid Glut! Und nicht vergebens
solln eure Fackeln glühn.

Das Reich ist euch verheißen.
Bewahrt, was Gott gewährt!
Kein Feind kann's euch entreißen,
gleich, was euch widerfährt!
Und drängt wie wilde Meute
die Welt, bleibt Siegs gewiß!
Springt unter sie mit Freude
zum Trotz der Finsternis!

Zum Licht und Salz auf Erden,
Herr, werd ich nur durch Dich!
Ich will Dein Bote werden.
Hier bin ich. Sende mich!
Tilg Sorge, Furcht und Grauen,
die Scheu vor Schmach und Not!
Herr, hilf! Laß mich vertrauen
und treu sein bis zum Tod!

Gesetz der Mitte

Es ist doch immer *eine* Not,
in der wir uns hier alle gleichen:
daß wir von unsrer Mitte weichen,
das Leben suchen in dem Tod.

Wir lernen's nicht, daß alles stirbt,
das seine Heimat hat verlassen;
ein hart Gesetz und schwer zu fassen,
an dem doch alle Flucht verdirbt!

Der Gott, der unser Ursprung ist,
der muß auch Grund und Ziel uns bleiben.
Verloren sind wir, wenn wir treiben.
Dem Tod verfällt, wer Gott vergißt.

Und keine Hilfe ist bereit
als die, daß wir nach Hause finden,
auf's neue uns mit Gott verbinden,
Heimkehrer in die Ewigkeit.

Zum Geleit

Nun geh den Weg und tu den Schritt
und hab ein fröhlich Herz!
Gott geht auf allen Wegen mit
durch Freuden und durch Schmerz.

Du siehst ihn nicht von Angesicht
mit Aug' und irdischem Sinn
und stehst in Gottes ewigem Licht
doch allzeit mittenin.

Du atmest ihn so wie die Luft
und schwimmst in seiner Flut,
und immer, eh dein Mund ihn ruft,
ruhst du in seiner Hut.

Drum wag den Weg und geh den Pfad,
den Gott dich gehen heißt!
Sein Weg ist immer recht und grad,
wenn du auch gar nichts weißt.

Gib hin dein Herz ihm, der dich rief,
dien dem, der dich gesandt,
und bleib sein Kind und birg dich tief
in Gottes Vaterhand!

Tägliche Heimkehr

In meines Schöpfers Willen
ruh ich von Anbeginn,
und muß in ihm doch stillen
stets neu den wirren Sinn.

Ich weiß, ich bin geborgen
in meines Vaters Haus,
und brech doch alle Morgen
aus seinen Schranken aus.

Lauf' irr nach meinem Glücke
ach, Gott, wie lange schon,
und kehr' all Nacht zurücke
als der verlorne Sohn.

Und wein mich in den Armen
des großen Vaters aus,
und bin durch sein Erbarmen
doch Kind im Vaterhaus.

Verlorener Sohn

Das ist ein wunderlich Gewähren,
das uns von Dir, Gott, widerfährt!
Wir sind doch alle nur mit Schwären
in lauter Lumpen heimgekehrt.

Wir meinten alle, eitle Toren,
wir fänden ohne Dich das Glück,
und haben Dich und uns verloren
und kamen bettelarm zurück.

Und in den vielen Erdenjahren
ist keiner, der das nicht erfuhr.
Und das nur ward als Glück erfahren:
nach Hause eine Wegespur!

Und daß wir täglich uns verlieren,
Du aber wartest Tag und Nacht,
Verlorene in Dein Haus zu führen –
das ist es, was mich staunen macht.

Hättst Du verstoßen zu den Knechten,
gedroht, uns wäre wohl geschehn,
Du aber küßt die Ungerechten –
und das kann nie ein Geist verstehn.

Dein Zorn, der wäre süß gewesen
und lind der Tod aus Deiner Hand,
doch daß der Heilige liebt den Bösen,
geht über jeglichen Verstand.

Und noch der letzte Schein von Größe,
versteckt, verwahrt, ein armer Raub,
erstirbt –, und nur noch Nacktheit, Blöße,
stürz ich hinunter in den Staub.

Ich weiß es wohl

Ich weiß es wohl, es sind nur arme Dinge,
die ich mich Dir zu bringen unterwinde,
doch ist's mein Herz, und was ich sag und singe,
und red ich töricht wie von Farb der Blinde,
ich bring's, weil Du, Gott, mir Dein Herz gegeben.

Dir bringen andre ihre reiche Gabe,
und mich erfreut's, wie Dich die Großen preisen.
Vergib, nimm an, da ich nichts Beßres habe,
was Not und Liebe mich zu sagen heißen,
den armen Laut, mein Gott, von Tod und Leben.

Tröstung

Wo bliebe einer von uns allen,
hielt nicht ein andrer unverwandt,
wo wir auch weilen, gehn und fallen,
uns gnädig fest mit starker Hand!

Und sagt es nie ein Wort zu Ende,
ist dennoch unser Herz gewiß,
daß nichts der Hut der Gotteshände
uns je entreißt, nichts je entriß!

Confirmatio

Du heißt ein Christ. So sei's auch recht!
Du trägst das höchste Zeichen
und bist des größten Königs Knecht,
dem alle Herren weichen.
Des wahren Adels Ehr ist Pflicht.
Du heißt ein Christ! Sollt dir das nicht
zur Ehr und Pflicht gereichen!

Du heißt ein Christ. So sei gewiß!
Es geht auf Tod und Leben.
Da gilt's: Hier Licht, hier Finsternis,
nicht dies und das daneben!
Doch streitst du kühn in diesem Krieg,
trotz Tod und Teufel wird der Sieg
dir ganz gewiß gegeben.

Du heißt ein Christ! So sei getrost!
Es kann dir nichts geschehen.
Wie grimm der Sturm auch tobt und tost,
Du wirst nicht untergehen.
Und ob du littst gleich Not und Tod,
noch in der Hölle wird dein Gott
ohn Wandel bei dir stehen.

Du heißt ein Christ. So halte fest!
Denn Gott ist gar nichts gleiche.
Acht, daß die Hand den Pflug nicht läßt,
vom Ziel dein Blick nicht weiche!
Hier dient man, wahrlich, nicht um Lohn,
und dennoch gilt's, daß Kranz und Kron
dein Herr am End dir reiche!

Du heißt ein Christ. Bedenk es wohl!
Du trägst den schönsten Namen.
Dich traf ein Ruf, und darum soll
dein Jawort nie erlahmen.
Gott ist dein Herr durch Jesus Christ.
Bedenk, daß du sein Eigen bist
jetzt und auf ewig, Amen.

Mahnung

Es rede, wahrlich, nicht von Gott,
wer unverwandelt bleibt,
in dem das Leben nicht im Tod,
Gott selbst, sich nicht verleibt!

Wer Gottes ist, der sei es auch,
ganz unter Gott gebeugt!
Es ward noch nie mit Schall und Rauch
Gott wahr der Welt bezeugt!

Nachfolge

Christ, Du hast mein Herz gewonnen
und mit Freud erfüllt.
Licht ob allen Sonnen,
Brunn ob allen Bronnen,
Du hast allen Durst gestillt.

Lange irrt ich wie verloren
durch die Fremde hin,
seit Du mich erkoren,
ist wie neugeboren
und verwandelt Herz und Sinn.

Gott war tief in Nacht verborgen,
Nacht ist nun erhellt,
und nach Sünd und Sorgen
steht ein neuer Morgen
leuchtend über meiner Welt.

Ordne in Deine Geleite,
Christ, in Deine Schar,
zeig mir Ziel und Weite,
und mach hier und heute
meine Augen hell und klar!

Laß mich Dich, Herr Christ, verkünden,
wo man Dich nicht kennt!
Wollst ein Feuer zünden
und uns all verbünden,
daß durch uns Dein Feuer brennt!

Zum Dienst bereit

Vorüber ist die dunkle Nacht,
Gott wacht mit neuen Gnaden.
Er nahm im Finstern mich in acht
vor Unfall, Leid und Schaden.
Ich durft' in Gottes Armen ruhn;
in seinen Händen bin ich nun
zum neuen Tag geladen.

Der neue Tag birgt Lust und Last.
Ich blick ihm fest entgegen
und will, gestärkt durch Ruh und Rast,
nun froh die Hände regen;
will keiner Arbeit Mühsal scheun,
vielmehr mich meines Werks erfreun
auf meines Gottes Wegen.

Gott hat sein Werk aus Lieb getan
und kann's nicht anders treiben.
Er mußt' der Welt von Anfang an
sein ganzes Herz verschreiben.
Und ob die Welt gleich viel verschuld't,
wollt' Gott mit Huld und viel Geduld
aus Gnad ihr Vater bleiben.

So will ich, da der Tag beginnt,
mein Tagwerk auch beginnen
und, liebreich wie mein Gott gesinnt,
nur lauter Gutes sinnen
und, wie das Licht sich selbst verschenkt
und sich hinein ins Dunkle senkt,
in Gottes Schöpfung dienen.

Geborgen

Du hast in alten Zeiten
Dein Volk aus tiefer Not erlöst,
hast oft durch Dein Geleiten
die tief Bekümmerten getröst'.
Wo alles sich verschworen
mit Menschenrat, List, Lug und Macht,
da blieben doch durch Deine Wacht
die Deinen unverloren.

Du hast mit großen Taten
die Völker wie im Spiel gelenkt
und hast, noch eh sie baten,
Herr, den geringsten Schutz geschenkt.
Ja, lieber Herr, der Kleinen,
die jedermann mit Spott verlacht,
hast Du, Du großer Gott, gedacht
als Deiner liebsten Deinen.

Auf Dich nur will ich schauen
auch diesen Tag mit meiner Not
und will mich Dir vertrauen,
Du großer Helfer, Herr und Gott.
Du kannst doch alles wenden,
bist mächtiger als alle Macht,
und ich bin sicher Tag und Nacht
in Deinen starken Händen.

Im Leben und im Sterben
ist das allein mein Halt und Trost.
Nichts, nichts kann mich verderben,
wie wild der Sturm auch tobt und tost.
Du bist doch Gott alleine!
So ungestüm ist keine Schlacht,
daß nicht doch wird hindurchgebracht,
Herr, was Du schirmst, das Deine!

Gott schweigt?

Hin durch die Welt hallt Gottes Schritt.
Wir hören's wohl. Wir achten's nicht.
Geht keiner Gottes Wege mit.
Glaubt jeder an sein eignes Licht.

Her durch die Welt gellt Gottes Schrei,
der Ruf von Rettung und Gericht:
Daß Gottes Welt auch Gottes sei!
Wir hören's wohl. Wir achten's nicht.

Gott kommt und ruft, Gott geht und schweigt,
enthüllt, verdeckt sein Angesicht.
Doch wie auch immer Gott sich zeigt –
wir hören's wohl, wir achten's nicht!

Anders kann dich Gott nicht segnen

Nur was erschüttert, kann uns auch bewegen.
Was uns bewegt, nur das kann uns verwandeln.
Nur was uns wandelt, wird uns selbst zum Segen.
Nur die er segnet, ruft sich Gott zum Handeln.

Drum bete, Mensch, und bitt mit Furcht und Zittern,
Gott mög dein Herz – es sei durch Lust und Freuden,
durch Tod und Leben und durch Last und Leiden –
daß er dich segne, bis zum Grund erschüttern!

Tagesanbruch

Mir ist von Wundern wohlgeschehn,
der Tag ist hell erschienen.
Ich darf aufs neu die Sonne sehn,
die Nacht weicht matt von hinnen.
Die Finsternis ist abgetan,
ich schau im Licht das Leben an
und weiß, ich soll ihm dienen.

Wo warst du, Herz, im Schlaf der Nacht?
Die Welt hat viele Räume.
Mir war, ich läg' in dunklem Schacht
im fernen Reich der Träume.
Nun bin ich wach, dem Licht gesellt,
und hinter mir versinkt die Welt
der Schatten und der Schäume.

Vor meinen Augen liegt das Land,
mein Herz umfängt die Weite.
Der Weg voraus zum Himmelsrand
gemahnt, daß ich ihn schreite.
Schaff' ich vor Nacht, im Licht des Tags
mein Ziel? Ich weiß es nicht. Ich wag's!
Die Wegfahrt wag' ich heute!

Ich weiß von manchem andern Tag,
wie rasch die Stunden rinnen,
wie schnell des Abends Glockenschlag
folgt allem Tagbeginnen.
Doch weil ich leb', wend' ich ins Licht,
in seine Wunder mein Gesicht
und will den Tag gewinnen!

Morgenlied

Nun ist vorbei die finstre Nacht.
Die liebe Sonne leucht' und lacht
und läßt uns fröhlich leben.
So wollen wir uns diesem Tag
und allem, was er bringen mag,
von Herzen nun ergeben.

Wir wolln uns wie das liebe Licht,
so unbekümmert, warm und schlicht,
dem Lebenstage schenken.
Wir sollen Gottes Strahlen sein,
Gott will durch uns sich tief hinein
in seine Erde senken.

Gott schenkt sich uns in seiner Welt,
hat uns in ihr zum Dienst bestellt,
ihm Dank und Lob zu leben.
Das ist, du Mensch, dein's Lebens Sinn,
daß du dich wiederum gibst hin
dem, der sich dir gegeben!

In Gottes Händen (Sonett XXXI)

Und immer wieder brauchen wir das Bild,
das schon die Väter sagten und besangen,
von jenen Händen, die die Welt umfangen
wie Vaterhände, liebend, stark und mild,

und die uns bergen, schützen wie ein Schild,
wenn dunkle Wetter ob den Häupten hangen,
den Hunger stillen und auch das Verlangen,
das sonst auf Erden keine Hand uns stillt.

Und Bild und Gleichnis werden niemals enden.
Wir werden immer diesem Bild vertrauen,
das Gottes Wesen uns so tief beschreibt.

Und wenn uns nichts mehr hier auf Erden bleibt,
wenn wir versinken gar in Tod und Grauen,
wir wissen dennoch uns – »in Gottes Händen«.

Frage und Antwort (Sonett XXVI)

Wir fragen wohl, doch Gott läßt sich nicht fragen.
Wir klagen wohl, er aber bleibt verhüllt.
Und wenn wir rechten, wird von Gottes Bild
der dunkle Schleier nicht zurückgeschlagen.

Erst wenn wir stumm uns vor sein Antlitz wagen,
zu hören nur und nur zu schaun gewillt,
wird uns das Herz, wird jeder Sturm gestillt
und Gott fängt an, uns seinen Weg zu sagen.

Was ich jetzt tu, so spricht er in die Nacht,
Du weißt es nicht, doch wirst du's einst erfahren.
Du bist ein Mensch und mißt die Welt nach Jahren.

Ich aber hab vor Raum und Zeit bedacht,
was dir, mein Kind, den schweren Kummer macht,
und werd, was mein, in Ewigkeit bewahren.

Gottes Geduld (Sonett VI)

Gott schweigt der Welt. Doch ruft er laut im
Schweigen
den Erdenball, ob er noch hören kann.
Gott ist nicht tot! Gott lebt! Und er weiß, wann
er sich der Welt wird wieder anders zeigen.

Gott wartet lange, daß wir uns ihm beugen,
und er kann warten, denn die Zeit ist sein!
Gott braucht uns nicht! Wir brauchen ihn allein,
ob wir auch weit uns in uns selbst versteigen.

Gott hat Geduld, doch läßt er sich nicht spotten,
weil er, der Vater, auch der Heil'ge ist!
Und ob die Welt es noch so oft vergißt,

sie scheitert, will sie selber sich vergotten.
Der Demut nur hat Gott sein Wort gewährt,
dem Sohn, der aus der Fremde heimgekehrt.

Der Unveränderliche

Und ob die Menschen meinen,
sie hätten ihn besiegt,
und mag es auch so scheinen,
als ob Gott unterliegt,
er bleibt doch durch die Zeiten,
der er gewesen ist,
und sorgt schon, daß sein Schreiten
die Welt nicht ganz vergißt.

Und graut uns vor dem Morgen,
getrost, starb Gott denn heut?
Will's Gott, wird unser Sorgen
wie Spreu im Wind zerstreut.
Nun mag die Hölle wüten,
ihr Sturm an Gott zerbricht!
Er wird sein Windlicht hüten
und drum verlöscht es nicht!

Der Unnennbare

Du kannst Gott nicht erkennen,
zu matt ist auch dein höchster Flug.
Du brauchst Gott nicht zu nennen,
Gott ist sich, wahrlich, selbst genug.

Doch willst du Gottes sein,
so laß ihn dich durchfluten,
verzehren und durchgluten –
so dienst du Gott allein!

Das Wort

Es ist ein Wort ergangen,
das geht nun fort und fort
und stillt der Welt Verlangen
wie sonst kein ander Wort.

Das Wort hat Gott gesprochen
hinein in diese Zeit.
Es ist hereingebrochen
im Wort die Ewigkeit.

Du Wort ob allen Worten,
Du Wort aus Gottes Mund,
lauf und an allen Orten
mach Gottes Namen kund!

Künd auf der ganzen Erde,
daß Gott ihr Herre sei,
damit sie Gottes werde
und andrer Herren frei!

Lauf, Wort, mit allen Winden
durch jedes Volk und Land,
daß sich die Völker finden,
so wie das Wort sie fand!

Lauf, Wort, durch alle Straßen,
in hoch und niedrig Haus,
und ruf in allen Gassen
ein hörend Volk heraus!

Triff Freunde und triff Feinde,
zwing, was dir widerstrebt,
und ruf uns zur Gemeinde,
die aus dem Worte lebt!

Erhalt das Wort in Gnaden,
gib, Gott, ihm freien Lauf!
Du Wort, von Gott beladen,
spreng Tür und Riegel auf!

Du bist mein

Aus Weiten, die wir nicht erkennen,
aus Tiefen, tiefer als das Meer,
die Bild und Gleichnis Himmel nennen,
kommt unser Leben her.

Und ob wir wandern oder weilen,
und wär's am fernsten Rand der Welt,
wir wissen, daß uns wie mit Seilen
eine ewige Liebe hält.

Und ob wir nie die Stimme hören,
und wird die Hand nie sichtbar sein,
sie hält, und tröstlich, wie mit Schwören
spricht Gott: Du Mensch, bist mein!

Meditation

Du bist nur das allein,
was du vor Gotte bist.
Das andre ist nur Schein,
der leicht vergänglich ist.

Gott schaut den Herzensgrund.
Er sieht dich wie durch Glas,
und alles wird ihm kund
und find't an ihm sein Maß.

Acht nicht der Menschen Ehr,
fürcht ihren Tadel nicht!
Gott ist allein der Herr,
der jeglich Urteil spricht!

Gott ruhet ganz in sich,
ist immer, der er ist.
So also will er dich:
sei treulich, der du bist!

Sei, wie dich Gott gedacht,
der dich in Gnaden schuf!
Das ist – o Mensch, gib acht! –
dein einziger Beruf!

Bild dich in Gottes Bild,
schau Gott ins Angesicht,
bis daß sein Friede mild
aus deinem Antlitz spricht!

Ganz Mensch, ganz Gottes Kind –
das sei dein Maß und Ziel!
Glaub mir, wer beides find't,
dess' Herz ist stark und still!

Tracht nur nach dem allein,
Mensch, was vor Gott besteht!
Wend dich hinweg vom Schein,
der doch zum Tode geht!

Premor non opprimor

Der Türsturz trägt, nun schon geschlechterfort,
des Hauses Last, tief unters Joch gebückt.
Jahrhundertlang, geruhsam, unverrückt
zeugt er von Kraft, Geduld und Treue dort.

Der einst das Haus erbaut an diesem Ort,
sah sinnend wohl den Stein, bewegt, beglückt.
»Ich werd gepreßt und werd doch nicht erdrückt« –
zur Inschrift gab er fromm ihm dieses Wort.

Der treulich trägt der Mauern schwere Last,
ward Gleichnis hier zu Trotz und Trost und Trauen:
Wirst du von Leid, Angst, Not und Tod umfaßt,

laß, gottgefügt, dich Drangsal nicht verrücken,
und lern und leb, was hier in Stein gehauen:
Ich werd bedrängt, doch soll mich nichts erdrücken!

Du bist der Ewig-Eine (Bekenntnis)

Du bist der Ewig-Eine,
der unser nie vergißt,
der Gott, der ganz alleine
hier unsre Zuflucht ist.

Die Zeit rinnt. Ohn Verweilen
geht alles fort und fort,
und miteinander eilen
wir selbst von Ort zu Ort.

Wir können oft nichts sehen,
so dunkel ist der Pfad.
Dann traun wir ohn Verstehen,
Herr Gott, auf Deine Gnad.

Die wird uns wohl versorgen
auch in der größten Not,
und wir sind wohlgeborgen
im Leben und im Tod.

Und unsre Straße wandern
wir fröhlich für und für
von einem Tag zum andern
und sind doch stets bei Dir.

Du bist der Ewig-Eine,
der uns und alle Welt
ohn Wandel ganz alleine
in seinen Händen hält.

Der Messias

Ach, daß er käme, aller Wirrsal Ende,
den Gott erwählt zu Heil und Frieden, er,
brächt Sieg und Freiheit als ein mächt'ger Herr
und riß sein Volk aus seiner Feinde Hände!

So schrie das Volk, bracht seiner Opfer Brände,
jahrhundertlang mit brünstigem Begehr
Erlösung flehend aus viel Leids Beschwer,
Gott drängend, eifernd, daß es Gnade fände.

Und als er kam und Gottes Werk getan
und sie ihn fragten, sprach er still: Ich bin's! –
Da stand die Welt. Nur Engel fuhren nieder.

Sie aber schrien: Ans Kreuz, ans Kreuz hinan!,
und höhnten frech, gottblind und irren Sinns. –
So ist's geschehn, geschieht auch immer wieder.

Die Bibel

Welch Buch, an dem Jahrtausende geschrieben!
Was wissen wir von Namen, Zeit und Zahl?
Und die da schrieben, schrieben ohne Wahl,
von Gott ergriffen und vom Geist getrieben,

sind Menschen stets der Welt, des Volks geblieben,
Prophet, Hirt, Herr, mit Priester-, Königsmal,
arm, reich, gelehrt und schlicht, aus Zelt und Saal –
und keiner schrieb nach eignen Geists Belieben.

So ward das Buch. Es gibt nicht seinesgleichen.
So irdisch-göttlich ist kein Buch wie das.
Das Herz der Welt schlägt laut in allen Seiten –

dein eignes Herz! Gott schaut's. Die Schleier weichen,
und du siehst Gott seit je ohn Unterlaß
voll Macht und Gnade durch die Schöpfung schreiten.

Gleichnis

Herr Christ geht übers Ackerfeld,
er wirft den Samen in die Welt.

Die Saat ist gut. Der Wurf ist gleich.
Der Same ist das Wort vom Reich.

Manch Körnlein holt ein Vogel fort,
manch Hälmlein überm Stein verdorrt,

und manches unterm Dorn erstickt,
und keins den Tag der Frucht erblickt.

Nur, was in gutes Land gelegt,
das wächst und reift und Früchte trägt.

Und du? Bist du wie Weg so hart?
So unstet? In die Welt vernarrt?

Raubt dir der Feind das Wort, das Korn?
Stirbt's unter Sorgen, Glut und Dorn?

Bist du dem guten Lande gleich,
drin wächst und reift das Wort vom Reich?

Herr Christ geht übers Ackerfeld
und sät das Wort ins Herz der Welt.

Die Sünderin

Da stand das Weib, des Todes sichre Beute.
Im Ehbruch fand und griff auf frischer Tat
man nun die Frau, die längst in aller Stadt
hieß Hure, Dirne im Geschrei der Leute.

In Todgier kläfft, des Recht gewiß, die Meute.
Auf Schuld steht Blut – was braucht's da weitren Rat?
Wir stein'gen den, der sich versündigt hat,
durch Wort, durch Tat mit Lust wie eh noch heute.

Er aber spricht, der Gottes Ordnung lebt,
dess' Herz, dess' Hände ohne Makel rein:
Wer sündlos ist, der werf den ersten Stein! –

Noch steht umringt das Weib. – Dann steht's allein. –
Blieb keiner da, der noch den Stein erhebt. –
So spricht der Herr: Liebt! Richtet nicht! Vergebt!

Gnade

Wie bald, wie oft sind wir der Schuld verfallen
und mit der Schuld dem strengen Spruch des Rechts!
Und keiner je des irdischen Geschlechts
kann seine Schuld durch Recht und Sühne zahlen.

Ach, schuldig sind wir alle stets an allen,
ein riesig Heer arm-menschlichen Gemächts!
Was lebt, das lebt im Bann des Schuldgeflechts
und kann des Wegs allein auf Gnade wallen.

Wir hören oft den Spruch des Rechtes sprechen,
denn Recht muß sein, die Welt in Ordnung halten;
jedweder Schuld muß auch ihr Urteil werden.

Und doch: zu oft sehn wir den Stab zerbrechen
und kaum ob Schuld die freie Gnade walten.
Die Welt verlor ihr schönstes Recht auf Erden.

Der Prophet

Schier sichtbar hat ihn Deine Hand erfaßt,
riß ihn hinweg von Freunden und Verwandten,
aus aller Erde fest gefügten Banden
und lud ihm auf der Gottheit schwere Last.

Du heißt ihn gehn, gönnst kaum ihm Ruh und Rast,
den Du ergriffst zum Rufer allen Landen,
und ob ihn schlugen, die ihn nicht verstanden,
Du hältst und zwingst, den Du berufen hast.

Er ist Dein Knecht und darf nichts andres achten.
Was ihn bezwingt, wird seines Dienstes Kraft.
Er glüht und brennt in ungeheuren Feuern.

Er ist der Mensch, dem Seel und Leib verschmachten
und der, verzehrt von Qual und Leidenschaft,
begehrt, für Dich die Erde zu erneuern.

Der Priester

Wo Ewigkeit und Zeit sich still begegnen,
im heil'gen Raum, da dienst du am Altar,
bringst Gott das Opfer, bringst dich selber dar
und hebst gesegnet deine Hand zum Segen.

Du zeugst von Gnaden, die vom Himmel regnen,
das Land zu feuchten, immer, Jahr um Jahr,
und sagst das Wort, das schon vor alters war,
der Ordnung treu, den Sanften und Verwegnen.

Wo du auch wirkst, verhalten ist dein Wort,
dein Tun gelassen und dein Gang gemessen
in Gottes Dienst an Guten und an Bösen.

Du hütst die Glut, und durch die Zeiten fort
trägst du das Licht, bewahrst es vorm Vergessen,
übst heil'ge Zucht durch Binden und durch Lösen.

Der Arzt

Du bist ein Arzt. Das heißt: Du bist gesendet!
Vom Herrn der Welt, der seine Werke schaut,
ist dir des Heilens hohes Amt vertraut,
drin zum Geschöpf sich mild der Schöpfer wendet.

Was Gott erschuf, im Leben ward's vollendet,
als Gott das Starre mit sich selbst betaut.
Doch was sein Geist in Schöpferlust erbaut,
es ward entzweit, durch dunkle Schuld geschändet.

Du heißt ein Arzt. So trägst du Gottes Leiden
am Leib der Welt als sein Berufner mit,
kämpfst Gottes Kampf um Leben trotz dem Tod.

Wen Gott beladen, der muß vieles meiden.
Nur der kann helfen, der selbst hilflos litt
und stündlich lebt aus Gnade, ganz aus Gott.

Schwestern

Bei Tag und Nacht seh ich euch Schwestern schreiten,
geschäftig stets, rasch, doch gelassen eilen
durch Gang und Flur, der Zimmer lange Zeilen,
von Bett zu Bett, was Not ist, zu bereiten.

Vom Dienst erfüllt sind ganz des Tags Gezeiten,
und immer gilt's, was krank, will's Gott, zu heilen,
noch Zeit zu finden, hier und da zu weilen,
die Kunst des Arzts stets hilfreich zu begleiten.

Seltsames Amt, das ihr begehrt, erwählt
und das euch fordert, ganz, in jeder Not
mit starkem Sinn, ihr Frau'n, und stillen Mienen!

Gott gibt dies Amt, und ihm sind zugezählt,
die Leben retten, das er schuf, der Gott,
die ihn, Gott, lieben und dem Nächsten dienen.

Der Sinn des Betens (Sonett XX)

Der Sinn des Betens liegt doch nicht im Reden,
in heißen Worten, die den Gott beschwören,
nicht in den vielen, die mit Lärm betören –
nein, wenn wir betend vor sein Antlitz treten,

verwandelt sich das menschlich arme Reden,
es wird zum Lauschen, Schweigen, wird zum Hören,
und wie in Krüge aus den Brunnenröhren
das Wasser quillt, so, wenn die Beter beten,

aus ew'gem Urgrund kommt ein Strom gegangen
und wird empfangen, immer nur empfangen
von ihrer Armut, von den leeren Händen.

Sie sind Gefäß, das Gott mit Leben füllt,
und werden Täter, die, ob auch verhüllt,
der Welt, den Brüdern Gottes Segen spenden.

Meinen Töchtern (Sonett XII)

Meinen Kindern Kathrin, Christiane, Sabine, Renate

Dir ist, mein Kind, dein Vater kaum bekannt.
Er war dir nah in frühen Kindertagen.
Dann hat der Krieg ihn von dir fortgetragen,
und Jahr um Jahr weilt er in fremdem Land.

Ich weiß, die Mutter hat mich dir genannt
und hört nicht auf, vom Vater dir zu sagen.
Sie gibt dir Antwort auf dein kindlich Fragen
und hütet still der Liebe schönes Band.

Wir wissen nicht, ob wir uns wiedersehen,
und bleib ich draußen, nun, wie Gott es will,
doch stehst du je vor meinem Bilde still:

Du siehst mich einsam meine Wege gehen,
das Herz oft schwer von ungesagter Not,
und doch getrost; dein Vater glaubt an Gott!

Gottes Ebenbild (Sonett V)

Als unerschaffen er in Gott noch schlief,
rief Gott den Menschen sich zum Ebenbilde,
daß Gottes Antlitz er der Welt enthüllte,
gab ihm die Würde und den Adelsbrief,

doch hat der Mensch den Gott, der ihn berief,
im Hochmut blind verlassen und verraten,
und in sein Antlitz gruben Missetaten
des Abfalls Zeichen, Furchen schwer und tief.

Nur einer hat das Urbild rein bewahrt,
trug Gottes Bild auf Erden als der Sohn
und hielt es fest in Armut, Spott und Hohn

und da am Kreuz verlassen er gehangen.
Uns aber brennt ein schmerzliches Verlangen
vor diesem Bild, drin Gott sich offenbart.

Gott ist in unsre Armut eingegangen (Sonett X)

Gott ist in unsre Armut eingegangen.
Er kam zu uns, ein erdgeboren Kind,
ward ganz ein Mensch, so wie wir Menschen sind,
hat von der Erde hier das Brot empfangen;

und als er sterbend an dem Kreuz gehangen,
gefällt vom Haß, und Haß ist immer blind,
war er der Ärmste, er, der Gottes Kind
und der die Schöpfung neu hat angefangen.

So arm ward Gott, ward arm um unsertwillen,
die wir einhergehn unter schweren Bürden
von Not und Tod, von Leid und vielen Sünden

in einer Armut, die wir nicht verhüllen,
daß noch die Ärmsten Gottes Herz verstünden
und daß wir reich durch seine Armut würden!

Hat es der Welt nicht allzu lang geklungen (Sonett XI)

Hat es der Welt nicht allzu lang geklungen
von friedlich-milder, lieblich-stiller Nacht,
in der ein Kindlein ist zur Welt erwacht
und frohe Engel selig es besungen?

Ist nicht ins Finstre jäh das Licht gedrungen,
als Gott sich selbst zur Erde aufgemacht?
War's nicht ein Kampf, das Wüten wilder Schlacht?
Hat nicht der Drache schier die Welt verschlungen?

Wir müssen leben, wo die Stürme toben,
wo Tod, wo Teufel Seel und Leib begehrt.
Die sanften Bilder sind uns längst verwehrt.

Und wird es Weihnacht, schaun wir heiß nach oben,
ob Gott für uns den Himmel nicht zerriß,
daß wir es sehn – das Licht in Finsternis!

Sie haben einst die Brücken abgebrochen (Sonett IX)

Sie haben einst die Brücken abgebrochen,
die sie im Sturm erreicht und überrannt,
und ihre Schiffe haben sie verbrannt,
mit denen feindwärts sie in See gestochen,

und haben so sich ganz dem Ziel versprochen,
dem Werk, dem Kampf auf neuem Strand und Land.
Nichts, das sie ließen, hat das Herz gebannt,
auch nicht die Furcht! Wie wild die Wasser kochen,

die harten Stürme Not und Unheil bringen,
es gibt nur Vorwärts- oder Untergehen,
doch kein Zurück, auch nicht des Zauderns Qual!

So müssen wir auch in das Neuland dringen!
Voran! Hindurch! Wir haben keine Wahl
und müssen tapfer unsern Kampf bestehen!

Die Kirche zu Meiringen

Der kleine Ort Meiringen liegt im Aaretal im Berner Oberland. Am 9. Juli 1762 ereignete sich die letzte Katastrophe. – Am 30. August 1761 ist mein Ahn Peter im Baumgarten, der später (1777) Goethes Pflegesohn in Weimar wurde, in der Kirche zu Meiringen getauft worden.

Wohl siebenmal in des Jahrhunderts Gang
traf dich der Wasser ungezähmte Wut:
wenn hoch vom Hang des Alpbachs wilde Flut
mit Stein und Schutt in Tal und Tiefe sprang

und, was sich bot, ohn Wahl mit Gier verschlang.
So schwand im Strom der Dorfschaft Hab und Gut.
Und Gottes Haus auch sank in Flut und Schutt,
das Haus des Herrn, drin einst sein Lob erklang.

So sieben Mal! Und doch ward immer wieder
an gleicher Stätte Gottes Haus gebaut.
Erschütternd künden's Grüfte und Altäre

und mahnen heut: Bricht unser Werk auch nieder,
wohl dem, der glaubt, der wagend Gott vertraut!
Denn unbewegt stehn Gottes Wort und Ehre.

Nun schleicht der Hunger (Sonett VIII)

Holland, im Hungerwinter 1944/45

Nun schleicht der Hunger würgend durch die Gassen.
In kalten Häusern hockt die grimme Not.
Die stumme Bitte um den Bissen Brot
brennt in den Augen, in den tränennassen,

klagt in Gesichtern, schmalgewordnen, blassen,
der jungen Kinder: ähnlich schon dem Tod,
flehn sie um Brot, um nur ein Stückchen Brot,
und wolln am Weg dich nicht vorüberlassen.

Und nur ein Tropfen auf dem heißen Stein
ist, was du gibst, füllst du die kleinen Hände,
doch mit dem Brot legst du dein Herz hinein,

denkst deiner Kinder angesichts der Not
und betest heiß, daß Gott den Hunger ende:
Gib allen Kindern, Herr, das täglich Brot!

Oft packt mich jäh ein ungeheures Grauen (Sonett XXVII)

Oft packt mich jäh ein ungeheures Grauen
vor dieser Welt, vorm Leben und vor Gott.
Mein Herz erschrickt ob all der tiefen Not,
die meine Augen hier auf Erden schauen.

Doch bleibt zugleich mir seltsam ein Vertrauen
zu dieser Welt, zum Leben und zu Gott.
In Streit und Leid, in Schicksal, Schuld und Tod
ahn ich den Schöpfer, seh sein Werk ihn bauen

nach Maßen freilich, die uns fremd erscheinen.
Wir sind zu klein und können nicht vereinen
und werden immer an dem Zwiespalt leiden.

Der Grund der Welt muß dennoch Liebe sein.
Nur Liebe schuf, sie trägt und hält allein.
Nicht Not, nicht Graun kann von der Liebe scheiden!

Wir müssen wieder vor den Herrgott treten (Sonett XIX)

Wir müssen wieder vor den Herrgott treten,
wie unsre Väter vor uns es getan.
Wir müssen wieder ihm in Ehrfurcht nahn,
in Herzenseinfalt als die Kinder beten.

Vor Gott verweht das selbstgewisse Reden,
vor ihm vergeht der eitle, stolze Wahn.
Gott sieht uns still, sieht uns durchdringend an;
er weiß doch alles und er kennt doch jeden!

Und wenn wir beten, ordnet sich die Welt,
die vielverwirrte, vor dem stillen Blick,
und aus der Fremde führt der Weg zurück

zu jenem Urgrund, der das Leben birgt.
Dort schöpft der Beter, und Gott selber wirkt
durch ihn den Segen, der die Welt erhält.

Du hast, mein Gott, mir diesen Tag beschert (Sonett XIII)

Am 23. November 1900 bin ich in Leipzig geboren.

Du hast, mein Gott, mir diesen Tag beschert,
da ich gedenke, daß Du mir das Leben
durch Mutterlieb und -weh hast einst gegeben,
hast meinen Augen, Herr, das Licht gewährt

und hast gewacht, daß mich kein Leid versehrt.
Du gingst mit mir auf allen meinen Wegen,
und wo ich irrte, kamst Du schon entgegen
und hast dem Abgrund, hast dem Tod gewehrt.

Mein Gott, mein Gott, Du kennst mich ganz allein,
mein Wollen und Vollbringen und Versagen,
und hüllst mich ganz in Deine Gnade ein!

Herr, tief im Staub bet ich die Liebe an,
die mir das Leben und das Heil ersann
und die durch Schuld und Schicksal mich getragen!

Und immer ist der Eine mir begegnet (Sonett XIV)

Und immer ist der Eine mir begegnet,
wo immer ich des Weges bin gezogen.
Hat mancher Weiser mich am Weg getrogen,
er trog mich nicht! Er hat mich stets gesegnet

aus seiner Fülle, wie der Himmel regnet
und dürres Land, und meine Wurzeln sogen
die Kraft des Wortes, das mir nie gelogen.
So ist er mir, der Jesus Christ, begegnet.

Er hat um mich viel schwere Not gelitten,
so wie er immer um den Bruder leidet,
der sich verblendet von dem Vater scheidet.

Und ob ich heiß sein Heilandsamt bestritten,
er ging mir nach, bis ich mich selbst erkannt,
bis ich, geführt, den Weg nach Hause fand.

O Deutschland, du bist mein Vaterland!

Dieses Bekenntnis wurde 1934 als Protest gegen die Verleumdung, wer Christ sei, sei kein Deutscher, geschrieben und veröffentlicht.

O Deutschland, du bist mein Vaterland!
Meine Väter sind namenlos eingepflügt
in deinen Acker, der heiliges Land.
Dem mächtigen Bau sind sie eingefügt,
der aus versunknen Geschlechtern erstand.
Und die Toten dort und die Lebenden hier,
ein einziges Volk sind wir alle mit dir,
o du mein Deutschland, mein Vaterland!

O Deutschland, du bist mein Mutterland!
Aus deinen Frauen empfing ich mein Blut,
von Geschlecht zu Geschlecht mit ihnen verwebt.
Aus den Müttern, des Volkes heiligstem Gut,
erwächst uns das Wunder, das Deutschland lebt.
Und was mich nur je mit der Mutter verband,
verbindet mich dir, meiner Mutter Land,
o du mein Deutschland, mein Mutterland!

O Deutschland, du bist mein Kinderland!
In dir war ich jung, und die selige Zeit
ist unauslöschlich ins Herz mir geprägt.
In dir war mein Reich und die Welt mir so weit,
und ungestüm immer mein Herz für dich schlägt.
Und bin ich nicht Kind mehr, o Deutschland, ich weiß:
dein Sohn bin ich immer, als Kind wie als Greis.
O du mein Deutschland, mein Kinderland!

O Deutschland, du bist mein Heimatland!
Deine Erde, und sei sie der steinigste Grund
und trüge die kargesten Früchte das Feld,
und schlösse hier Kummer und Mühe den Mund
dem Volk, das die steinigsten Äcker bestellt –
geweiht ist die Erde, die Heimat ist,
und ich liebe dich, weil du die Heimat bist,
o du mein Deutschland, mein Heimatland!

O Deutschland, du bist mein Bruderland!
Des einen Volks Kinder, sind Brüder wir,
die Blut und Geschichte untrennbar verband.
Und was uns verbindet, ist mächtiger hier,
als was uns an Hader und Zwietracht erstand.
Hier gilt nur das Herz, aber nimmer das Kleid,
und alle sind allen zum Dienste geweiht.
O du mein Deutschland, mein Bruderland!

O Deutschland, du bist mir Gottes Land!
In deinen Geschicken, tief eingesenkt,
stehn leuchtend die Spuren der ewigen Macht,
in Schicksal und Schuld meinem Volke geschenkt.
O Deutschland, halt über dem Ewigen Wacht!
In Demut halte die Krone fest!
Gott ist mit dir, wenn du Gott nicht verläßt!
O du mein Deutschland, du Gottesland!

Lied einer Jungen Schar

Wo Christi Fahnen wehen,
wo er sein Wahrwort spricht,
ist Sieg und Auferstehen,
ist Leben, lauter Licht.

Da steht der Himmel offen,
Gott selbst ist offenbar,
und Glauben, Lieben, Hoffen
erweist die Jüngerschar.

Die geht vom Geist getrieben
um Gotteslohn allein
verschworen und verschrieben
getrost weltaus, weltein.

Wolln Tote Totes betten,
laß mich vom Tod erstehn,
Herr Christ, und zu Dir treten
und für Dich Boten gehn!

Ja, zähl mich zu den Deinen,
es koste Gut und Blut!
Dich such ich und sonst keinen,
mein Herr und höchstes Gut!

Lied junger Mannschaft

Herr, Dein ist Leib und Leben,
Dein, was ich hab und bin.
Drum nimm, was Du gegeben,
aus Dank zu Diensten hin,
nimm jeden Tropfen Blut,
die Sinne und Gedanken;
denn Dein bleibt ohne Schranken
das anvertraute Gut!

Laß mich mit hohen Freuden,
Herr, Dein Gefolgsmann sein!
Gib mannlich Herz zum Streiten!
Sei Trost und Trotz allein!
Stärk, Herr, durch Deine Kraft
mein Wollen und Vollbringen!
Hilf Welt und mich bezwingen
in rechter Ritterschaft!

Es gilt Dein Reich auf Erden
trotz allem Widerstreit!
Das soll gewonnen werden
für Zeit und Ewigkeit.
Und im Getümmel schon
läßt Du die Treuen schauen
trotz Teufel, Tod und Grauen
des Lebens Kranz und Kron.

Dein Ruf hat uns getroffen

(Dieses Lied wurde - in mehrere Sprachen übersetzt - auf der Welttagung des CVJM, der 100-Jahrfeier in Paris, im August 1955 gesungen.)

Dein Ruf hat uns getroffen,
Herr Gott, in aller Welt.
Zu Glaub und Lieb und Hoffen
hast Du uns Dir erwählt.
Liegt rings die Welt zerrissen
in tausend Finsternissen,
Du läßt uns tröstlich wissen,
was alle Dinge trägt und hält.

Dein, Herr, ist alles eigen,
es sei so groß, so klein,
und wie sich's Dir muß beugen,
birgt's Deine Hand allein.
O wären wir Dein mit Freuden,
Tod, Leben, Lust und Leiden
müßt uns zu allen Zeiten
ein Schauplatz Deiner Güte sein.

Laß uns des Wegs wohl achten,
daß nichts uns Dir entreißt!
Laß nach dem Reich uns trachten,
das, Herr, Dein Wort verheißt!
Wollst Deinen Geist uns senden,
daß, Pflug und Fahn in Händen,
wir Blick und Herz nicht wenden
vom Ziel, das Deine Hand uns weist.

Wollst uns durchglühn, entflammen
zum Dienst jetzt in der Zeit!
Bind Herz und Herz zusammen
und laß uns gottbereit,
was hier getrennt, verbünden;
laß uns Dein Feuer zünden
und aller Welt verkünden
das Reich, die Kraft, die Herrlichkeit. Amen

Trutzlied der Christenheit

Volk Gottes, steh im Glauben
gewappnet, stark und kühn!
Steh fest! Laß dir nicht rauben,
was Gott aus Gnad verliehn!
Es ist Gottes Zeit in Gottes Welt!
Gott selbst ist's, der heut Heerschau hält.
Schau du auch fest auf ihn!

Laß nicht aus deinen Augen
Gott's Wort, das wahre Licht!
Zu Heil und Sieg kann taugen
nur, was Gott selber spricht.
Das Wort, das Gott in Christ gesandt,
das hör, und künd es unverwandt,
und wank und weiche nicht!

Was einst in Vätertagen
Halt, Hilf und Kraft gewährt,
wird jetzt und nie versagen,
gleich, was dir widerfährt!
Wag's, Gottes Volk, in Gottes Kraft!
Steh fest! Üb gute Ritterschaft!
Es ist des Wagens wert!

Und drohn der Feinde viele,
bringt mancher Tag viel Not,
führt Gott doch treu zum Ziele
trotz Teufel und trotz Tod!
Drum fürcht dich nicht, o Christenheit!
Dein Trotz und Trost ist allerzeit
der Herr, der ewige Gott!

Mutter

Zeitlos schlief ich einst in dir,
ganz gebettet und geborgen,
traumlos wie vorm Weltenmorgen,
unberührt vom Jetzt und Hier.

Aus dem Mutterleib befreit,
bin ich Raum und Zeit durchgangen,
aber mit mir ging ein Bangen,
Mutter, nach Geborgenheit.

Mutter und Kind

Ich bin die Mutter und du bist mein Kind,
wir beide sind zweie, die eines sind.

Wir beide sind eins durch die gleiche Flut,
ich kreise in dir, dich nährend, im Blut.

In meinem Leibe, da bist du zu Haus,
erbaust dich in mir und aus mir heraus,

und wirst in keinem Haus von Stein
wie im Mutterleibe zu Hause sein.

Wir beide sind zweie, die eines sind,
Urbild der Einheit, Mutter und Kind.

Der Bruder

Auf allen Wegen, die wir gehn,
geht immer, Schritt um Schritt,
gesehen oder ungesehn
auch unser Bruder mit.

Er fragt nach uns, nach mir und dir,
klagt: Ich bin sehr allein;
ach, Bruder, Bruder, willst du mir
denn nicht mein Nächster sein?

Mag mancher sich dem Ruf entziehn,
du nicht, weil Jesus Christ
dein Bruder ward und du durch ihn
des Bruders Hüter bist!

Ob einer unter Mörder fiel,
in Schuld verloren ging,
dein Bruder ist's – Mensch, frag nicht viel –,
den Liebe auch umfing!

Die Liebe, die am Kreuze litt,
hat dich und ihn gemeint
und ob's dein blindes Herz bestritt,
zur Bruderschaft vereint.

Der Nächste

Was nützt es, zu empfinden
das tausendfache Leid,
wenn du nicht zu verbinden,
die Wunden bist bereit?

Weh, wenn du nur zu klagen
ob all des Jammers hast
und nicht, um mitzutragen,
greifst an des Nächsten Last!

Rückschau auf Gottes Führung auf dem Weg durch die Zeit

Danksagung und Zeugnis

*»Danket dem Herrn;
denn er ist freundlich
und seine Güte
währet ewig«*

(Psalm 107,1)

Lobgesang

Ich will dem Herren singen,
solang ich leb und bin,
ihm Lob in Liedern bringen
mit dankbar frohem Sinn.
Hab ich gleich nichts zu geben,
weil Gott allein nur gibt,
ich bring im Lied mein Leben
dem Schöpfer, der mich liebt.

Wie sind die Werk und Taten
des Herrn so groß und viel!
Sein wunderweislich Raten
weiß immer Weg und Ziel.
Sein Macht und sein Vermögen
lenkt aller Dinge Lauf,
und aller Welt zum Segen
hört nie sein' Lieben auf.

Das weiß ich wohl zu sagen
von meines Lebens Fahrt.
Wie hat an allen Tagen
mich Gottes Hand bewahrt!
Trotz Ängsten, Last und Sorgen
und wo ich's nicht gedacht,
fand ich mich doch geborgen
in Gottes Hut und Wacht.

Wie sollt ich je vergessen,
was Gott an mir getan,
mir freundlich zugemessen
von allem Anfang an!
Ich kann nur staunend schauen
die göttlich große Huld
und ihr mich anvertrauen
mit Los und Leid und Schuld.

Dem Herren will ich singen,
so lang mein Mund sich regt,
so lang, ihm Lob zu bringen,
in mir mein Herz noch schlägt.
Und sind's nur arme Weisen;
ach, zu gering für Gott,
ich will ihn dennoch preisen
im Leben und im Tod.

Nimm das Lob in Gnaden an

Hochgelobt sei Gott, der Herr,
ER, dem Erd' und Himmel eigen,
dem sich alle Engel beugen!
Alles, Welt und Himmelsheer,
bring dem Herrn Lob, Preis und Ehr!

Güt und Macht und Herrlichkeit,
die Dich, Ewiger, ganz erfüllen,
gabst Du hin in irdische Hüllen,
und die Schöpfung, die Dein Kleid,
rühmt Dich, Schöpfer, allezeit.

Herr, Du stiegst zu uns herab
noch in unsre tiefsten Gründe
und trugst aller Erden Sünde,
daß durch Krippe, Kreuz und Grab
unser Herz hier Frieden hab!

Gott, was Du der Welt getan,
kann kein irdischer Sinn verstehen.
Doch weil uns Dein Heil geschehen,
laß uns Dir, Du Ewiger, nahn,
nimm das Lob in Gnaden an!

Das Wagnis

Und immer war's, als ob mich einer riefe
nachts übers Meer: Komm her! Ich bin's, dein Gott!
Und ganz getrost ließ ich mein kärglich Boot
und schritt zu ihm ob schwanken Meeres Tiefe.

Und immer, ach, wand ich den Blick vom Ziele,
sah Sturm und Wellen, sah den Abgrund, mich –
und schrak und schrie: Wie kann der Mensch, wie ich
das Meer bezwingen und der Wogen viele?

Doch sinkend schon zum Tod, ins Dunkle, Leere,
sah ich die Hand, sah, mich zu halten, Gott,
und wieder rief, der eh zu gehn gebot:
Wag, Mensch, den Weg zu mir ob schwankem Meere!

Am Abgrund

Wir stehn an eines Abgrunds Rand –
den Abgrund höhlt das leere Nichts –,
sehn ohne Weg und Flucht gebannt
hinab erschrockenen Gesichts.

Das Letzte, das der Blick ersieht,
heißt Schicksal, das kein Sinn begreift,
heißt Tod, dem keiner sich entzieht,
heißt Schuld, die keiner von sich streift.

Und dann ist nichts – kein Ziel noch Halt –
und aus der Tiefe raunt's: Verdirb!
Es greift zum Herzen jäh und kalt:
Verfluche, Wesen, dich und stirb!

Wer nie sein Dasein so erfuhr,
der kennt es nicht, der lebt noch kaum.
Mensch wirst du an der Grenze nur,
verzweifelnd hier in Zeit und Raum.

Und steht dir dann die Gnade bei,
erscheint dir auf dem Grund des Nichts
ein Licht, daß dir's die Rettung sei,
ein Glanz des göttlichen Gesichts.

Und Gott, der ewige, letzte Sinn,
nimmt, was dich schreckt, den Abgrund auf;
ein Meer ohn' Ende und Beginn
birgt alles Daseins Bahn und Lauf,

verschlingt in sich Welt, Raum und Zeit,
Leid, Kreuz und Schicksal, Schuld und Tod
und Himmel, Hölle, Ewigkeit
und dich und mich – der Abgrund: Gott!

Gott selbst muß zu uns kommen

In Trauer und mit Tränen
gehn wir des Wegs einher.
Vom Sinnen und vom Sehnen
sind uns die Herzen schwer.
Aus dunklem Grund ein Brennen
drängt flackernd an das Licht,
wollt' mancher Mund es nennen –
Doch, ach, wieviel wir kennen,
uns selber, uns verstehn wir nicht!

Ein Abgrund ohnemaßen
hält uns in sich gebannt.
Verloren und verlassen
stehn wir in fremdem Land.
Kann keins sich selbst entrinnen,
flieht keins der Erde Not.
Mag einer viel gewinnen,
doch mit den eignen Sinnen
ringt keiner sich aus Not und Tod.

Die schlanken Pfeile fliegen
empor gar wohl ein Stück,
doch schon im Fluge biegen
zur Erde sie zurück.
So mag sich Sehnsucht schwingen
gar mächtig hoch und weit
und kann doch nimmer dringen,
mag sie auch viel erringen,
ins Letzte über Raum und Zeit.

Soll uns das Letzte werden,
kann's nur durch Gott geschehn,
Gott selbst muß her auf Erden
aus seinen Himmeln gehn.
Er muß sich selbst entsagen
zugut der armen Welt,
muß unsre Lasten tragen
und sich für uns zerplagen,
weil Liebe nichts für sich behält.

Leben

Nach Jahren nicht, nicht nach der flücht'gen Zeit
Miß, Mensch, das Leben, dieses Daseins Wert,
das eingebettet in Unendlichkeit
wie Hauch und Rauch im Wind sich rasch verzehrt.

Du kennst, verstehst nicht, ach, nicht Schrittes breit,
was dir im Unermess'nen widerfährt
und dir zu wagen ohne Sicherheit
Gott so befiehlt wie gnadenreich gewährt.

Das ist das Maß, das jeglich Leben mißt:
ob sich in ihm der Schöpfung Sinn enthüllt,
es sei in langer oder kurzer Frist,

mit hoher Lust, in abgrundtiefer Qual'
ob Gottes Wille sich in ihm erfüllt!
Man fragt im Tod nicht nach der Jahre Zahl.

Herz der Welt

Wie oft geschieht es, daß du schreist,
mein Herz, daß du verlassen seist
und daß bei Nacht und Tage
doch keiner nach dir frage!

Glaubst du's im Ernst, daß der dich ließ,
der dich ins Leben kommen hieß?
Herz, daß dich der vergessen,
der Zeit und Raum ermessen?

Sieh an der Erde schönstes Bild,
mein Herz, sieh an die Mutter mild
und lerne, Herz, im Schauen
dem, der dich schuf, vertrauen!

Wie eine Mutter sich erbarmt
und Mutterlieb ein Kind umarmt,
hat Gott in deinen Tagen
dich, Menschenkind, getragen.

Doch Bild ist Bild. Und ob's geschieht,
daß sich ein Weib dem Kind entzieht,
Gott ist sich gleich geblieben
und kann nur lieben, lieben.

Mein Herz, sieh an das Herz der Welt,
wie's für dich schlägt, wie's dich erhält
und wie's in allen Tagen
für alle Welt geschlagen!

Nacht vergeht

Nacht vergeht. Nun kommt der Tag.
Weiß nicht, was er bringt,
weiß nicht, ob mein's Herzens Schlag
in den Abend dringt.

Bin nicht Herr der Stunden hier,
nichts ist wirklich mein.
Zeit fährt hin. Ich fahr mit ihr.
Bleiben ist nur Schein.

Nichts, so weit die Augen sehn,
das uns eigen ist!
Ding der Welt ist Leih und Lehn,
ach, gar kurze Frist!

Doch inmitten Ding und Zeit,
ist, was währt und bleibt:
Gott, der Herr der Ewigkeit,
der uns ruft und treibt.

Weiß nicht, was heut kommen mag,
bitt' nur, was auch kommt,
daß mir's heut und jeden Tag
recht zum Besten frommt.

Vom Fluch zum Heil

Wer Gott schaut, stirbt! Das war der Fluch
ob aller Welt gewesen.
Gott war wie ein versiegelt Buch,
und keiner konnt' es lesen.
Als Adam sich, der Mensch, vermaß,
wie Gott zu sein, zu wissen,
vom Baume der Erkenntnis aß,
ward ihm das Licht entrissen.

Geblendet erst und dann verblend't,
ganz blind und gottverloren,
das ist der Mensch von Gott getrennt,
schier tot und totgeboren.
Nun tappt er irr im Dunkeln hin,
find't nirgends Licht und Leben.
Verschlossen ist ihm Herz und Sinn,
hilft ihm kein Schrein noch Streben.

Wenn Gott nicht, der im Zorn verstieß,
ihn dennoch hielt in Gnaden,
ans End der Welt vom Paradies
lief Adam fluchbeladen.
Doch als er in den Dornen lag,
verloren, krank, verwundet,
hat Gott sich wie am ersten Tag
aus Lieb ihm neu bekundet.

Mein Adam, Sohn, verlornes Kind,
ich weiß und seh dich liegen –
Sieh du nun mich, ach, sei nicht blind,
hier in des Stalles Wiegen!
Hier will ich wie im Paradies
ganz neu mit dir beginnen.
Du sollst das Heil, das ich verhieß,
trotz Sünd und Tod gewinnen.

Wer Gott schaut, stirbt! Das war der Fluch
auf aller Welt gewesen.
Gott war wie ein versiegelt Buch,
und keiner konnt' es lesen.
Nun sind die Siegel abgetan.
Gott hat sich selbst gegeben.
Ach, seht ihn nun, ihr Toten, an!
Wer Gott schaut, der wird leben.

Der Mann im Rad

(Martyrium St. Georgs an der Stiftskirche zu Tübingen)

Ans Rad gebunden, unentrinnbar fest,
schuf dich wie lebend eines Meisters Hand –
ein steinern Bild: zur Qual der Leib gespannt,
in starren Speichwerks harten Stern gepreßt.

Voll Schmerz verlischt des Daseins armer Rest
im Ring des Rads, drin ich den Kreis erkannt,
der dich und mich und alles Leben bannt
und, was er bindet, nur im Tod umschlingt.

Ins Rad geflochten sind wir, du und ich,
im Rad der Welt, das durch die Zeiten geht
und Los und Leid, Schuld, Not und Tod umschlingt.

Hat keins die Wahl! Doch wenn das Rad sich dreht,
dann helf uns Gott, daß sterbend jeder sich
wie dort der Märt'rer Gott zum Opfer bringt!

Die Frohbotschaft

Das Jahr ging hin mit Lust und Leid,
mit kargem Licht, viel Dunkelheit.
Nun tut sich auf die Ewigkeit.
Freue dich, Erde!
Freue dich, Erde!

Wie eh wird wieder neu vermeld't
in Hütt' und Haus und Hirtenfeld
die frohe Botschaft aller Welt:
Christ ist geboren!
Christ ist geboren!

Was einst geschah, ist heute wahr.
Wer hören kann, hört hell und klar
vom Himmel hoch die Engelschar:
Friede auf Erden!
Friede auf Erden!

Und wer's vernahm, sing froh bereit
mit allen Engeln allezeit:
Lob, Preis und Dank in Ewigkeit
Gott in der Höhe!
Gott in der Höhe!

Wem's widerfuhr, dem bangt nicht mehr,
der geht dahin und freut sich sehr.
Ihm klingt's durch Jahr von Weihnacht her:
Freue dich, Erde!
Freue dich, Erde!

Abschied von Weihnachten

Wir hielten an der Krippe Rast
auf unsern Wanderwegen,
und wer da kam, durft seine Last
dem Kind zu Füßen legen.

So beugt sich's schon jahrtausendlang
beschwert zur Krippe nieder,
und immer ward zum Heil der Gang,
gesegnet immer wieder.

Hier gibt Gott Ende und Beginn
von einem Jahr zum andern:
Von Weihnacht her auf Weihnacht hin
ist gottgetrostes Wandern.

Wir hielten bei der Krippe Rast
nach unsrer Väter Weise
und schauen fröhlich, frei der Last,
nun vor uns Weg und Reise.

Zwischen den Jahren

Nacht der Nächte, dunkle Nacht
zwischen unsern Erdenjahren,
wund durchweint und weh durchwacht,
und von keinem ausgedacht,
der dich je erfahren,

Nacht, du zeigst uns Jahr für Jahr
ungeheuer Raum und Zeiten,
und du machst uns offenbar,
wie mit dem, was ist und war,
wir im Strom entgleiten.

Nichts, so weit die Augen sehn,
birgt das Herz, nichts kann uns halten,
nichts, so weit die Sinne gehn,
läßt die Rätsel uns verstehn,
Nacht, die dich durchwalten.

Dunkle Nacht, du Nacht voll Not
zwischen unsern Erdenjahren,
schwer vom Leben, schwer vom Tod,
Nacht, o Nacht, es kann nur Gott
uns in dir bewahren!

Zwischen den Jahren

Zu Ende geht ein Jahr der Zeit.
Ein Jahr fährt in die Ewigkeit.
Es sinkt zum tiefen Grund der Welt,
der alles in sich birgt und hält.

Und ohn' Verweilen geh ich mit,
mit jedem Atem, jedem Schritt
allaugenblicks und jederstund
zu meines Daseins letztem Grund.

O Grund der Welt, o Ziel der Zeit,
Du Urmacht Gott, Du Ewigkeit,
Dir leb und sterb ich jetzt und hier,
und immer bleib ich, Gott, bei Dir!

Kleines Trostlied

Wenn's um dich nachtet, sei nicht bang!
Gottes sind auch die Nächte!
Und wär's ein langer, dunkler Gang,
Gott kennt die dunkelsten Schächte.

Und wenn dein Herz vor Jammer weint,
als wär dir alles zerbrochen,
Gott hat, ob auch kein Fünklein scheint,
»Es werde Licht!« gesprochen.

Und hörst und siehst und weißt du nichts,
liegst tief in Asch und Staube,
weiß doch um dich der Herr des Lichts
und ist dir nah. Herz, glaube!

Pfingsten

Als Pfingsten war, der hohe Tag,
gab Gott, der Herr, sich kund
der Welt, die tief in Trauern lag,
im Geist aus Himmelsgrund.
Gelobt sei Gott Vater, der Sohn und der Geist!

Da war's wie Sturm und Windewehn,
wie Feuer, Flamm und Glut.
Da schuf der Herr ein Auferstehn
durch seines Geistes Flut.
Gelobt sei Gott Vater, der Sohn und der Geist!

Da standen, die erst todverzagt,
nun aufrecht, ungebeugt,
und haben Gut und Blut gewagt
und froh den Herrn bezeugt.
Gelobt sei Gott Vater, der Sohn und der Geist!

Und sind wir heute starr und tot,
so komm uns heut zugut
der Geist des Herrn, der Geist aus Gott
mit Vollmacht, Kraft und Mut.
Gelobt sei Gott Vater, der Sohn und der Geist!

Es schaff uns Gott, der Schöpfer, neu!
Es helf uns Jesu Christ!
Der Heilige Geist, er steh uns bei
wie's einst geschehen ist!
Gelobt sei Gott Vater, der Sohn und der Geist!

Abschied vom Sommer

Jahr für Jahr, wie's immer war,
muß der Sommer scheiden,
aber mehr von Jahr zu Jahr
macht sein Gehn mich leiden.

Drängt das Gilbe ins Gelaub
dunkler, grüner Wälder,
weht es hier und da zum Staub,
streift der Wind die Felder

mit so eigen kühlem Hauch,
daß mich heimlich frostet,
hab ich in den Nebeln auch
schon den Herbst gekostet.

Sah ich, wie der Farben Flut
mehr und mehr ermattet,
wie in stille Heideglut
früher Abend schattet. –

Tief und heiß brennt dann der Schmerz
wie von alter Wunde,
dunkle Schwermut füllt das Herz
bis zum letzten Grunde.

Und es kann mich dieser Not
keine Macht entheben.
Sinkt der Sommer, fragt der Tod,
ach, so schwer nach Leben.

Nun kam der Herbst

Nun kam der Herbst, schier über Nacht.
Die grauen Wolkenschwaden
ziehn tief dahin, mit Regenfracht
beschwert und überladen.

Es rauscht und rauscht und rinnt und rinnt
und tropft von Busch und Bäumen.
Mich streift ein feuchter, kalter Wind.
Die wilden Bäche schäumen.

Es ist, ob auch das Herz gehofft,
den Tag nicht hell geworden.
Das ist der Herbst! Ich sah ihn oft
so dunkel dort im Norden.

Ob dort, ob hier, die gleiche Not
fällt schwer in alle Herzen.
Der Herbst, er singt das Lied vom Tod
und macht uns Abschiedsschmerzen.

Nun glühn die Wälder

Nun glühn die Wälder Baum bei Baum,
in ungeheurem Feuer,
und wie mit Rauch durchwehn den Raum
des Herbstes blaue Schleier.

Es glüht und brennt das ganze Land,
so weit die Augen sehen,
es ist, als sollt im Feuerbrand
die Erde jetzt vergehen.

Doch nein, nicht Tod, nicht Untergang,
hat hier die Welt betroffen!
Es heißt der Farben Überschwang
auf neues Leben hoffen.

Und wird die Welt wie Asche fahl,
denk, Herz, ihr goldnes Glühen
und glaub: Sie wird zum andern Mal
in Gottes Licht erblühen!

Wege der Kindheit

Nun geh ich wieder, ach, nach langer Zeit,
den stillen, schönen, so geliebten Pfad,
den ich zuerst an Mutters Hand betrat,
und fern und nah dünkt mich Vergangenheit.

Rings trägt wie einst der Wald sein grünes Kleid
und rauscht im Winde, wie er's immer tat.
Ich weiß noch heut, wie mich geschaudert hat
vor tiefem Glück und dunkler Traurigkeit.

Es war einmal – das ist das alte Lied,
das Schritt für Schritt auf meinem stillen Gang
nun schwermutvoll durch meine Seele zieht.

Ein jedes Bild, das ich vor Augen seh,
erweckt in mir den süßen, wehen Klang,
weil ich – ein Fremder – durch die Heimat geh.

Ach, könnt ich um Verzeihung bitten (Sonett XVI)

Ach, könnt ich dich doch um Verzeihung bitten!
Ich hab, mein Vater, dir ein Leid getan
im Knabenstolz, im töricht eitlem Wahn,
als mein Gespiel und ich die Stadt durchschritten

und ich dich sah, wie im Gewühl du mitten
den Karren zogst die Straße schwer hinan;
du warst ein alter, warst ein müder Mann.
Ich ging vorbei –, hab Scham und Qual gelitten,

hab dich verleugnet, Vater, ich, dein Kind,
hab mich geschämt, daß wir nur Arme sind
und daß mein Vater muß den Karren ziehen.

Wie muß ich nun die stolze Stunde büßen!
Und würde gern die höchsten Freundc fliehen
und dir vor ihnen deine Hände küssen!

Meinem Vater (Sonett XV)

Mein Vater, Oscar Pötzsch, lebte 1854–1917 in Leipzig. Nach dem Besuch der Armenschule trat er in das Leinenhaus Friedrich & Lincke in der Petersstraße ein, dort blieb er bis zu seinem Tode. Das Gesangbuch war der getreue Begleiter seines einfachen Lebens.

Ich sah als Kind dich ernst des Weges gehen.
Du warst wohl einsam, wie ich's heute bin,
sah dich versunken, oft mit stillem Sinn
mit einem Buche an dem Fenster stehen.

Das hab ich oft in deiner Hand gesehen,
das Lied der Väter, vor des Werks Beginn.
Ein Kirchenlied trug durch den Tag dich hin,
und altes Wort ließ neu dir Guts geschehen.

So sah ich's oft, doch ahnt ich nur von ferne
als Kind die Not, der Worte Trost und Kraft.
Das Bild blieb gleichwohl fest in mir bestehen.

Nun muß ich selbst längst schwere Wege gehen,
und wie zum Brot greif ich zum Liede gerne,
weil es nun mir, wie dir, die Hilfe schafft.

Rückblick am Abend des Tages, des Jahres, des Lebens

Geborgenheit und Trost

»Meine Zeit
steht
in deinen Händen«

(Psalm 31,16)

Das Licht verlischt

Das Licht verlischt. Die Zeit verrinnt.
Mein Herz, das in den Abend sinnt,
gedenkt des Tags, der nun vollbracht,
befiehlt sich Gott zu guter Nacht.

Was sind sie beide, Nacht und Tag?
Was Menschensinn nicht fassen mag:
Ein winzig Stück der schnellen Zeit,
gehüllt in Gottes Ewigkeit.

Ist's so mit Tag und Nacht bewandt,
bin ich wie sie in Gottes Hand.
Mit Schlaf und Wachen, Leben, Tod,
ich leb' und sterb' und bin in Gott.

Drum weiß ich Beßres nicht zu tun,
als still und froh in Gott zu ruhn,
und, läßt mich Gott den Morgen sehn,
zum Tag ihm fröhlich aufzustehn.

Abendlied

Der Tag, der früh im Licht begann,
ist wie im Flug vergangen.
Der Abend hebt schon dunkel an,
bald wird uns Nacht umfangen.

Hat manche Müh der Tag gebracht,
viel Kampf, Not, Schuld und Schmerzen!
Nun stehn wir still am Tor der Nacht
mit wegemüden Herzen.

Leib, Seel und Geist, will alles ruhn,
möchte' Schlaf und Frieden finden;
wollt' gern vom Lassen und vom Tun
jed' Herz sich nun entbinden.

Doch keins find't bei sich selbst die Rast
nach Werk und wirren Wegen,
kann jed's sich nur mit seiner Last
in Gottes Hände legen.

Da ruht noch Jedes jede Nacht
mit Los und Leid geborgen.
Wir leben alle gottbewacht
trotz Sünd und Angst und Sorgen.

Der Tag, der nun ins Dunkle schwand –
mein Herz, willst du noch fragen? –
er hat dich nur aus Gottes Hand
in Gottes Hand getragen.

Abend

Herr Christ, Herr Christ, der Tag vergeht,
weil Zeit doch niemals stille steht;
's wird Abend schon, bald kommt die Nacht.
Herr Christ, Herr Christ, halt Du die Wacht!

Uns ist auf Erd im Dunklen bang.
Weiß keins hier Weg und sichern Gang,
steht jeds ganz mutterseelallein
in Weltangst, Schuld und Todespein.

Herr Christ, Herr Christ, nimm unser wahr
in aller Nacht und Not Gefahr!
Du stillst den Sturm, gebotst dem Meer.
Herr Christ, Du bist auch heut noch Herr!

Ach, sieh, wie unsre Zeit verweht,
wie alles hin zum Tode geht!
Mach uns getrost durch Dein Geleit,
gottfroh in Zeit und Ewigkeit!

Herr Christ, Herr Christ, mach's uns gewiß
trotz aller Furcht und Finsternis,
daß nichts im Leben, nichts im Tod
uns scheid't von ewiger Lieb, von Gott!

Abend

Die Schatten werden länger,
und matter wird des Tages Schein.
Der Raum der Welt wird enger.
Im Dunkeln steh ich bald allein.

Und Dämmerung und Dunkelheit
sind schwer von dunkler Sterbenot.
Und aller Nächte Einsamkeit
ist täglich vorgelittner Tod.

Nur hin in Nacht gerissen,
ertrügen wir das Finstre nicht.
Wir leben, weil wir wissen:
Ob aller Nacht ist dennoch Licht!

Und drängt uns dunkle Sterbenot
in Dämmer, Dunkel, Schlaf und Traum,
wir wissen wie ums Licht um Gott, –
und hell und weit wird aller Raum.

Abendlied

Nun sich der Tag zum Ende neigt.
Die Nacht aus ihren Grüften steigt.
Die Sonne sinkt; ihr helles Licht verlischt
vor unserm Angesicht.

Der Tag geht hin, mit ihm sein Schein.
Die Nacht hüllt uns zum Schlafen ein.
Noch ist's die Nacht, bald ist's der Tod.
Dann end't den Schlaf kein Morgenrot.

Herr, Du gabst beides, Tag und Nacht,
hast Licht und Finsternis gemacht,
Du gabst das Leben, gibst den Tod.
Dir leb und sterb ich, Herr, mein Gott!

Abendlied

Die Amsel singt im Fliederbaum.
Die Wolken ziehn geschwinde.
Der Tag ging hin, wir wissens kaum.
Der Abend kommt gelinde.

Und stiller wird es nah und fern,
geht alles schlafen, schlafen.
Am Himmel blinkt der erste Stern.
Die Welt ruht wie im Hafen.

Nur du, mein Herz, findst keine Ruh
in Nächten und an Tagen.
Du seltsam Herz mußt immerzu
ins Ungemeßne fragen.

Und sehnst dich noch in Schlaf und Traum
und fändest gern den Hafen.
Nun schweigt das Lied im Fliederbaum.
Will alles, alles schlafen.

Abend im Gebirge

Nun fand der Tag sein End und Ziel.
Das Tal deckt schwarz und schwer die Nacht.
Die Berge ragen feierstill
wie hohe Wächter auf der Wacht.
Und fern am dunklen Himmel hin
ziehn Mond und Sterne stumm die Bahn, –
wir wissen nicht, woher, wohin,
und sehn sie doch mit Freuden an.

Wir kennen von dem Lauf der Welt
nur einer Fährte matte Spur,
und was uns alle trägt und hält,
wir ahnen's ganz von ferne nur.
Wir spüren nur den großen Sinn,
ein übermächtiges Gebot,
und sehn uns staunend mittenin, –
umschlossen, lebend und auch tot.

Und ob auch vieles uns bedrängt
seit je und heut an diesem Tag,
viel größer ist, der uns umfängt
seit je bei jedem Herzensschlag.
Wir können, ruft die Nacht zur Rast,
nichts andres und nichts Bessres tun,
als still mit aller unsrer Last
in Gottes Armen auszuruhn.

Er mach uns seiner selbst gewiß
und sänftige der Erde Schmerz,
und mitten in der Finsternis
werd stark und fröhlich jedes Herz!
Und schenkt nach Ruh und Schlaf der Nacht
Gott neu des Tages Licht und Schein,
woll er auch selbst zu Hut und Wacht
als Herr und Helfer bei uns sein!

Nacht

Ich liege, Gott, im Dunkel Deiner Nacht
und taste mich durchs Finstre zu Dir hin.
Ich kenn Dich nicht und weiß nicht, wer ich bin,
ich seh mich nur in abgrundtiefem Schacht

weit, weit von Dir – und doch in Deiner Macht,
in Deiner Allmacht, Gott, doch mittenin.
Ja, weil ich bin, so trägt auch mich der Sinn,
der in der Welt sich denkt und sich gedacht

von Anbeginn. Und bleibt auch Nacht um mich,
so tief und schwer, weil nie mein Auge dringt
hinab ins Letzte, in den Grund der Welt. –

Sie wird doch licht! Nacht wird wie Tag durch Dich,
und Finsternis verwandelt und erhellt,
weil, wo Du bist, Dein Licht die Nacht verschlingt.

Nacht

Ich schreite durch die Nacht,
in die von keinem Sterne
auch nur ein Schimmer fällt.
Doch hatt ich's kaum bedacht,
da hat schon in der Ferne
der Himmel sich erhellt.

So ist, du Menschenkind,
der Weg dir oft verhangen,
daß dir das Herz schier bricht.
Doch eh du's dachtest, sind
die Sterne aufgegangen –
und deine Nacht wird licht.

Herbst

I

Ein herbstlich Blatt, vom Wind verweht,
hat leis mir heut die Stirn berührt,
und ich erschrak, weil ich gespürt
den Tod, der durch die Lande geht.

Wir sterben beide, du und ich –
mahnt leis das Blatt, gelöst vom Baum –
ein fallend Laub, verweht im Raum,
ruft uns die Erde, dich und mich!

II

Stürme rasen, übers Land
jagen Wolken, wild zerklüftet,
und der Abgrund scheint gelüftet,
und die Erde steht in Brand.

Wild erregt sind Tag und Nacht,
Leib und Leben voll Gefahren,
und Dämonen offenbaren
ungebrochen ihre Macht.

III

Der Wind wühlt in den Blättern.
Der Regen peitscht das Feld.
Der Herbst mit schweren Wettern
das Sterben lehrt die Welt.

Und ich auch lerne bange
in abgrundtiefer Not
das Sterben, lange, lange,
am tausendfachen Tod.

IV

Wenn dann die Blätter fallen,
von rauhem Wind verweht,
dann spürst du, daß uns allen
der Tod am Wege steht.

Sieh auch die stillen Hände
gebreitet um die Welt,
in die an seinem Ende
ein jedes Leben fällt.

Stürme rasen übers Land

Stürme rasen übers Land,
bringen Tod und bergen Leben.
Wild einander widerstreben
Urgewalten, kampfentbrannt.

Stürme über Land und Meer –
Bild und Gleichnis der Gewalten,
die den Erdkreis tief zerspalten!
Völker wogen hin und her.

In den Stürmen waltet Er,
Gott, der aller Stürme Meister.
Dienend drängt das Heer der Geister
Himmel, Erde, Luft und Meer.

Stürme über Meer und Land –
laß sie rasen, laß sie brausen,
spür ich nur in Sturmessausen
Gott der Stürme, Deine Hand!

Herbst

Nun gilben die Blätter.
Nun löst sich das Laub.
Welk wirbelt's im Wetter
zur Erde, zum Staub.

Muß alles verderben,
im Winde verwehn.
Ich selber muß sterben,
zu Erde vergehn.

Kann keiner begreifen
das Leben, den Tod.
Kann alles nur reifen
und fallen in Gott.

Muß alles zerstauben
wie Asche und Wind.
Kann jeder nur glauben
an Gott als ein Kind.

Herbst

O sterbend Jahr, du rufst uns tröstlich auf
zur Totenfeier in dein festlich Haus
und schüttest nun, eh du vollbracht den Lauf,
buntfarbne Pracht gleich mächt'gen Feuern aus!

Kein Tag der Zeit kommt dem an Schönheit gleich,
den tief der Tod schon unters Joch gebeugt.
Nicht Frühling, Sommer blüht so farbenreich,
wie glühend nun der Herbst zum Tod sich neigt.

Herz, dir zu Trost gab Gott der Wälder Glut,
läßt sterbend Jahr er hoch in Schönheit stehn!
Gott liebt und schafft, und der hier Wunder tut,
läßt dich gewiß nur im Staub vergehn.

Was weiß der Baum, was ihm von Gott geschieht?
Er läßt geschehen, was der Schöpfer will.
Du siehst dich nicht, mein Herz, wie Gott dich sieht.
Halt nur in Demut der Verwandlung still!

Wie Blätter im Winde

Wie Blätter in spielenden Winden verwehn,
so müssen wir selbst in den Stürmen vergehn,
in Wirbeln des Schicksals, in drängender Not,
in düsteren Wettern und bitterem Tod.

Das Herz aber glaubt! Und es wagt und es treibt,
ob rings auch die Welt uns so rätselvoll bleibt,
spürt schaudernd noch Leben im fallenden Laub,
ahnt göttliches Weben in Sterben und Staub.

Ach Herbst, du machst das Herz mir schwer

Nun schreitet wieder ernst und schwer
der rauhe Herbst dahin durchs Land,
greift Baum und Strauch mit harter Hand
und rauft und reißt und rüttelt sehr,
ruht nicht, bis alle Äste leer,
und wirft die Beute in den Sand.

Er stapft durch Gärten, Wies und Feld,
knickt achtlos schönste Blüten ab,
beugt alle Blumen tief hinab
und ruht nicht, bis die letzte fällt
und die einst sommerbunte Welt
versank in grauem Grund und Grab.

Und vor den Himmel hängt er dicht
ein düstres Leilach, grau in grau,
gönnt nicht ein Spürlein Glanz und Blau,
hebt Tag und Nacht den Vorhang nicht.
Die Welt ist ohne Farb und Licht,
ist fahl, so fahl, wohin ich schau.

Ach, Herbst, du machst das Herz mir schwer,
bist nicht der Tod und doch sein Bild,
und herbe Schwermut quillt und schwillt
in mir, je mehr rings um mich her
die Welt verstummt und öd und leer
sich selbst in dunkle Trauer hüllt.

Die grauen Nebel

Die grauen Nebel hängen schwer
in kahlen, dunklen Bäumen.
Der Herbst, der Herbst, er lastet sehr
ringsum in allen Räumen,

nimmt aus der Welt das schöne Licht
der Sonne und der Sterne,
verschließt vor unserm Angesicht
die farbenfrohe Ferne.

Das Laub, einst grün, dann goldne Zier,
muß gnadelos verderben.
Vom feuchten Grund klagt's dir und mir
sein unbegriffnes Sterben.

Und in mir mit nicht mindrer Not,
da ihm doch gleich geschehen,
beklagt mein Herz den bittren Tod,
das dunkle Los Vergehen.

Du klagst, mein Herz? Ach, gib dich drein!
Muß alles sich erfüllen!
Herbst, Nacht und Tod – es muß so sein
um neuen Lebens willen.

Das Licht hat uns verlassen

Das Licht hat uns verlassen,
rings drängt die Dunkelheit.
Ich weiß mich kaum zu fassen
vor Traurigkeit.

Das ist der Herbst, der herbe,
der so mit Schwermut schlägt,
der alles, daß es sterbe,
ins Dunkle trägt.

Ich schau den Tod am Tage,
wohin mein Auge sieht,
hör nächtens Totenklage
und Sterbelied.

Ich seh den Tod in Lüften
in falben Blättern wehn,
seh ihn bei Grab und Grüften,
mir winkend, stehn.

Ich seh ihn rinnen, tropfen
im Regen hin zum Staub
und hör ihn klopfen, klopfen
auf welkes Laub.

Sonst hör ich nichts mehr schallen,
kein Lied. Die Welt ist leer.
Ach, sagt mir: Ist Euch allen
das Herz so schwer?

Ich seh die Zeit enteilen

Ich seh die Zeit enteilen
wie Bach und Strom und Wind.
Da werd auch ich nicht weilen,
der Erde ruhlos Kind.

Das ist ein Kommen, Gehen,
ach, Herz, woher, wohin?
Ich frag's. Doch ohn Verstehen
sind Weg und Ziel und Sinn.

Ich weiß, ich kann nicht fassen,
was rings, was mir geschieht,
ich kann mich Dem nur lassen,
der alles weiß und sieht.

Der Anfang, Lauf und Ende
der ganzen Welt bedacht
und dessen Herz und Hände
sie bergen Tag und Nacht.

Ihm will ich allerpfade,
es komm, was mag, vertraun.
Dann werd ich nichts als Gnade
auf meiner Wegfahrt schaun.

Nun wartet schon das weite Land

Nun wartet schon in Winterruh
das weite Land. Wohl deckt noch nicht
der Schnee die dunklen Äcker zu,
doch in dem winterfahlen Licht,

im rauhen Reif und Nebelhauch
auf tiefgepflügtem Ackerfeld,
im blätterkahlen Baum und Strauch
geht schon das Warten durch die Welt.

Das Warten. Ach, mein Herz, du weißt
um allen Wartens tiefe Not,
du weißt, du weißt, was Warten heißt,
weißt's wie die Nacht, weißt's wie der Tod,

weißt, Herz, wie bang die Einsamkeit
auf Liebe wartet immerzu.
O Land in winterlicher Zeit
wie wartest du, wie wartest du!

Ausfahrendes Schiff

Da fährst du, Schiff, nun hin in dunkle Nacht
mit tausend Lichtern, aus dem Strom ins Meer
und trägst an Bord der Dinge schwere Fracht
und, größere Last, manch Herz, vom Abschied schwer.

Es ist das alte Lied, das alte Leid,
säumt Scheiden, Abschied doch den Weg der Welt.
Viel dunkle Schwermut starrt in Raum und Zeit;
trotz tausend Lichtern wird sie nicht erhellt.

Die Liebe nur kann Band und Brücke sein
zu Volk und Land und zwischen Herz und Herz.
Doch weil sies ist, trägt Liebe, tiefst allein,
der Sehnsucht herben, bittersüßen Schmerz.

Das schwere Leben

Schweres Leben, schwerer Tod,
Dasein voller Schwere,
immer ist mein Herz voll Not,
wie sich's wend und kehre.

Immer, ob das Licht ihm scheint,
ob im Dunkel nachtet,
ob sich's Irdischem vereint
und nach Ewgem trachtet,

ob sich Liebe ihm gewährt,
Glück es wild durchzittert,
ob ihm Leiden widerfährt
und es tiefst erschüttert –

immer ist dies Herz voll Not,
daß die Hände beben,
immer, ach, vom dunklen Tod
und vom schweren Leben.

Altjahrsende

Das Jahr vergeht. Wir stehn am Tor.
Wir starren in das Rätsel Zeit,
sind mittendrin und stehn davor –
voll Hunger nach der Ewigkeit.

Erschüttert schauen wir dem nach,
was uns geschah an Glück und Not,
was wir gebaut und was zerbrach
in Schuld und Schicksal, Kampf und Tod.

Das Jahr – wars mehr als Vogelflug,
den eilends nur ein schneller Wind
gar flüchtig durch die Räume trug,
darin wir Menschen Gäste sind?

Uns schaudert vor dem Meer der Zeit,
das um uns brandet, uns bedroht,
ein Unmaß von Vergänglichkeit,
die Zeit – ein Meer vor lauter Tod.

Wir strecken unsre Hände aus,
der Sterblichkeit gewaltger Chor.
Ein Schrei bricht aus der Welt heraus
und drängt zu Gottes Welt empor.

Wir greifen nach der Ewigkeit,
nach Leben, das kein Tod vertreibt.
Wir hungern nach Geborgenheit,
die mitten im Vergehen bleibt.

Herr Gott, das alles bist nur Du,
der Fels im Meer, der Grund, der trägt.
Du bist der Gott, der immerzu
den Mantel bergend um uns schlägt.

Du bist die Zuflucht ganz allein,
der Zeiten Herr, unwandelbar.
Wir fliehn zu Dir und gehn hinein
an Deiner Hand ins neue Jahr.

Des Worts ein wenig

Des Worts ein wenig gab mir Gott zu sagen
von dieses Daseins Lust und bittrer Not,
vom Rätsel Leben und vom dunklen Tod,
von dieser Welt und ihren tausend Fragen.

Des Worts ein wenig ist mir aufgetragen,
und doch das Wort. Der selbst es schuf, der Gott,
der Sein und Werden durch sein Wort gebot,
heißt mich ein Wort, ach, nur ein Wörtlein, wagen.

O Wunder Sprache: daß ein Gott uns gab,
von dem zu reden, das die Welt erfüllt!
Doch, ach, zugleich stürzt uns das Wort hinab

in leere Gründe, qualvoll enge Grenzen,
in stumme Nacht, der keine Lichter glänzen,
weil sich das Letzte nie dem Wort enthüllt.

Geborgen

Bräch Welt in Schutt und Scherben,
wär rings nur Not und Tod,
trotz Sterben und Verderben,
bist Du doch unsre Zuflucht, Gott!

Das Meer mag wüten, wallen,
was fest, wie Staub verwehn,
Dir, Gott, kann nichts entfallen.
Dir, Gott, kann nichts verloren gehn.

Mag Leib und Seel' verschmachten,
mag Hölle uns zerglühn,
uns Finstres ganz umnachten,
Dir, Gott, muß auch das Tote blühn.

Du bist! Drum ist geborgen,
was je Dein Rat ersehn.
Trotz Sünd und Angst und Sorgen
läßt Du uns, Gott, nur Heil geschehn.

Das hat uns Christ verheißen
im Leben und im Tod.
Nichts kann uns Dir entreißen.
Du bleibst doch unsre Zuflucht, Gott!

Muß Lieb von Liebe scheiden

Das ist von allen Leiden
die allergrößte Not,
muß Lieb von Liebe scheiden,
trennt Herz und Herz der Tod.

Will Lieb mit Liebe wandern
und Leib an Leibe ruhn
und immer eins dem andern
das Liebst' und Beste tun.

Gott, nur den Tod, den herben,
send mir am ersten her!
Säh ich die Liebste sterben –
ach, Gott, das wär zu schwer!

Wir wandern

Wir wandern Tag und Jahre
doch immer wie durch Nacht,
bis Totenbett und -bahre
den Leib zur Ruh gebracht.

Wir sind wie Taube, Blinde,
und nie des Wegs gewiß.
Wir ahnen tiefe Gründe
und tasten Finsternis.

Ist keiner, der sich hüte,
hat keiner eignes Licht!
Wir traun auf fremde Güte:
Herr, hilf, und laß uns nicht!

Herr, hilf den Tod bestehn

Muß nun gestorben werden,
Herr, hilf, daß mir's geling
und ich getrost auf Erden
den letzten Schritt vollbring!

Laß mich nicht jäh verscheiden,
mein selbst nicht mehr bewußt,
laß meinen Tod mich leiden
so, wie ich leben mußt!

Nur gib, wenn ich dann trinke
die bittre Sterbenot,
daß ich zu Dir entsinke,
Dein ganz gewiß, mein Gott!

Du hast mir aufgetragen,
durchs Leben hier zu gehn,
hilf nun das Sterben wagen
und hilf den Tod bestehn.

Linquenda

Liquenda tellus et domus et placens uxor
neque harum quas colis arborum te praeter
invisas cupressos ulla brevem dominum sequetur.
(Horatius, Carm. II, IV)

Übersetzung E. Mörike:
Verlassen mußt du Felder und Haus und, ach!
Dein süßes Weil; der Bäume, die du gepflegt,
wird keiner seinem kurzen Eigner
als die verhasste Cypresse folgen.

Der alten Ode unerbittlich Wort
schrieb einst der Ahn an seines Hauses Wand.
Da, wo er Raum für Werk und Wohnstatt fand,
mahnt er sich streng: Bedenk's, einst mußt du fort!

Mahnt sein Geschlecht, mahnt Kind und Enkel dort:
Lebt, liebt und schafft, zur Erde froh gewandt,
doch wißt in dem, das euch erstand und band,
die Stunde kommt, da laßt ihr Werk und Ort!

So ward euch Leben anbefohlnes Lehen,
Besitz verpflichtend, anvertrautes Gut,
und jeder Tag Geschenk verborgner Gnade.

Ihr saht den Tod, sannt Lassen und Vergehen
und bargt euch tief in Gottes Huld und Hut;
in Demut dienend gingt ihr Weg und Pfade.

Mors certa hora incerta

(Die Inschrift steht in ehernen Lettern an der großen Uhr des Neuen Rathauses meiner Vaterstadt Leipzig)

Der Tod gewiß, die Stunde nur verborgen –
so stet's wie Urteil über aller Zeit,
spricht her aus Fernen der Vergangenheit
die schwere Wahrheit neu in jeden Morgen.

In alles Trachten, alles Sinnen, Sorgen
mahnt's hoch vom Turm mit Unerbittlichkeit:
Die Zeit entflieht, o Mensch, halt dich bereit!
Der Zeiger kreist. Und du bist nicht geborgen.

Der Tod gewiß und nur die Stunde nicht –
so hat's der Väter frommer Sinn bedacht,
und täglich neu sollt sich ihr Herz erheben

zum Tode hin, der Licht ist und Gericht.
Wer leben will, muß mit dem Tode leben!
Vorm Tod allein wird Leben recht vollbracht.

Letzte Bitte

Bin ich einst tot, vielleicht ist's balde schon,
sagt über Sarg und Grab nicht dies und das,
sagt nur das Wort mir vom verlorenen Sohn,
den seines Vaters Liebe nicht vergaß.

Sagt mir das Wort, das schönste, das es gibt:
daß Gott dem Ärmsten noch entgegeneilt
und ihn umfängt und küßt, weil er ihn liebt,
sagt, daß die Liebe allen Jammer heilt.

Bei einem Toten

Nun deckt dich stille Totenruh
mit ihrem seltsam dunklen Licht
und ihren lichten Schatten zu
und zeigt verwandelt dein Gesicht.

Du bist es noch und doch nicht mehr,
der durch die Jahre mit uns schritt.
Mich dünkt, es sei schon lange her,
seit hier dein Herz noch stritt und litt.

Erhaben schön, wie ohne Zeit,
geborgen ganz in großer Hut,
so liegst du da, nun tiefst befreit,
und sprichst umhüllt von Ewigkeit:
Wie alles war, so war es gut.

Auf dem Fiedhof zu Meiringen

Der kleine Ort Meiringen liegt im Aaretal im Berner Oberland.

Anna von Bergen-Wyß
1852–1942
Herr, ich warte auf Dein Heil.
(1 Mose 49,18)

Grabtafel zum Andenken an die Geschwister Maria, Anna, Johannes, Gottlieb Ernst, Hans Rudolf und Elisabeth von Bergen, gestorben in den Tagen vom 23. August bis 10. September 1893 im Alter von 12, 8 3/4, 6 1/2, 2 1/4 und 1 Jahren. – Ev. Lukas 18,16

An einem Grab des Gottesackers stand
ich still und las, was ich geschrieben fand,
las wieder, wieder, was mein Herz erregt:
»von Bergen, Anna« war hier eingelegt
zu letzter Ruh, alt eben neunzig Jahr,
las auch den Spruch, der da geschrieben war,
ganz einfach: »Herr, ich warte auf Dein Heil«.
Doch alles dies war erst der eine Teil
des schlichten Grabs.
Da, wo der Efeu kroch,
lag, schon verwittert, eine alte Tafel noch,
drauf standen Kinder, ihrer sechs, mit Namen,
stand, daß sie alle einst ums Leben kamen,
daß man sie alle kaum in neunzehn Tagen,
eins nach dem andern, hier zu Grab getragen,
das ältste, zwölf, das jüngste grad ein Jahr.
Ich las noch, daß das dreiundneunzig war,
und sann, daß, als der Tod die Kinder nahm
und auch das Jüngstgeborne nicht entkam,
die Mutter war noch eine rüstige Frau.
Doch spann ums Haar sich wohl das erste Grau.
Und wem mit vierzig in den Gräbern liegt,
was er gebar, der weiß den Quell versiegt,
dem einst so köstlich Kind um Kind entsprang.

Ach, Mutter, ach, wie schwer war wohl dein Gang
dem Sarge heut, dem Särglein morgen nach
und wieder heim ins stille Wohngemach,
das einst der Lärm der jungen Schar erfüllt,
das stumm der Tod nun jäh in Nacht gehüllt!
Wohl schriebst du auf den Stein den Spruch, den
frommen:
Wehrt nicht, und laßt die Kindlein zu mir kommen!
Und doch, ich mein, daß tief die Trauer blieb.
Sechs Kinder tot, und eins wie's andre lieb!
Sechsmal empfangen und mit Schmerz geboren!
Sechsmal sein Eigen an den Tod verloren!
Sechsmal gewacht und geweint und gefleht!
Sechsmal vernommen: Umsonst! und: Zu spät!
Sechsmal der Seuche zum Opfer gelassen
das Liebste! O Mutter, wer kann das fassen?
Das Älteste zwölf, das Jüngste ein Jahr!
Sechs Kinder hinaus auf der Totenbahr!
Ich stehe und sinne: Mein Gott, warum?
Warum nahmst Du alles und bliebst so stumm,
daß mir noch heute, dem Fremden, graut,
der den Grabstein liest und die Namen schaut?

Und ich taste mich zu der Mutterhand,
zu der Frau, die das litt und überwand,
die sechs Kindern liebend das Leben gab
und die sechsmal schaute ins Grab hinab
und weiterlebte und nicht irr und wund
hinunter sprang in den düsteren Schlund
und nicht Hohn schrie dem Gott, der sie so schlug, –
nein, die das tragen lernte und dann trug
von Tag zu Tag, bis ihr mit neunzig Jahr
das Ziel gesetzt, der Lauf erfüllet war.

Und ich lese noch einmal still die Schrift,
die hier so tröstlich den Weilenden trifft,
ganz einfach: Herr, ich warte auf Dein Heil!
So war's ihres Herzens, ist's auch dein Teil:

Du mußt warten, Herz, auf das Heil des Herrn!
Und dünkt es dich weit und gar fremd und fern,
du mußt warten, Herz, bis Gott es dir zeigt,
warum seine Hand dich ins Dunkle beugt.
Du mußt warten, Herz, und ist dir auch bang
auf dem langen, schweren, finsteren Gang,
du mußt warten, Herz! Und lerntest du's nie,
fang an, es zu lernen, und lern es wie sie,
die Schweres trug und nun in Frieden ruht
mit ihren Kindern in der gleichen Hut!

Anna von Bergen – ihr Gedächtnis bleib!
Sie war des Meiringer Schulmeisters Weib
und hat auch selbst die Kinderschar gelehrt,
sie, die eigne so schmerzlich entbehrt.
Und sie war, wie mir der Pfarrer gesagt,
eine fromme Frau und des Herren Magd,
eine Mutter in Christ und vielen zum Segen,
und die Hand des Herrn hat auf ihr gelegen.

Anna von Bergen, ich nenn deinen Namen
und danke dem Herrn, der Großes tut, AMEN.

Mensch und Tod

Der Mensch:

Vorüber geh! Laß ab von mir!
Geh weiter, Tod! Ach, laß mich hier!
Ich bin noch jung! Mein Mund blüht rot!
Und leben will ich, leben, Tod!
Will Liebe, Lachen, Lust und Licht,
will blanken Leib und hell Gesicht!
Mein Sehnen ward noch nicht gestillt!
Mein Werk hab ich noch nicht erfüllt!
Ich will, ich muß noch vieles tun!
Ich will, ich kann noch lang nicht ruhn!
Drum schon mich, Tod, du Feind, fahr hin!
Ach, Tod, dein Tun ist ohne Sinn –

Der Tod:

Schweig! –, weil du doch ein Mensch nur bist!
Du siehst und denkst, was irdisch ist.
Kennst du das Ziel? Weißt du den Sinn?
Was starrst du irr auf dich nur hin?
Hast, kleiner Mensch, du Gottes Wacht
und Gottes Allmacht nie bedacht?
Er ist der Herr, sein ist das Recht!
Auch ich, der Tod, bin Gottes Knecht,
bin nicht aus mir, ich bin gesandt,
bin Gottes Arm, bin Gottes Hand.
Und immer ist, was Gott auch tut,
im Sinne Gottes recht und gut.

In memoriam Johann Sebastian Bach

(Zu seinem 200. Todestag am 28. Juli 1950)

Nun hat die Menschheit feiernd dein gedacht,
dir Ruhm und Ehren reichlich zugemessen,
doch konnten einst die Nächsten dich vergessen;
dein Werk, dein Grab – sank alles wie in Nacht.

Ach, oft und oft hat das die Welt vollbracht!
Die für die Welt in Gottes Glut gesessen,
bedrängt von Gnaden, die das Herz zerpressen,
die hat die Welt zu Einsamsten gemacht.

Jetzt ist's der Erdball, den dein Werk durchdringt
unfaßbar wie der Sonne Glühn und Glänzen;
so ungeheuer, Bach, ist deine Bahn!

Wir hör'n erschüttert, was den Raum durchklinkt,
und stehen weinend wie mit späten Kränzen:
Vergib uns, Bach, was wir dir angetan!

Ausblick auf ein unvergängliches Leben bei Gott im Licht der Ewigkeit

Vertrauen und Zuversicht

»Denn bei dir
ist die Quelle
des Lebens,
und in deinem Lichte
sehen wir das Licht«

(Psalm 36,10)

Das Letzte

Ohne Dich, das ist kein Leben!
Ohne Dich, das ist der Tod!
Ohne Dich sinkt alles Streben,
Gott, zuletzt in Nacht und Not!

Ach, was hülf es, wenn ich fände
alles, was die Welt verspricht!
Nichts füllt mir die leeren Hände,
hab ich Dich, Du Ewger, nicht!

Auch das Schönste wär nur Schaden
meiner Seele, Trug und Spott,
könnt ich meine Seele baden
nicht in Dir, Du Quell, mein Gott!

Alles, alles kann ich missen,
läßt doch alles mich allein,
nur das Eine muß ich wissen:
Du bist mein und ich bin Dein!

Leib und Seele mag verschmachten,
Erd und Himmel mag vergehn,
Gott, mein Heil, ich will's nicht achten,
bleibst nur Du mir fest bestehn!

Auf Erden kann kein Ding bestehn

Auf Erden kann kein Ding bestehn.
O Mensch, du kannst nicht bleiben!
Das ist ein Kommen und ein Gehn,
wie Wind und Wolken treiben.
Nichts bleibt im Flug der Zeiten,
nur Gott in Ewigkeiten.

Wir wandern hier durch fremdes Land.
Weg, Ziel sind gar verborgen.
Doch wandellos birgt Gottes Hand
Tag, Abend, Nacht und Morgen.
Nichts bleibt im Flug der Zeiten,
nur Gott in Ewigkeiten.

Was Leben ist, weiß Gott allein,
was Sterben ist, nicht minder.
O glaub, es kann nur Liebe sein!
Gott liebt doch seine Kinder.
Nichts bleibt im Flug der Zeiten,
nur Gott in Ewigkeiten.

Und scheint's, als ob Gott ferne ist,
zu schwer dein Herz beladen,
schau Gott nur an in Jesus Christ,
so weißt du dich in Gnaden!
Nichts bleibt im Flug der Zeiten,
nur Gott in Ewigkeiten.

Gott ist das Licht in Ewigkeit
trotz allen Finsternissen.
Getrost! Auch deine Dunkelheit
hat Gottes Licht zerrissen.
Nichts bleibt im Flug der Zeiten,
nur Gott in Ewigkeiten.

Ich will das Leben glauben

Glaub, wer da will, den Tod,
ich will das Leben glauben!
Was Gott erschuf, läßt Gott
sich nicht entfalln, nicht rauben,
läßt nicht ins Nichts zerstauben,
dem Er zu sein gebot.

Mag's tausendmal vergehn,
es muß, was eh erschienen,
ihm wieder auferstehn,
ihm neu erblühn und grünen
und seinem Willen dienen;
sein Wille muß geschehn.

Gott sprach: Es werde Licht!
Da war die Nacht zu Ende.
Wort, das der Schöpfer spricht,
wirkt Leben, Wandlung, Wende.
Trotz Tod baun Gottes Hände
ein Werk, das nie zerbricht.

Drum glaub, wer will, den Tod,
ich glaub ein ewges Leben!
Als Gott dem Licht gebot,
da hat er's schon gegeben.
Wir leben, sind und weben
in ihm, dem ewigen Gott.

Schöpfer Gott

Deckst Du winters auch die Erde
dicht mit Totentüchern zu,
weckst Du, daß sie blühend werde,
sie doch aus der Totenruh.

Wandelst auch mit Machtgebärde
täglich wunderbar die Welt,
daß sie sich, die nachtbeschwerte,
tröstlich morgendlich erhellt.

So erweckst Du, deckt auch Erde
meinen Leib, mich doch, gewiß,
rufst mich, daß ich leuchtend werde,
lichtwärts aus der Finsternis.

Läßt uns alle, Todgeweihte,
Dir zum Leben auferstehn.
O so laß uns, Gott, schon heute
hier die größren Räume sehn,

und in unsres Daseins Fährde
hier im Dunkeln ohne Sicht
hören, Herr, Dein Wort: »Es werde!
Tote Welt, es werde Licht!«

Creatio ex nihilo

Du bist der Tiefverhüllte
und bist doch offenbar,
der eh und je erfüllte,
was arm und hungrig war.

Und nur dem Leeren, Armen
hast Du Dich eingesenkt,
dem aber Dein Erbarmen
ohn jedes Maß geschenkt.

Frei mich von allem Truge,
drin sich mein Herz noch plagt,
mach mich zum leeren Kruge,
zum Knecht, mein Gott, zur Magd,

ja töte mich, laß sterben,
was noch in sich bestand,
bild neu aus meinen Scherben
den Krug mit eigner Hand!

Ward ich erst ganz zunichte,
erweck mich aus dem Nichts
und schaff durch Dein Gesichte
den Widerschein des Lichts!

Wer Gott schaut, stirbt!

Mein Antlitz nicht, nein, nicht mein Angesicht
kannst du, Geschöpf, mit deinen Augen sehen!
Erschien' ich dir, du Mensch, in Glut und Licht,
du müßtest, blind, an meinem Glanz vergehen,

du würdest jäh verbrennen im Gericht
der reinen Wahrheit und wie Staub verwehen!
Wer Gott schaut, stirbt! Du Mensch, erträgst mich
nicht.
Vor mir, dem Heil'gen, kann kein Mensch bestehen.

O Gott, ich weiß, bärg' mich nicht Deine Hand
vorm scharfen Strahl, vor Deines Blickes Pfeil,
ich stürbe, Gott, an Deines Seins Gewalt –

und sehn' mich doch an meines Daseins Rand
nach Deinem Wesen, Deiner Urgestalt,
und fänd' ich Dich, wär' auch der Tod mein Heil!

In Bildern nur

Du wohnst im Licht, dem niemand nahen kann,
und thronst im Dunkel, das kein Blick durchdringt.
Säh Dich mein Aug', o Gott, ich stürb daran,
weil Gott zu schaun Geschaffnem nie gelingt.

In Bildern nur, vieltausendfach verkleinert,
ertrag ich Dich und ahn ich Deine Macht,
und mich beglückt's, wenn mir Dein Stern erscheint,
aus Deinem Licht, mein Gott, in Deiner Nacht.

Zeig uns im Tod das Leben

Gib uns im Dunkeln, Herr, Dein Licht!
Zeig uns im Tod das Leben!
Wend her zu uns Dein Angesicht!
Wir können uns, hilfst Du uns nicht,
nicht aus der Nacht erheben.

Wir wissen nicht den Sinn der Welt,
verstehn nicht Lauf und Zeiten,
und nichts ist, das uns birgt und hält,
und alles, was wir halten, fällt
samt uns in Dunkelheiten.

Sinkt alles hin, hinab zum Tod,
Gestirn und Menschenkinder,
Du aber bleibst, Du ewiger Gott,
in aller Welt- und Erdennot
der Herr und Überwinder.

Wir schaun Dich an in Jesus Christ
und nennen Deinen Namen
durch Ihn, der Deines Wesens ist
und der uns zeigt, daß Du, Gott, bist
Licht, Leben, Liebe, Amen.

Totengedächtnis

Herr Gott, vor Deinem Angesicht
gedenken wir der Toten.
Du hast sie aus dem ird'schen Licht
zum ewgen Licht enthoben.

Du nahmst sie, die wir heiß geliebt,
und schiedest Herz vom Herzen.
Wir stehn an Gräbern tief betrübt
mit Leid und Not und Schmerzen.

Doch, ob wir Dich gleich nicht verstehn,
gescheh, Herr, Dein Wille!
Gib uns, wo wir nur Rätsel sehn,
Trost, Frieden, Kraft und Stille.

Wir beugen, Herr, uns Deiner Hand,
und mag sie schwer uns scheinen,
Du, Gott, hast uns viel Gut's gesandt,
kannst's jetzt nicht anders meinen.

Aus Deiner Hand, Herr, nehmen wir
Tod, Trennung, Leid entgegen
und wolln in Deine Hand uns Dir
befehlen nun und legen.

Du bist doch unser aller Gott,
gebietest Tod und Leben.
Ach, hilf, daß wir uns Dein'm Gebot
im Glauben fest ergeben!

Wir leben und wir sterben Dir,
stets birgt uns Deine Gnade,
birgt väterlich uns jetzt und hier,
birgt uns auf fernstem Pfade.

Bethlehem

Als Christ, der Herr, geboren war
zu Bethlehem, ein kleines Kind,
brach eilends auf die Hirtenschar,
zu schaun, was Engelmund verkünd't.

Nur einer war, der folgte nicht,
der blieb auf dunklem Feld allein,
glaubt' nicht dem Wort, sah nicht das Licht,
sprach: Gott ein Kind? Das kann nicht sein!

Und fernher weit aus Morgenland,
da zogen weise, edle Herrn
gen West, bis ihre Sehnsucht fand
das Kind im Stall dort unterm Stern.

Nur einer war, der zog nicht mit,
der grub sich ein in seine Not
und stieß sich wund bei jedem Tritt;
die andern aber fanden Gott.

So war's seit je, bleibt's wohl allzeit.
Gott ruft und läßt sein Heil geschehn.
Du aber, Mensch, bist du bereit,
den Weg nach Bethlehem zu gehn?

Steh auf! Komm, komm! Heb dein Gesicht,
folg Stern und Engel durch die Nacht
gen Bethlehem! O sieh das Licht!
Das Heil der Welt ist hier vollbracht.

Im Stall von Bethlehem

Ich hab so manchen Tag gewacht
und manche Nacht dazu,
und nicht bei Tag und nicht bei Nacht
bracht ich mein Herz zur Ruh.

Ich lief weltaus und lief weltein,
ach, unstet hin und her,
wollt irgendwo zu Hause sein;
die Fremde lastet sehr.

Doch nirgends fand ich Ruh und Raum,
kaum Dach, das Herberg bot,
trug schwer bis hin in Schlaf und Traum
an Rätseln, Schuld und Tod.

Nun steh ich hier, bin Gottes Gast,
weiß selbst nicht, wie's geschah.
Der ewige Gott liegt hier zur Rast,
und ich find Heimat da.

Gott ging aus seiner Heimat aus,
ward mir, dem Fremdling, gleich.
Nun ist der Stall mein Vaterhaus,
die Kripp' mein Himmelreich.

Simeon

O Herr, nun läßt Du Deinen Knecht
mit Fried von hinnen fahren.
Aus Gnade, die Dein göttlich Recht,
durft ich das Heil gewahren.
Gewartet hab ich, ach, wie lang!
Mir war um Trost oft angst und bang
in dunklen Menschenjahren –

doch konnt ich nicht aus meiner Kraft
das schwere Dunkel wenden,
die Welt und meines Lebens Haft
aus eigner Kunst nicht enden.
Nun aber ist's durch Dich geschehn.
Ich hab das Licht der Welt gesehn
und hielt's in meinen Händen.

Du hast in diesem Kind das Heil
der ganzen Welt gegeben.
Den Völkern wird durch Christ zuteil
die Wahrheit und das Leben.
Er aber muß durch Sünd und Not
der Welt erleiden bittern Tod
und gar am Kreuze schweben.

Wir fassen's nicht, was uns geschieht,
und werden's nie erreichen.
Gesegnet aber, wer Dich sieht,
o Herr, in Deinen Zeichen!
Mein Gott, mein Gott, ich bitt Dich sehr:
Das Dunkel laß noch mehr und mehr
von meinen Augen weichen,

bis ich Dich einst, Du ewiges Licht,
in Deiner Gottheit Fülle
von Angesicht zu Angesicht

anschaue ohne Hülle.
Solch Heil hast Du mir zugedacht,
als mich zu Christ, dem Kind gebracht
Dein Geist, o Herr, Dein Wille!

Post Christum natum

Als es dunkel war auf Erden,
mitten in der stillen Nacht,
hat Gott selbst mit Kindsgebärden
sich zur Erde aufgemacht,
fuhr aus Himmels hohen Hallen,
aus dem königlichen Thron,
uns zu Heil und Wohlgefallen
her zur Welt in Christ, dem Sohn.

Wort ward Fleisch um unsertwillen,
Gott ward Mensch der Welt zugut.
Alle Sehnsucht uns zu stillen,
ging Gott ein in Leib und Blut,
nahm die Krippe sich zum Bette
und nahm auf sich alle Not,
trug zum Kreuz der Schädelstätte
unsre Sünde, unsern Tod.

Nimmer werden wir verstehen,
daß Gott so die Welt geliebt,
nur im Staube kniend sehen,
was Gott gab und wie Gott gibt.
Seit die Krippe ihn getragen,
kennt die Erde sein Gesicht,
trägt noch in den dunklen Tagen
unverlöschlich ewiges Licht.

Man kann das Licht im Dunkel nur begreifen

Man kann das Licht im Dunkel nur begreifen.
Wir sehn die Sterne nur in finstrer Nacht.
Aus dunkler Tiefe nur die Blicke schweifen
empor zum Lichte, das lebendig macht.

Uns ward das Los, vertraut den dunklen Mächten,
die diese Erde binden zum Gericht,
uns zu verzehren in des Äons Nächten
in tiefer Qual nach Lösung und nach Licht.

Im Streit der Welt, Volk wider Volk entboten,
des Erdteils Blüte sinkt in Trümmer hin.
Aus Schutt und Asche bergen wir die Toten
und fragen schwer nach ihres Sterbens Sinn.

Was gläubig schuf der Väter frommes Trachten,
was treu die Ehrfurcht tausend Jahr bewahrt,
stirbt den Geschlechtern, die den Geist verachten,
der sich im Werk der Väter offenbart.

In wilder Wut drohn der Dämonen Heere,
vom Blut genährt, mit wachsender Gewalt,
der bleiche Tod voran auf dürrer Mähre,
in Haß und Hohn die Augen leer und kalt.

Gott, laß das Licht dem Dunkel nicht erliegen,
und, trotz der Schuld, bewahr uns im Gericht!
Du bist das Licht und wirst gewißlich siegen,
Du Gott des Lichts bleibst unsre Zuversicht!

In tiefer Trauer liegt das Land

In tiefer Trauer liegt das Land,
vom Grau des Himmels überspannt.
Kalt weht der Wind. Der Regen fällt.
Der Tod geht durch die weite Welt.
Hier bricht er Blumen, Gras und Laub
und dort schlägt er das Tier zum Raub,
nimmt hin die Menschen, jung und alt,
zerbricht das Leben mit Gewalt.

Und meine Augen sehn den Tod.
Mein Herz erbebt in tiefer Not
und beugt sich schwer der fremden Hand,
die in die Welt den Tod gesandt.
Die ganze Erde, weit und breit,
ist allem schon als Grab bereit.
Was gestern ward, was heute steht,
schon morgen, ach, zu Grunde geht!

Es stirbt das Körnlein, stirbt der Stern,
im Tod find't alles seinen Herrn.
Und blühn die Rosen noch so rot,
es kommt der Herbst, es kommt der Tod,
kommt auch zu mir, er hat die Macht,
vielleicht schon bald, eh ich's gedacht.
Mein Gott, dann laß mich beides sehn:
Das Sterben und das Auferstehn!

Morgenlied für eine Kranke

Mein Leben gibt mir Gott, der Herr,
an jedem Tag aufs Neue,
er weckt mich früh vom Himmel her
und wacht mit großer Treue.
Mit göttlich unbegrenzter Macht
wirkt er im Schöpferwalten.
Ich seh darin mich Tag und Nacht
umfangen und gehalten.

Was mir bestimmt ist, weiß ich nicht,
kenn Anfang nicht noch Ende,
doch stell ich mich voll Zuversicht
getrost in Gottes Hände.
Da weiß ich mich zu aller Zeit
ganz wie ein Kind geborgen.
Des Vaters Güt und Freundlichkeit
wird mich gar wohl versorgen.

Drum komme, was da kommen mag,
und wär's Not, Tod und Leiden,
es kann mich bis zum letzten Tag
von Gott gewiß nichts scheiden.
Es ruht doch alles allezeit,
scheint's uns auch tief geschieden,
von Anfang bis in Ewigkeit
vereint in Gottes Frieden.

Das laß in Gnaden Gott, der Herr,
mich reinen Herzens schauen!
Und stets und still wachs immer mehr
zu ihm hin mein Vertrauen,
daß ich in Gottes großem Sinn
beharre ohne Wanken
und mich ihm geb mit Freuden hin
mit Liebe, Lob und Danken!

Der Kranke

Zum ersten Mal im neuen Jahr
grüßt mich die helle Sonne,
und überwältigt ganz und gar
trink ich ihr Licht voll Wonne,

wend in ihr Glühen mein Gesicht,
den Leib, mein ganzes Wesen,
und weiß: ich werd im starken Licht
der Sonne nun genesen.

Und irrt mein Herz, müßt bald und ganz
mein Leib ins Finstre sinken,
wollt selig ich den schönen Glanz,
solang ich hier bin, trinken,

und wüßte: durft ich so viel Licht
mit irdischen Augen sehen,
werd ich vor Gottes Angesicht
im Lichte ewig stehen.

Wie oft ist, Tod, dein Antlitz mir begegnet! (Sonett XXII)

Wie oft ist, Tod, dein Antlitz mir begegnet!
Du schufst dem Kind die erste große Not,
wardst dann dem Manne wie das täglich Brot,
und immer hat dein Anblick mich gesegnet.

In Todes Antlitz ist mir Gott begegnet,
der Schöpfer, der durch Tod und Leben reißt,
den auch im Sterben sein Geschöpfe preist
und der durch Tod und Sterben uns noch segnet.

Ich weiß es wohl: ich bin ein Schüler nur,
wo Gott sein Werk mit fremden Lettern schreibt,
und folge Gottes und des Todes Spur

mit tiefen Schauern, oft mit Angst und Grauen,
und kann doch anders nicht als dem zu trauen,
der auch im Tode seine Wunder treibt.

Tod ist nicht Tod

Tod ist nicht Tod. Es wäre Gott nicht Gott,
könnt etwas je aus seiner Hand entfallen.
Doch Gott ist Gott und drum der Tod nicht Tod,
scheint er auch Herr ob allem hier und allen.

Tod ist nicht Tod, auch Leben Leben nicht,
das wir so nennen mit dem Sinn der Erde.
durch Leben, Tod spricht Gott: Es werde Licht!,
durch Tod und Leben nur dies Eine: Werde!

Der Schöpfer Gott, er ist der Herr allein,
und ahnst du, ach, auch nur von fern sein Walten.
Schweig still und bet! Dir klingt's: Du Kind, bist mein!
Und leb und stirb! Getrost! Du wirst gehalten.

Tod

Ich habe oft an dich gedacht,
o Tod, mit Herzerzittern und mit Trauern,
oft auch mit seligbangen Schauern
entsank mein Blick in deine große Nacht.

Hab nach des Lebens Ende oft gefragt,
und unablässig tastete mein Geist
nach jener Grenze, die man Sterben heißt.
Und keiner war, der mir die Antwort sagt.

Doch diesmal bricht der Augenblick herein,
was weiß ich heut, ob selig oder bang,
da steh ich auf der Grenze schmalem Gang
und werd vom Tod im Tod erst wissend sein.

Abendlied für eine Sterbende

Nun senkt sich tief des Tages Bahn,
das Licht ist im Verscheiden.
Der Nacht vieldunkle Schatten nahn.
Ach, Welt, du mußt es leiden!

Du mußt es leiden, Menschenkind,
daß Tag und Stunden rinnen
und daß sie bald zu Ende sind
und niemals mehr beginnen.

Doch ob auch schwinden Stund und Tag
und Licht und Leben enden,
es sind doch Zeit und Herzensschlag
ganz fest in Gottes Händen.

Licht, Leben, Tag und Nacht und Tod –
ruht alles ungeschieden
und ruhst auch du, mein Herz, in Gott,
ganz tief in Gottes Frieden.

Sterbelied

Mein Gott, ich bin bereit,
wenn Du mich rufst, zu gehen.
Dein Wille soll in Zeit
und Ewigkeit geschehen.
In Zeit und Ewigkeit
weißt Du den besten Rat.
Dein ist Geheiß und Tat.
Herr, hilf bestehen!

Ich bin bereit, doch, ach,
wie bin ich unbereitet!
Ich denke dem nur nach,
der seine Hände breitet,
der Heimat, Herz und Dach
dem ärmsten Sohn gewährt
und den, der heimgekehrt,
ins Haus geleitet.

Mein Gott, ich stehe hier
mühselig und beladen
und trage nichts mit mir
als Schande, Schuld und Schaden.
Doch rufst Du mich zu Dir,
mein Vater, Herr und Gott,
nimm mich auch durch den Tod
nun auf in Gnaden!

Laß uns, Herr, vom Tod erstehn!

Laß uns auferstehn, Herr Christ,
zum Leben aus dem Tod,
wie Du auferstanden bist
aus der Welt zu Gott!

Dich birgt Deines Vaters Schoß
in Zeit und Ewigkeit;
gib in dunklem Erdenlos
gottwärts uns Geleit!

Mach uns frei aus aller Haft,
die Leib und Seele hält,
reiß uns, Herr, durch Deine Kraft
aus dem Grab der Welt!

Laß uns, Herr, vom Tod erstehn
auch heut durch Dein Gebot,
und wie Du die Welt durchgehn,
Zeugen hier für Gott!

Der Fährmann

Hol über, Fährmann, Fährmann Tod!
Wohlan, zur Fahrt bereit dein Boot!
Der Tag ist hin. Der Abend naht,
und Bleibens ist hier keine Statt.
Walt deines Amts, wie Gott gebot!
Hol über, Fährmann, Fährmann Tod!

Noch rinnt und rauscht der Strom der Zeit.
Stromüber dunkelt Ewigkeit.
Stromüber, weit und unbekannt,
liegt groß und still das andre Land.
Da ist mein Ziel. Bring her dein Boot!
G'leit mich hinüber, Fährmann Tod!

Ach, Gott, mir bangt vor Weg und Ziel!
Ich fahr dahin ohn Wahl und Will,
ein Wandrer hier, ein Fremdling dort,
und hab bei mir nicht Halt und Hort.
Hilf Du mir, Herr, zur letzten Frist!
Sei Du mein Fährmann, Jesus Christ!

So ist es Brauch (Sonett XXIII)

So ist es Brauch: nur an den Tod nicht denken!
Er kommt doch, sagt man, immer früh genug,
und wenn er kam, um uns die Flügel schlug,
dann ist's zu spät, sich denkend zu versenken.

Und ob zum Tode alle Schritte lenken,
der Mensch flieht feige in den schalen Trug,
es sei kein Tod, er selbst vermöcht mit Fug
das Leben nach Belieben sich zu schenken.

Wie anders war der Väter tapfre Art!
In ihres Sinnens Mitte stand der Tod
und sie gedachten, daß wir sterben müssen.

Sie sahn den Tod, doch sahn sie ihn in Gott
und waren fertig, eh aus ihrer Fahrt
des Todes Hände sie hinweggerissen!

Wenn welk im Herbst die Blätter wehen (Sonett XXIV)

Wenn welk im Herbst zum Staub die Blätter wehen,
wenn lebenssatt das Leben still verglüht,
verbraucht im Kampf, zu Tode mattgemüht,
dann meint der Mensch, das Sterben zu verstehen,

in sein Geheimnis meint er Gott zu sehen –
und bäumt sich auf, nimmt Gott, was herrlich blüht,
flucht ihm wohl gar, löscht Gott, was Leben sprüht,
und blindes Schicksal heißt er solch Vergehen,

Verhängnis, Zufall heißt ihm da der Tod,
der ohne Sinn einherfährt hier auf Erden.
Und ist doch immer nur der eine Gott,

der hier und dort in Tod und Sterben handelt,
durch Tod und Sterben seine Welt verwandelt,
auch wenn wir seiner hier nicht inne werden!

So wie im Feld die toten Streiter liegen (Sonett XXI)

Herrnhuter Gottesacker

So wie im Feld die toten Streiter liegen,
schlicht, Grab bei Grab und aller Sondrung bar,
so ruht auch hier, des größten Königs Schar,
ihr toten Streiter aus des Reiches Kriegen,

und kündet still von eures Herren Siegen,
kaum, daß ein Stein euch nennt mit Nam' und Jahr,
wie selbstvergessen euer Leben war,
ein Königsdienst, verborgen und verschwiegen.

Vor Gott als Gleiche, vor den Menschen Brüder,
des Meisters Jünger, der Gemeine Glieder
ruht ihr hier aus, nun Reihe längs an Reihe,

legt durch die Zeiten noch durch euer Grab
von euerm Glauben kraftvoll Zeugnis ab,
und herbe Schönheit gibt der Stätte Weihe.

Zeit und Ewigkeit

Der Eine kommt, der Andre geht.
Und keiner das Warum versteht,
und keiner das Woher, Wohin,
und keiner weiß den letzten Sinn.

Doch jeder Augenblick der Zeit
liegt mitten in der Ewigkeit.
Und immer sind wir gottgefragt,
wie wir den nächsten Schritt gewagt.

Sterbelied

Mein Leben und mein Tod sind Dein,
ich bin mir selbst nicht eigen.
Ich leb und sterb auf Dich allein,
kann nur in Dir geborgen sein
und muß mich Dir, Gott, beugen.

Du hast mich Dir ins Licht gestellt,
mit Namen rufst Du jeden.
Drum lebt und stirbt und steht und fällt
auch jeder Dir, Du Herr der Welt,
allein und unvertreten.

Aus Gnad' lebt alles, bös und best,
wo wir des Wegs auch wallen.
Das halt' ich hier im Glauben fest
und will, wenn Du mich sterben läßt,
auch nur in Gnade fallen.

Du bist verborgen-offenbar
der Grund der Welt geblieben
und hörst nicht auf, wie's immer war,
tagaus, tagein und Jahr um Jahr
die ganze Welt zu lieben.

Du Gott, hast Welten ohne Zahl,
mehr als wir Sterne sehen.
Ist alles Dein ohn' Will und Wahl!
Du wirkst ohn' Ende überall,
schaffst noch, wo wir vergehen.

Ich wag mein Leben und den Tod
allein in Deinem Namen.
Du bist trotz aller Erde Not
in Zeit und Ewigkeit mein Gott,
und ich bin Dein, Herr. Amen.

An deinem Bette stand ich tief beklommen* (Sonett XVII)

An deinem Bette stand ich tief beklommen.
Noch ging dein Atem leise aus und ein.
Noch schlug dein Herz, du lebtest noch – allein
du sahst mich nicht, hast nicht mein Wort
vernommen.

Ich war für immer nun zu spät gekommen,
stand vor der Tür und drang doch nicht hinein.
Auf deinem Antlitz war ein fremder Schein,
das kalte Licht des Todes, schon entglommen.

So stand ich, Mutter, da, dein Sohn, dein Kind,
mit meiner Liebe und mit meiner Schuld
und wollte beides dir ins Herze sagen.

Zu spät! Zu spät! Nun muß ich mit mir tragen,
bis meine Tage hier zu Ende sind,
nun ungesagt, die Liebe und die Schuld.

*Meine Mutter, Auguste Pötzsch, geb. Oesterlein, 1867 auf Schloß Tenneberg im Thüringer Walde geboren, kam als Albertiner-Schwester nach Leipzig und blieb durch ihre spätere Verheiratung hier. Sie starb 1936 in Chemnitz, wurde aber auf dem Johannisfriedhof in Leipzig im Grab des Vaters zur letzten Ruhe gebettet.

Nun hat der Tod dich jäh hinweggenommen* (Sonett XVIII)

Nun hat der Tod dich jäh hinweggenommen,
du schöne Blume, aus dem vollen Leben.
Wir stehn erschrocken und mit tiefem Beben
vor deinem Antlitz, drin das Licht verglommen.

Eh wir's gedacht, ist dir die Nacht gekommen.
Die dunklen Schwingen uns zu Häupten schweben.
Und in das Dunkle wir die Augen heben
und fragen schaudernd, fragen tief beklommen.

Und keine Antwort kommt aus jener Welt.
Das große Schweigen hüllt uns alle ein,
die wir noch blühn und die der Tod gefällt.

Das große Schweigen und – der große GOTT!
Und laut im Schweigen redet ER im Tod,
im Leben: Sieh! Ich liebe! Du bist mein!

*Meine Schwester Maria Magdalene, geboren 10. Juni 1899 in Leipzig, starb am 6. Juni 1946 an den Folgen des Typhus in Cuxhaven, wo sie, durch Bomben und Brand obdachlos und heimatlos geworden, Zuflucht gesucht hatte.

An Grabesrand

Wir stehn im Dunkeln ohne Sicht.
Der Himmel ist verhangen.
Ach, leucht uns, Herr, Du ewiges Licht,
da irdisch Licht vergangen!
Du wahres Licht, verlaß uns nicht!
Laß leuchten, Herr, Dein Angesicht!

Das Licht verging in Nacht und Not,
im Tod verging das Leben.
Du aber bist und bleibst doch Gott
und willst nur Leben geben.
Du wahres Licht, verlaß uns nicht!
Laß leuchten, Herr, Dein Angesicht!

Und treibst Du uns gleich tief hinab,
als wolltst Du uns verderben,
Du führst uns doch durch Tod und Grab
ins Leben aus dem Sterben.
Du wahres Licht, verlaß uns nicht!
Laß leuchten, Herr, Dein Angesicht!

Laß uns getrost im Glauben gehn!
Dein Weg ist nie zu Ende.
Wir sterben und wir auferstehn,
Herr, nur in Deine Hände.
Du wahres Licht, verlaß uns nicht!
Laß leuchten, Herr, Dein Angesicht!

Trost und Zuversicht

Mein Herz, was dir begegnen
und widerfahren mag, –
sei still, Gott will dich segnen;
auch heut ist Gottes Tag!

Sein Tag war allerzeiten,
sein Tag wird immer sein.
Gott schloß in Ewigkeiten
dich in sein Herz hinein.

An jedem neuen Morgen,
in jeder neuen Nacht,
bist du bei ihm geborgen,
wirst du von ihm bewacht.

Drum komme Lust und Leiden
und Leben oder Tod,
dich wird gewiß nichts scheiden
von ihm, dem großen Gott!

Trost

Herr, vergangen bist Du schier
hinter all den Finsternissen!
Aber dennoch bist Du hier,
weißt, Verborgener, von mir
mehr als ich von Dir kann wissen.

Du bist da! Und keine Not
kann Dein Michumweben enden.
Nicht das Leben, nicht der Tod
mag uns scheiden, Du mein Gott!
Herr, ich bin in Deinen Händen!

Getroste Verzweiflung

Um Tod und Leben, Welt und Gott
kreist allzeit all mein Sinnen,
doch konnt ich mir trotz vieler Not
die Antwort nicht gewinnen.

Und was ich fragte einst als Kind,
es blieb das gleiche Fragen,
und immer wieder muß ich blind
das dunkle Leben wagen.

Und was ich je zuletzt erkannt,
war kein vernünftig Wissen,
ich sah nur eines Abgrunds Rand,
an dem wir glauben müssen,

und rief in tiefer Qual und Not
das heilige Wort der Alten;
ich schrie verzweifelt: Gott, mein Gott! –
und fiel – und ward gehalten.

Um Tod und Leben

Um Tod und Leben kreist des Herzens Sinnen,
um Mensch und Welt, um Gott und Sein und Zeit,
doch was wir sinnen, bleibt ein arm Beginnen,
ein Vogelflug in der Unendlichkeit.
Verstehn wir's recht: Wohin wir uns auch wenden,
wir sind umfangen von den ew'gen Händen!

Zu spät

Gott rief uns in die Welt hinein,
hat seine Erde uns gegeben,
daß wir einander Brüder sei'n
und hilfreich miteinander leben.

Doch dem, der wartend nach uns fragt,
wie selten sind wir dem zur Labe!
Ach, neben uns der Bruder klagt,
klagt, daß er keinen Menschen habe!

Zu spät erkennen wir mit Not,
was wir dem andern schuldig blieben.
Wie oft weckt erst des andern Tod
das eigne tote Herz zum Lieben!

Dann möchten wir vor Schuld und Scham
den Toten aus der Erde scharren.
Wir sehn zu spät, zu spät, voll Gram,
daß wir des andern Nächster waren.

Und Blumen, Kränze werden nun
der großen Schuld geringe Zeichen:
Ach, könnt ich, Liebes dir zu tun,
noch einmal dir die Hände reichen!

Unverloren

Du kannst nicht tiefer fallen
als nur in Gottes Hand,
die er zum Heil uns allen
barmherzig ausgespannt.

Es münden alle Pfade
durch Schicksal, Schuld und Tod
doch ein in Gottes Gnade
trotz aller unsrer Not.

Wir sind von Gott umgeben
auch hier in Raum und Zeit
und werden sein und leben
in Gott in Ewigkeit.

Zuversicht

Du, Gott, Du bist das Leben!
Drum glaub ich keinen Tod!
Was ist, hast Du gegeben,
wir sind in Dir und weben,
wie uns Dein schaffend Wort gebot.

Wohl faß ich Dein Regieren
mit meinem Geiste nicht.
Doch immer kann ich spüren,
wie Deine Hände führen
auch mich durch Finsternis und Licht.

Was lebt, kann nicht entgehen
dem Tod und seiner Not.
Du aber bleibst bestehen!
Dein Wille muß geschehen!
Herr Gott, drum glaub ich keinen Tod!

Geborgenheit

Der Grund der Welt, in dem ich gründe,
liegt nicht in meiner Augen Licht,
und auch das Meer, in das ich münde,
das seh ich nicht von Angesicht.

Zu tief ist allen Ursprungs Tiefe,
zu fern und weit das letzte Ziel,
und wenn ich Welt und All durchliefe,
ich wüßt und säh und fänd nicht viel.

Wo alles urspringt, alles mündet,
ach, keiner ist, der's je verstand,
doch wer da hört, dem wird verkündet:
Das Letzte – das ist Gottes Hand!

Das Letzte, ja, sind jene Hände,
die Menschenauge nie gesehn
und drin doch Anfang, Mitt' und Ende
und alle unsre Wege stehn.

Wir gehn dahin

Wir gehn dahin und wissen nicht,
woher, wohin wir wandern,
und kennen kaum von Angesicht
die mit uns gehn, die andern.

In Dämmergrau und Dunkelheit
liegt alles, was wir treiben.
Wie Schatten schwinden Raum und Zeit
und sind kein Haus zum Bleiben.

Da ist viel Fremde, viel Gefahr,
viel Einsamsein und Ferne
und über allem wunderbar
die Rätselwelt der Sterne.

Wir stehn darin, ach, ohne Stand,
gar schwank in Angst und Sorgen,
und ruhn doch wie in mächtiger Hand
wie Kinder ganz geborgen.

Uns trägt die Hand, die alles hält
in Räumen und in Zeiten,
die Hand, in die auch alles fällt
in Zeit und Ewigkeiten.

Hat keiner je genug gesagt
die Wunder all und Fragen!
Wir gehn dahin, sind todverzagt
und leben doch und wagen.

Geborgenheit

Wo wir uns gar verlassen wähnen,
steht Gott doch ohne Wandel da.
Wenn wir uns einsam ängsten, sehnen
im Dunkeln und dem Abgrund nah,
ja, wenn wir ganz verloren sind,
sind wir doch Gotts Geschöpf und Kind,
und Gott weiß Not und Tod und Tränen.

Eh dieser Welt Gestirne waren,
sann Gott den Sternen Ziel und Lauf.
Er führt sie, ihn zu offenbaren,
großmächtig durch die Nacht herauf.
Wie sollte, der in Welten denkt,
das All beschenkt und alles lenkt,
nicht alles gnadenreich bewahren?

Wohl wissen wir nicht Gottes Willen.
Wann wüßt ein Kind des Vaters Plan?
Gott birgt sich ein in tausend Hüllen,
doch wo er geht, ist licht die Bahn,
und was mit Weisheit, Lieb und Macht
Gott je für sein Geschöpf bedacht,
muß sich zu ewgem Heil erfüllen.

Und scheints, als ob im Wind verhallen
Gebet und Schrei – wohl dem, der glaubt!
Gott ist nicht ferne von uns allen,
und niemand ist, der uns ihm raubt!
Wir leben, weben, sind in Gott
mit Los und Leid, Schuld, Not und Tod –
und nichts kann Gottes Hand entfallen!

Bleibe bei uns

Bleib bei uns, wenn der Tag entweicht,
wenn uns die Finsternis beschleicht,
wenn wir voll Not ins Dunkle sehn,
wenn wir in Ängsten schier vergehn.
Bleib bei uns, Herr, halt Du die Wacht,
gib Deinen Frieden diese Nacht.

Bleib bei uns, wenn das Jahr zu End,
wenn sich die Zeit noch einmal wend't,
wenn ihr Woher, Wohin uns schreckt,
kein Ziel und Sinn sich uns entdeckt.
Bleib bei uns, Herr, nimm unser wahr,
geleit uns in das neue Jahr!

Bleib bei uns, Herr, wenn unsrer Bahn
die letzten, dunklen Schatten nahn,
das Leben und der Tod uns drängt,
die Schuld den Himmel uns verhängt.
Bleib bei uns, Herr, halt uns in Hut
und mach's mit unserm Ende gut!

Bleib bei uns, wenn die Welt zerbricht,
das All erzittert im Gericht,
wenn nirgends Halt und Hilf und Heil
der armen Erde wird zuteil.
Bleib bei uns, Herr, daß diese Welt
doch noch in Dein Erbarmen fällt!

Bleib bei uns! Laß uns nicht allein!
Nur Du kannst Halt und Helfer sein
in Schuld und Schicksal, Angst und Not,
in unserm Leben, unserm Tod.
Drum bleib bei uns in aller Zeit,
bleib bei uns, Herr, in Ewigkeit!

Gottes Tag

Brich an, o Tag! Komm, komm, du großer Tag,
da Reich um Reich sich Gott, dem König, naht!
Ob heut und hier kein Sinn es fassen mag,
zieht Volk um Volk den Weg zu Gottes Statt.

Sie sind doch sein! Gott schuf, sann Raum und Zeit,
lenkt Stern und Staub mit Macht nach gleichem Plan.
Sein ist das Reich voll Kraft und Herrlichkeit.
Am Ziel der Zeit wird's ewig aufgetan.

Wir schaun im Bild, ist Torheit, Tasten nur
in allem Wort vom letzten Ziel und Sinn,
doch schreiten wir in Christs, des Herren, Spur
erhobnen Haupts auf Ziel und Ende hin.

Das ist gewiß: Welt ist nicht unser Haus;
trägt jeder hier Last, Leid, Schuld, Schmerz und Tod.
Im Bann der Welt, Volk Christs, blick nur hinaus!
Gott wohnt im Licht! Sieh Stern und Morgenrot!

Was ist, was war, was wird, muß Gottes sein,
was fern, gottfremd auch, tief im Finstern lag,
sei was es sei, gotteigen ist's allein!
Welthin der Weg meint immer Gottes Tag.

O komm, du Tag, daß ich von Antlitz schau
mit allem Volk, von aller Angst befreit!
Noch drängt mich viel. Doch, Gott, mein Gott, ich trau:
Dein ist das Reich, die Kraft und Herrlichkeit!

Osterhymnus

Christ ist erstanden,
erstanden ist er!
Binden und Banden
entstieg er, der Herr.
Gräber und Grüfte
brachen entzwei.
Kammern und Klüfte
ließen ihn frei.
Christ ist erstanden!
Christ ist erstanden!
Christ ist erstanden,
erstanden ist er!

Christ ist entgangen
der höllischen Haft.
Kerker zersprangen
durch göttliche Kraft.
Gott ist das Leben!
Seinem Gebot,
Walten und Weben
weichet der Tod.
Christ ist erstanden!
Christ ist erstanden!
Christ ist erstanden
aus höllischer Haft!

Christ hat errungen
nun ewigen Sieg.
Tod ist verschlungen,
gewonnen der Krieg.
Freut euch, die Seinen.
Fürchtet euch nicht!
Noch aus den Steinen
reißt er ins Licht!

Christ ist erstanden!
Christ ist erstanden!
Christ ist erstanden,
und sein ist der Sieg!

Christ heißt uns glauben
trotz Teufel und Tod.
Nichts kann uns rauben
dem ewigen Gott.
Mag auch zur Erden
alles vergehn,
dennoch: wir werden
wieder erstehn!
Christ ist erstanden!
Christ ist erstanden!
Christ ist erstanden
trotz Teufel und Tod!

Ostern

Wenn alle Welt nun Ostern hält,
des Herren Auferstehungstag,
dann feir' ich mit der ganzen Welt,
mit der ich einst im Grabe lag.

Nicht weiß ich, was voreinst geschah,
und frage nach Vergangnem nicht.
Doch eines weiß ich: Gott ist nah,
der Grab und Tod auch heute bricht.

Sub specie aeternitatis

Es waltet Gottes Wille
weit über Welt und Zeit.
Hoch thront in ewiger Stille
der Herr der Herrlichkeit.
Er ist der Ewigreiche
und wirkt und birgt die Welt,
ist wandellos der Gleiche,
der Stern und Stäublein hält.

Kein Aug hat je die Bahnen
des Herrn der Welt gesehn.
Wer könnt auf Erden ahnen
die Wunder, die geschehn!
Im Gleichnis nur und Bilde
schaun wir hier Spur und Sinn
und hören's tief und milde:
Ich bin euer Gott, ich bin!

Hat Welt viel dunkle Nächte,
getrost, bei Gott ist Licht!
Kennt Zeit gar düstre Mächte,
gottmächtig sind sie nicht!
Mag manches mächtig scheinen,
daß wir schier bange sind,
es ist vor Gott, dem Einen,
nur Wölklein, Wahn und Wind.

Wir wandern ohne Wissen
weltein, weltaus den Pfad,
sehn oft vor Finsternissen
nicht Weg und Steg und Statt.
Dann sind wir wie alleine
in dieser ganzen Welt ...
Gott aber ist der *Eine*,
der alles trägt und hält.

Weihnachtsmadonna von Stalingrad

»Das Licht scheint in der Finsternis«

(Johannes 1,5)

Als letztes Kapitel soll das Weihnachtsbild von Stalingrad betrachtet werden, über dessen Entstehung der Marineoberpfarrer Arno Pötzsch im Felde Weihnachten 1944 berichtete. Dieses Bild hatte sein Freund Kurt Reuber Weihnachten 1942 für seine Kameraden in Stalingrad gezeichnet, und später wurde es als »Weihnachtsmadonna von Stalingrad« bekannt:

»Am Heiligen Abend 1942 bereitete der Oberarzt Dr. med. lic. theol. Kurt Reuber seinen Kameraden im Kessel von Stalingrad eine eigenartige und eindrucksvolle unvergessliche Weihnachtsfreude, die ihnen zugleich zu einer starken Hilfe wurde. Als die Männer den notdürftig gegen Kälte und Geschosse schützenden Bunker zur einsamen Weihnachtsfeier unter den Schatten des Todes betraten, standen sie ›wie gebannt, andächtig und ergriffen schweigend vor dem Bild‹ einer Mutter, die im weiten Mantel ihr Kind birgt. Dieses unter vielen Mühen mit Kohle auf die Rückseite einer großen russischen Landkarte gezeichnete Bild Dr. Reubers wurde bald die ›*Weihnachtsmadonna von Stalingrad*‹ genannt und ist unter diesem Namen bereits weithin bekannt geworden. Das Bild ist aus dem Kessel herausgekommen, der, der es schuf, ist mit den vielen in Stalingrad geblieben, verschollen.«

Das Bild der Weihnachtsmadonna hing im Pfarrhaus zu Wichmannshausen bei Eschwege in Hessen und befindet sich jetzt in Kassel bei der Tochter von Dr. Kurt Reuber. Arno Pötzsch hat später im Hause des vermissten Freundes ergriffen vor diesem Bilde und dem Selbstbildnis seines Freundes Kurt Reuber gestanden. Als Freundesdienst hat er dafür gesorgt, dass die Weihnachtsmadonna der Welt nicht vorenthalten wurde, und hat die Sonette »Vor der Weihnachtsmadonna von Stalingrad«, »Vor dem Selbstbildnis«, »Stalingrad« und das Gedicht »Die Mutter Gottes von Stalingrad« dazu geschrieben. In der ihm eigenen Demut – er selbst nennt es Bescheidenheit – stellt er fest: »Ich lege diese Verse in selbstverständlicher Bescheidenheit in die Hände der Freunde und habe nur den einen Wunsch, dass das Gedächtnis der in Stalingrad Gefallenen und Verschollenen unter uns lebendig erhalten werde.«

Mit den genannten Sonetten und dem Gedicht »Die Mutter Gottes von Stalingrad« leiht Arno Pötzsch der unaussprechlichen Not der Soldaten, die den Weihnachtsabend 1942 im Kessel von Stalingrad verbringen mussten, eine Stimme, die jedoch nicht als Klage und Anklage verhallt, die vielmehr den Trost des Dennoch der Weihnachtsbotschaft erklingen lässt und mit diesem Trost bis in die Gegenwart weiter lebt.

Vor der Weihnachtsmadonna von Stalingrad

I

Voll Lebenshoffnung und voll Todesahnung
das gleiche Herz – so haust ihr in den Trümmern –
und immer fragend: will sich keiner kümmern
um uns und eines Wegs und Auswegs Bahnung?

Da ward ein Bild im Bunker euch zur Mahnung.
Ob auch in Nächten kalt die Sterne flimmern,
die sonst wie milde unsrer Hoffnung schimmern,
schöpft aus dem Bilde nun des Lebens Ahnung!

Aus Gottes Liebe ist das Kind geboren,
durch Liebe nur ward Weihnacht in der Welt,
so wie aus Liebe einst die Welt erschaffen,

und Liebe bleibt trotz Blut und Tod und Waffen
der Grund der Welt! Und ob der Leib zerfällt,
ihr seid in Gott, in Liebe – unverloren!

II

Vor denen, die verlassen und verloren
im höll'schen Kessel wie Verfluchte wachten,
das Herz zerbrannt vom Feuer vieler Schlachten,
verstummt, vereinsamt, schon dem Tod verschworen,

erstand das Bild vom Kinde, das geboren
in stiller Nacht, und die es schauten, dachten
der großen Wunder, die das Leben brachten,
als Gott die Erde durch das Kind erkoren.

Mit heißen Augen tranken sie es ein,
sie, die es wußten, daß sie sterben müssen,
und nun erkannten, daß sie leben sollten,

und reicher Trost sank in ihr Herz hinein,
eh ihre Leiber unter Kugelgüssen
im Trümmerfeld der Festung sind verschollen.

III

Von weitem Mantel weich und warm umhüllt,
sind beide eins, das Kindlein und das Weib.
Lind hüten Hand und Haupt und Schoß und Leib
das Kind; und hier im Bilde ist erfüllt,

wie Liebe birgt, der Mutter Sorge stillt
das Schmerzgeborne, daß ihr's ganz verbleib
und nur kein Feind es ihr vom Herzen treib.
Uns das zu zeigen, war der Mann gewillt,

der ungeschützt, verloren und verlassen,
am Rand der Steppe dieses Bild ersann
für seine Brüder in des Todes Schlünden,

daß sie, die Sterbenden, am Bild verstünden:
was hier auf Erden eine Mutter kann,
das tut euch Gott, und er birgt ohne Maßen!

IV

Licht, Leben, Liebe schriebst du an den Rand
des Bilds der Mutter, die das Kindlein hegt,
das ihr die Liebe in den Schoß gelegt;
sie birgt es tief in ihres Leibs Gewand.

Licht, Leben, Liebe – ach, nicht einer fand
mit seinen Sinnen, was ihn tiefst bewegt!
Lichtlos die Nacht, die Herzen haßerregt,
das arme Leben schon in Todes Hand –

das ist die Welt, in der die Männer feiern,
vereinsamt, stumm in ungeklagter Not,
schier wie in Gräbern unterm Steppenwind!

Und einer wagt's und glaubt für sie an Gott,
reißt ihre Blicke hin zu diesem Kind,
weil Gott die Welt will in dem Kind erneuern.

V

Als Gott der Welt in Christ das Heil gesandt,
hat er ins Elend liebend sich begeben,
dem zu entfliehen wir vergeblich streben;
er, Gott, kam selbst und wenn auch tief verkannt,

er kam zu uns, sucht her und hin im Land,
die da verlassen und verloren leben,
sucht noch die Ärmsten aus dem Staub zu heben
mit eines Heilands milder, starker Hand.

Er sucht sie heim, er fand sie bei den Trebern,
an Zäunen bettelnd, arm in engen Stuben –
und fänd euch nicht, ihr Brüder, in den Gruben,

der fänd euch nicht, dem alles eigen ist,
der nichts vergaß noch jemals je vergißt,
der fänd euch nicht in Trümmern und in Gräbern?

VI

Erst wenn es dunkelt, wird das Licht entzündet.
Nur in der Nacht sehn wir der Sterne Schein.
Und in die Nacht brach Gott als Licht herein,
als in der Welt die Weihnacht ward verkündet.

Und seit das Licht sich dieser Welt verbündet,
mag Herz und Erde noch so dunkel sein,
es bricht sich Bahn, bricht durch und dringt hinein,
bis es im Dunkeln unsre Augen findet.

Wenn Menschen je in Todesschatten saßen,
dann, Brüder, ihr, dort in den Finsternissen!
Saht ihr das Licht auch, das euch nicht verlassen?

Denn dieser Welt, verloren und versündet,
wird dennoch Weihnacht, wird das Licht verkündet,
weil Gott für immer unsre Nacht zerrissen.

Vor dem Selbstbildnis

Erschüttert schau ich dieses Bildnis an,
in dem du selbst, mein Bruder, dich bezeugst
und klaglos still doch jenes Grauen zeigst,
das ihr durchschrittet, alle, Mann für Mann.

Ich stehe ganz in dieser Augen Bann.
Was sahn die Augen? Ach, ich weiß, du schweigst!
Ich weiß, mein Bruder, daß du stumm dich beugst
dem dunklen Gott, der Tod und Leben sann.

Du bist verschollen in den Finsternissen,
allein dein Antlitz kam zu uns zurück
und sucht und zwingt für immer unsern Blick,

zwingt ihn nach innen, daß wir's da erfassen:
Auch wo wir schrein »Hast Du mich, Gott, verlassen?«,
hat Gott uns sterbend an sein Herz gerissen!

Dr. Kurt Reuber, Selbstbildnis

Stalingrad

I

Was ihr erduldet – niemand kann's ermessen,
wenn wir's auch liebend oft und oft bedächten –
in jenen Tagen und in langen Nächten
und, wie es schien, von Welt und Gott vergessen;

da jähe Zweifel sich ins Herz gefressen
und wie Verbannte ihr in Todes Schächten,
verzehrt von Kälte, Hunger und Gefechten
schon wie in Gräbern, lebend noch, gesessen –

was ihr erduldet, keiner wird's erzählen
mit jenen Worten, die die Sprache nennt.
Zu solchem Leiden kann nur Gott erwählen,

und die erwählt in Todes Rachen blieben,
die sind von Gott, der die Erwählten kennt,
mit ihren Leiden in sein Herz geschrieben.

II

Der Würger Krieg schafft immer neu die Stätten,
da Leib und Seele in der Qual verschmachten.
Er hetzt die Heere in verlorne Schlachten,
draus Roß und Reiter nicht das Leben retten,

läßt hungern, frieren, schlägt in Bann und Ketten,
zerstampft die Felder, die das Brot erbrachten;
und die im Zwang sich nach dem Leben trachten,
läßt ungezählt er zu den Toten betten.

Er tritt zu Schutt, was mühsam ward erbaut. –
Wer wägt das Leid? Wer mag die Stätten zählen?
Bist du ein Seher, der die Tiefen schaut?

Wir lassen wohl das Wägen, Messen, Wählen!
Doch wird mein Volk des Krieges je gedenken,
in eure Leiden wird sich's stets versenken!

III

Wir waren fern, als ihr das Leid gelitten,
doch unverwandt ging unser Blick nach Osten,
wo eidgetreu ihr auf verlornem Posten
bis hin zum Tod habt für das Reich gestritten.

Wir sahen Gott die vollen Schalen schütten
des Leids auf euch, als die von ihm Erlosten;
den bittern Kelch ließ Gott euch alle kosten
und schien verschlossen unserm Für-euch-bitten.

Er aber hat noch stets die Welt gesegnet,
durch Opfer auch, die wir noch nicht verstehen
und wenn unheimlich er dem Blick begegnet.

Doch wenn uns Gott auch in die Hölle triebe,
wir müßten glauben, müßten glaubend sehen
im Dunkel noch die Wunder seiner Liebe!

Die Mutter Gottes von Stalingrad

Die Mutter Gottes von Stalingrad
weilt heut bei den deutschen Soldaten.
Sie hat in der eisigen Winternacht
der russischen Steppe sich aufgemacht,
die Frau und die Mutter voll Gnaden.

Die Mutter Gottes von Stalingrad
besucht heut die Ärmsten der Armen.
Sie hocken in Trümmern in bitterster Not,
nur einer ist nahe, und das ist der Tod;
da will sich die Mutter erbarmen.

Die Mutter Gottes von Stalingrad,
sie kommt durch die eisigen Winde
in Hütten und Höhlen, sie findet sich ein
und läßt sich dort nieder im kärglichen Schein,
die Frau mit dem himmlischen Kinde.

Die Mutter Gottes von Stalingrad
sitzt still bei den Jungen und Alten.
Und den Männern weiten die Augen sich groß,
sie schauen die Mutter, das Kind ihr im Schoß,
und sachte die Hände sich falten.

Die Mutter Gottes von Stalingrad –
o hört doch, jetzt singt sie ganz leise!
Den Männern klingt es wie Heimat und Licht.
Da löst es sich heimlich im starren Gesicht.
O Wunder der göttlichen Weise!

Die Mutter Gottes von Stalingrad,
im weiten Gewande geborgen –
was seh ich? Jetzt breitet den Mantel sie aus!
Jetzt spricht sie: Kommt alle, ich bring euch nach
Haus,
ich will euch, die Mutter, versorgen!

Die Mutter Gottes von Stalingrad,
jetzt legt sie auf alle die Hände.
Da stillt sich der Kummer, das Leid und der Schmerz,
da füllt sich mit Frieden das einsamste Herz,
wird fröhlich und still bis ans Ende.

Die Mutter Gottes von Stalingrad,
die weiß um unsägliche Schmerzen;
sie kennt allen Jammer, sie weiß alle Not,
und tausendmal, tausendmal litt sie den Tod,
sie trug doch ein Kind einst am Herzen!

Die Mutter Gottes von Stalingrad –
so kam sie, die Mutter voll Gnaden,
zu den Ärmsten der Armen in heiliger Nacht,
weil die Mutter noch immer des Ärmsten gedacht,
sie kam zu den deutschen Soldaten.

Die Mutter Gottes von Stalingrad,
aus Liebe vom Himmel entboten,
sie hat sie gesegnet in schauriger Welt,
in Gräben und Gruben, in grausigem Feld,
die Lebenden und auch die Toten.

Alphabetisches Register der Lieder und Gedichte

(Titel mit Textanfängen)

Bibliographie

Arno Pötzsch, Brot ist Gnade. Tischgebete und Tischgesänge, Verlag H.H. Nölke, Hamburg, 1946

Arno Pötzsch, Dennoch in Gott geborgen. Geistliche Gedichte, Verlag Junge Gemeinde, Stuttgart 1962

Arno Pötzsch (Hg.), Der Tag hat sich geneiget. Vom getrosten Alter, Johannes Kiefel Verlag, Wuppertal-Barmen, 1955, 14. Auflage 1967

Arno Pötzsch, Gnade und Wagnis. Geistliche Gedichte und Lieder, Herbert Reich, Evangelischer Verlag, Hamburg-Bergstedt, 1956 / 1960

Arno Pötzsch, Gottes Gabe täglich Brot. Tischgebete und Tischgesänge, Reich & Heidrich, Evangelischer Verlag, Hamburg, 1948

Arno Pötzsch, Singende Kirche. Lieder der »Singende Kirche« von Marinepfarrer Pötzsch und Organist Beers. Eine Auswahl, o.J.

Arno Pötzsch, Mensch in Gottes Fährte. Geistliche Gedichte und Lieder, Herbert Reich, Evangelischer Verlag, Hamburg-Bergstedt, 1952 / 1954 / 1956 / 1961

Arno Pötzsch, Sagt, dass die Liebe allen Jammer heilt. Geistliche Lieder und Gedichte. Hrsg: Detlev Block. Edition Anker im Christlichen Verlagshaus GmbH, Stuttgart 2000

Arno Pötzsch. Sein Wort geht durch die Zeiten, Verlag Junge Gemeinde, Stuttgart, 3. Auflage 1982 (unveränderter Nachdruck der 2., erweiterten Auflage)

Arno Pötzsch, Singende Kirche. Eine Folge geistlicher Gesänge für die Gemeinde, Herausgegeben für die deutschen Evangelischen Gemeinden in den Niederlanden von Pfarrer Kaetzke, Den Haag, 1941

Arno Pötzsch, Von Gottes Zeit und Ewigkeit. Worte und Lieder einer Wegfahrt, Herbert Reich, Evangelischer Verlag, Hamburg-Bergstedt, 1947 / 1952 / 1955 / 1958 / 1978

Arno Pötzsch, Was Leben ist weiß Gott allein, Geistliche Lieder zum Kirchenjahr, Verlag Junge Gemeinde, Stuttgart 1962

Arno Pötzsch, Wer kann's ergründen? Verlag Junge Gemeinde, Stuttgart 1963

Detlev Block, Das Lied der Kirche. Gesangbuchautoren des 20. Jahrhunderts I, Arno Pötzsch, Otto Riethmüller, Rudolf Alexander Schröder, Verlag der St. Johannis-Druckerei, Lahr, 1995

Detlev Block, Leben und Wirken des Liederdichters Arno Pötzsch

Sonja Matthes, In Gottes Hand. Arno Pötzsch. Ein Lebensbild. Lutherisches Verlagshaus, Hannover, 2000

Losungen der Herrnhuter Brüdergemeine 1987 bis 2006

Die Lutherbibel. Ausgabe Deutsche Bibelgesellschaft, Stuttgart 1985

Evangelische Zeitung (Folge 1–6):
Nr. 31 (06. 08. 2006): Zwischen Kreuz und Quer
Nr. 32 (13. 08. 2006): Weltoffen und ein Christ
Nr. 33 (20. 08. 2006): Gegen verführerische Strömungen
Nr. 34 (27. 08. 2006): »Dein Vater glaubt an Gott«
Nr. 35 (03. 09. 2006): Hellsichtig und auch weise
Nr. 36 (10. 09. 2006): Vertont und dauerhaft beheimatet

ARNO PÖTZSCH

ist am 23. November 1900 in Leipzig geboren. Sein Vater starb früh. In seiner Jugend lernte er – wie viele seiner Generation – Armut und Not kennen. Er hatte keine Möglichkeit eine höhere Schule zu besuchen.

Nach dem Ersten Weltkrieg wurde Arno Pötzsch Erzieher in einem Schulheim der Herrnhuter Brüdergemeine. Er strebte einen sozialen Beruf an und fand hier Gelegenheit zur Weiterbildung. In seinem dreißigsten Lebensjahr beschloss er, Pfarrer zu werden. Neben seinem Beruf als Erzieher gelang es ihm, sich die Voraussetzungen dafür zu schaffen: Hochschulreife, Studium und Examen in Theologie. In jener Zeit entstanden seine ersten Gedichte.

1935 übernahm er die Gemeinde Wiederau bei Rochlitz in Sachsen. 1938 wurde er als Marineoberpfarrer und Gemeindepfarrer nach Cuxhaven und im Zweiten Weltkrieg als Militärgeistlicher nach Holland berufen. Die schweren Erlebnisse in Lazaretten und Gefängnissen, bei Hinrichtungen und auf Friedhöfen prägten einen großen Teil seiner späteren Gedichte.

Nach dem Krieg betreute er in Cuxhaven die Minenräumverbände bis zu ihrer Auflösung, anschließend war er Pfarrer an der dortigen St. Petrikirche. Er starb am 19. April 1956.